古代ペルシア

古代ペルシア

——碑文と文学——

伊藤義教著

岩波書店

まえがき

筆者は一九七二年三月定年で退職するまで、前後三十余年を某大学に勤務した。その間、サンスクリットやヴェーダのような古代インド・アルヤ語を修めるかたわら、イランの諸語にも手を染めた。もっとも、イランの諸語といっても、古代・中世・近世と三代にわかれる上に、それぞれ多くの方言にわかれているので、その数はひじょうに多く、それを全部、均等に修得するなどのことは不可能に近い。しかし、それらをもちいて書かれた文献、まとまった文献ということになると、方言の数はひじょうにしぼられてくる。そして筆者のように古代や中世を手がけたとなると、その数はさらに少なくなる。具体的にいえば古代語ではアヴェスター語と古代ペルシア語、中世語では(中世)パルティア語、中世ペルシア語、ソグド語とサカ語。本書に関係のふかいのははじめの四語で、最後の二語は登場する機会がない。

イラン語の語域はひじょうにひろい。黒海北岸の南ロシアからカスピ海の北を経て中央アジアをよぎり、中国の新疆省につらなる。そこからパーミル高原をとおり、アフガーニスターン、パーキスターンを経てイラン高原にまたがる。この広大な地域のうちの北部を占めていたイラン語族はスキュタイとよばれているが、ペルシア側ではこれをサカと汎称していた。サカ(族)の語は本書に訳出する古代ペルシア語碑文にもしばしば登場する。かれらを二分して西方をサウロマタイ、東方をマッサゲタイとよぶこともある。かれらの呼称にみえる語末のタイは北方イラン語系の特色で、集合名詞の末辞として種族名や部族名に好んで接辞された。ソグド語―ソグド人、サカ語―サカ族(狭義)はこのマッサゲタイの後裔である。この二方言が本書と関係のないことは上述のとおりであるが、その話し手、担い手になると、ことにソグド人の場合は、かれらの地域が古代ペルシア語碑文にしばしばスグダとして登場する。スグダはソグディアナとして知られ、ザラフシャン川以南の地域。ソグド人はここを本拠地として商業交易の民として遠く新疆省方面やモンゴル高原に進出し、各地にその植民都市を擁した。これにたいし、サカ族のほうは古代ペルシア語碑文には広義のサカ族として、これもしばしば登場する。しかし上説したように、かれらの居住地はきわめてひろいので、碑文ではしばしば、これこれ、しかじかのサカというふうに限定される。例えば、黒海北岸のかれらが「海の向こうのサカ族」、アム川(オクソス川)(現在はアラル海に注いでいるが、かつてはカスピ海に注いでいた。巻末地図の旧河道参照)以北のかれらが「尖帽をかぶるサカ族」、シル川(ヤクサルテス川)上流のかれらが「ハウマ崇拝のサカ族、スグダの向こうのサカ族」とよばれているのがそれである。かれらにも見るべき文化はあるが、文明文化の担い手としては、南方系イラン語族ほどははなやかな脚光をあびなかったことは事実である。それというのも、南方には、メディア、ハカーマニシュ(アケメネス)、パルティア=アルシャク(アルサケス)、ペルシア=サーサーンの諸王朝が相いついで興起し、あるいは、ザラスシュトラ(ゾロアストラ、ゾロアスター)やマーニー(二一六―二七七)のごとき宗教的偉才が輩出してオリエントや世界の歴史に不朽の巨歩を印したからである。そして、これらの諸要素と不可分のかかわりあいにあるのが前述したアヴェスター語と古代ペルシア語、(中世)パルティア語と中世ペルシア語である。

アヴェスター語という表現にみえる『アヴェスター』とはザラスシュトラ教徒、いわゆる拝火教徒の聖典の名称で、「深遠なもの、玄典」という意味。アヴェスターとは中世ペルシア語アベスターグのくずれた形であるが、この語形だけでは本来の意味はわかりにくいとされていたが、そうでもない。わかりにくいといえば、むしろ、この聖典を書くに用いられている方言がそうで、地理的にどこのものか、それを詳細的確に論断することはむずかしい。東イラン系(南方系の)としても、細部については意見がわかれているし、もっとこまったことには、それをメディアの方言だとする説まである。このメディア語説だとアヴェスター語は北西イラン語(南方系の)ということになるから、東イラン語説とはまっこうから対立する。メディア語説は筆者はとらないが、古代ペルシア語碑文その他にみえるメディア語詞と『アヴェスター』の語詞とが音韻上きわめて近いこともたしかである。このような状況なので『アヴェスター』の言語は地域名を用いて示さずに、聖典の名を用いて「アヴェスター語」といって当面を糊塗している。窮余の一策である。ところが、そのアヴェスター語といっても、『アヴェスター』をよんでみると、単一の方言で統一されているのではなく、ザラスシュトラがみずから述作した部分、それにかれの没後まもなく述作されたとみられる部分——そういう部分と、それ以外の部分とでは、かなり相違する。この相違は年代のへだたりのみではなく、地域の相違にもとづくものとみられる。ザラスシュトラがみずから述作した部分は『ガーサー』(詩文、偈)と総称されているので、この部分を中心とし、それにきわめて方言的に近い部分に用いられている言語をガーサー語、それ以外の部分の言語を新体アヴェスター語といって区別を立てている。しかし、この場合でも、その新体アヴェスター語は単一の方言かというとそうでもないから、事はますます複雑になる。が、いまこの問題をこれ以上くりひろげることはさしひかえ、アヴェスター語は東イランとゆかりがふかいこと、したがって、ザラスシュトラの故土も同じ地域に求められること——そういうことがわかっていただければ、それでよいのである。年代などについては、その必要があるとき触れることとしよう。なお、『アヴェスター』はヤスナ、ウィスプラト、ウィーデーウダード、ヤシュトその他の部分から成り、それぞれ、いくつかの章・節にわかたれる。『ガーサー』はヤスナ第二十八—三十四章、第四十三—五十一章および第五十三章の計一七章、ただし、そのうち最後の章のみはザラスシュトラの没後まもなく述作されたものとみられる。

これにたいし、もうひとつの古代イラン語文献はハカーマニシュ(アケメネス)朝の諸王がのこした楔形文字碑文。それに用いられている言語が古代ペルシア語で、方言的には西イランの南部地方、現今のファールス州、中世のパールス、古代のパールサを本拠地とする方言で、イランの南西方言、あるいは、南西イラン語(南方系)ともよばれる。これにたいし、同じ西イランでも北部地方、つまり、メディアの方言たる(古代)メディア語があった。その中世語層が文献的に指摘されないので、古代の語を冠せず、たんにメディア語とのみ呼んで用いている。これはイランの北西方言、あるいは、北西イラン語(南方系)であるが、この方言に属する語詞が多数、前記楔形文字碑文に借用されていることは、ハカーマニシュ王朝の前にメディアに興起したメディア王朝の遺産として、政治史的にも文化史的にも、とくに注目する必要がある。ハカーマニシュ朝の諸王がのこした碑文には、このような古代ペルシア語版のほかに、エラム語版とアッカド語版があって三語併用の形をとるのが通例であるが、三語版がそろって現存しているものばかりとはかぎらない。エラム語やアッカド語(バビロニア語)と古代ペルシア語版との関係については必要に応じて関説するが、筆者が本書に訳出する碑文の語版は原則として古代ペルシア語版で、とくにその必要があるときにのみ、エラム語版やアッカド語版を訳出することにしたい。

つぎは残る中世の二語であるが、一は(中世)パルティア語、もうひとつは中世ペルシア語。パルティアというのは古代ペルシア語碑文にしばしば登場するパルサワ、今日のホラーサーン地方で、これを故土とするからパルティア語とよぶが、その古代語を伝える文献がないからパルティア語といえばその中世語を意味することになる。これにたいし、中世ペルシア語は先述したファールス州を拠点とする方言で、パルティア語を北西方言とすれば、これは南西方言である。そして、古代ペルシア語がメディア語詞を多数受容しているとおなじように、中世ペルシア語も多くのパルティア語詞を受容しており、この点、中世ペルシア語を公用語としたサーサーン王朝にたいする前代、パルティア＝アルシャク王朝の遺産として興味がふかい。アルシャク王朝ではギリシア語、アラム語とともにパルティア語が大きな役割を演じていた。サーサーン朝初期の諸王の碑文にギリシア、パルティア、中世ペルシアの三語版や、ギリシア語を欠く二語版が併用されているのも注目したい現象である。これらの碑文のように二語版併用というわけではないが、マニ教関係の文献——断簡なのでマニ教残経といっているが、トゥルファン Turfan で発見されたもの——にもパルティア語のものと中世ペルシア語のものとがある。

今日伝存しているパルティア語文献としては右にあげたものがおもなもので、そのほかには少数の碑文や文書の類をかぞえるくらいで、数はそれほど多くはない。

これにくらべると、中世ペルシア語文献は、碑文もさることながら、「書物」と名のつく文献も比較にならないほどたくさん残っているので、研究資料や参考資料としてはパルティア語文献にまさるものがある。しかし、残念なことには、それを表記する文字が、後期のものになるほど、ますます読みにくくなっている。だいたい、この文字ははじめから読みにくい傾向を有していたので、この欠陥を救おうとして、すでにマーニーによって文字の改革が行われているがこれも一般化せず、前記したマニ教系の文献にのみ使用されるにとどまった。文字が読みにくいというのは、同一文字でありながら、いくつもの音価をもつからで、それに母音文字や母音記号をもたないとあっては、読みにくさに輪をかけるようなもの。例としてはあまりよくないが、ローマ字のcはs、č(チュ)、kなどをあらわしうるのでcccと書いて読んでみよといわれても、かけっこ、すすき、茎か、茶化す、その他まだまだ読みかたがあるようなもので、どう読むかは読み手の責任にまかされている。

このような事情も大きく手伝って中世ペルシア語文献は今日でも未解読のものを多数擁している し、したがってCompleteと名のつく辞書もできていない。そんな辞書がないから、この文献と取り組む学生も出ない。そんな学生も出ないから研究者の補充もつかない——そういう堂々めぐりをくりかえしているのが現状である。

パルティア語と中世ペルシア語との角逐はサーサーン朝の後半から決定的な様相をみせるようになった。中世ペルシア語がホラーサーン地方に進出したからであるが、パルティア語はアルシャク(アルサケス)王朝期にすでに西方、かつてのメディア地方に進出していた。この言語状況は八世紀中頃にも変わりがなかった。メディア語とパルティア語はその古代語においてどれほどの差異があったか不明であるが、メディア語(古代)とみられる語詞の中世語形を想定してみると、パルティア語(中世)形と一致するものがきわめて多い。例えば、「子」のメディア語プスラ puθra- は中世語形プフル *puhr となるはずで、これはパルティア語プフル puhr と同じである(古代ペルシア語はプサ pussa-、中世ペルシア語はプス pus)。このような言語事実をみると、「パルティア語」とよばずに、「メディア・パルティア語」とよぶ立場もありうるであろう。

筆者がこんなイラン諸語を手がけてきて感じることは、わが国では、このような資料に直接接触する学問は、まったくといってよいほど、興味をもたれていないということである。先学故荒木茂教授が『ペルシャ文学史考』を発表されて（一九二〇年三月稿。一九二二年五月岩波書店発行）から半世紀を経ているのに、そのあとにつづくものはついに見あたらず、わずかに宗教思想史方面に足利惇氏博士（現東海大学学長）の著『ペルシア宗教思想』（一九四一年三月弘文堂書房。本書は一九七二年九月、国書刊行会から再刊された。これには一九四四年に発表された「イラニズムとその展開」も収録されている）を見るのみではないか。文献学的、あるいは文献・文学史的研究の不毛ぶりはこのように深刻である。これには第二次世界大戦（一九四一―一九四五）が大きな影響をおよぼしたこともいなめまい。筆者自身も大きなショックをうけたひとり。中世ペルシア語の単語を集録した大量の資料を疎開先きの原爆攻撃によって一挙に喪失した。しかし、それと運命をともにした弟夫婦、その遺児を見舞って四国への帰途、海難に散った妹のことをおもえば、とるにも足らない些事であった。戦時中を内地にすごした筆者は、まだめぐまれた部類のひとりだったかもしれない。なんども召集され長年月を戦地に送られた学徒や研究者がどんな大きな損失を蒙られたか、はかりしれないものがある。オリエント学やイラン学が大きな停滞を余儀なくされたのは、やむをえないことであった。しかし、そのあいだにも、研究の情熱は、くすぶりながら燃焼をつづけていた。

戦後、国内事情が安定し国際関係も好転してくると、わが国からも西南アジアへの学術調査が爆発的に行われはじめた。直接、目で見、耳で聞き、足で歩き、手で掘り、肌で感じる学問である。考古学的研究や美術史的研究がすさまじい勢いでおしすすめられた。かがやかしい成果が敗戦国日本の不屈の闘魂、その学問的水準の高さを、堂々、欧米に問うたのである。正倉院の所料やシルクロードにかんする既存の知識も大きく役立ったが、そうした予備的蓄積のない分野でも目ざましい業績がつみあげられた。中国陶器にかんする知識も手伝って、オリエントやイランの陶器にかんする研究も驚異的な発展をとげた。また、楔形文字碑文についても、文字の書道学的見地からの鑑賞がくわだてられ、楔《くさび》の形、ノミの跡、彫りの鋭さが観察されるようになった。そして、このような成果はブラウン管にもしばしば放映され、イランの風物や史蹟とともに、読者にもなじみのふかいものとなったはずである。

ところが、読者は、そのような機会に接しられても、文字でなんと書かれているのか、そういうことには、ほとんど言及されないことに気づかれてはいないだろうか。テレビばかりではない、イランを取扱った書物でもよい。たとえば、そこにコインの写真がのっていても、それに彫られている銘の意味や内容については一言もふれていない。磨崖や王墓や王宮がその碑文といっしょに写されていても、その碑文がなんと言っているのか、すこしも説明してはくれないのである。もっとも、これらの紹介は碑文の内容などを問題とするものではないから、そういうことについて沈黙を守っても不思議はない。が、しかし、これを裏返しにすると、わが国のイラン学は、ひろい意味での文献学的研究には、まったく興味を示さないということになる。これは、文献学的研究がなされていないということではなく、文献学的研究は念々不断に行われているがそれに格別の興味を感じないということであろう。文献学的研究は年季もいるし仕事も地味なので、いまのようにテンポのはやい時代には不向きな学問として敬遠されがちなことは、たしかである。しかし、古代のオリエントやイランを学問するからには、それがどんな分野であっても、当代の文字でなにが書きのこされているかに、まったく無関心でいるものはない。それは読んで知っているが、どうも興味がわかない――おそらく、その辺のところが、わが国のイラン学の、いつわりのない真相であろう。筆者にはその理由がわかりにくいが、理由がなんであれ、これが実情であり現実であるとすれば、いたしかたのないことである。

しかし、筆者が残念におもうことは、そのことのために、延いてはマスコミや出版の世界で文献学的研究の成果がとりあげられる機会を失っていることで、このようなとりあげられかたのアンバランスは、けっして望ましいことではない。筆者が本書を書く気になったのも、そのあたりに理由のひとつはあるかもしれない。イランの古代語や中世語で書きのこされている文献――そこにどんなことがしるされ、そこからどんなことが掘りおこされるか、そういうことを取扱った本が一冊くらいあってもよさそうな気がする。こんなことを言っても、筆者は本書によって文献学的研究の立ち遅れをとりもどすとか、文献学的研究への興味をイラン学専攻者のあいだにひきおこそうなどといった大それたことを考えているのではない。

本書第一部の目的は碑文の紹介に終始するわけではないが、事実上、そこでは古代ペルシア語碑文の訳出が大部分を占めているし、この訳出が多く先進欧米イラン学界の成果に負うものであることもたしかである。また、第二部にしても、先学A・V・W・ジャクソン教授、A・クリステンセン教授らがすでに開拓したあとをたどったにすぎない。筆者は、第一部において碑文の解明にいくつかの新見解を提起して欧米イラン学界のおよばなかった点を明らかにし、また、第二部においては中世ペルシア語書を訳出して本邦斯学界になにほどかの寄与を試みようと企てたが、それらは量にしては、いずれも、微々たるものである。大部分はわが国のイラン学者がすでに熟知されているはずのことばかり――熟知されながら、しかも興味を示されなかったことばかりである。本書が専門のイラン学者を対象とするものでない理由が、ここにある。

本書は、古代イランとはどんなものだろうかという漠然たる興味をいだいている人たち、場合によってはそういう方面の学問でもしてみたいという人たち、そんな人たちを対象とするもので、本書がその漠然たる興味に答え、あるいは、そういう方面の学問へのいざないともなれば、それで事は足りる。アケメネス王朝のキュロスとかダレイオス(ダリウス)とかクセルクセスといった大王たちの名前はどんなかたちだろうか、かれらはどんなことを後世に書き残し語りかけているのだろうか――読者がもしこんな疑問をもたれるなら、本書は的確にそれに答えてくれるはずである。これは小さなことだが、学問はそんなところから着実に出発するものでありたいというのが、筆者のささやかなねがいである。

本書は二部から成る。「第一部」は「ハカーマニシュ（アケメネス）王朝とその碑文」。それは、事実上、ハカーマニシュ王朝の歴史を概観しつつ、そのなかに大王たちの碑文を訳出編入する形となったが、同王朝の歴史といっても、その諸分野を詳細かつ均等に取りあげるつもりはなく、碑文の訳出羅列のみでは興味もうすいだろうといった程度の配慮に出た「歴史の概観」にすぎないのである。そのうえ、その概観の過程において、しばしば本筋をはなれたような事柄に言及したり、それをかなりくわしく取扱ったりするような場合があって読者の不審を買うかもしれないが、じつは、このところに「第一部」のかくされた目的のひとつが秘められている。その「目的のひとつ」とは「第二部」において文学を取扱うさい、叙述の流れを不当に中断して関連事項に註釈的説明を加える労をはぶくことにあるが、また、それらの事項は「第一部」において取りあげるほうが、ハカーマニシュ王朝の歴史のなかにそれらの占める地位や意義をよりよく理解しうるのではないかという配慮にも出ているのである。また「第一部」の題目に「碑文」の語をいれたが、これは碑文の「全集」を意図したものでなく、その主要なものを網羅したにすぎない。「主要なもの」といっても視点のおきどころから問題視する余地はあるが、本書に収めた碑文をさしてこのように言っても言いすぎでないことは、専門のイラン学者にも首肯されるであろう。所収の碑文は本書について見ていただくのが早道であるが、要するにそれはR・G・ケントの『古代ペルシア語』(本書巻末の参考文献参照)に集録された碑文中の大部分とそれ以後の発見にかかる重要なものを含むものであるから、「第一部」の題目に「碑文」の語をいれても読者の期待は裏切らないと、筆者は考えている。

このような「第一部」につづくのが第二部「古代ペルシアの文学」。しかし、これに関連する諸問題は「第二部」の「一、古代ペルシアの文学とは」の条下に取扱うので、ここでは言及することをさしひかえたい。ただ、前述したように、「第一部」はこの「第二部」のための序曲となるような要素をも含んでいるから、筆者は読者が「第一部」に目を通してから「第二部」に移られることを希望したい。筆者は「第二部」においても随所に参照ページを示して「第一部」との関連に注意を払ったが、「第一部」から「第二部」へというのが、やはり、本書としては本来の筋道である。

「まえがき」を終えるにあたって、なお、二、三おねがいしておきたいことがある。

(一)「第一部」で取扱う古代ペルシア語、アッカド語、エラム語の碑文は、ほとんどいずれにも、多かれ少なかれ、欠損部分がある。正確を期するならば、欠損部分を復原して訳出した場合は、そのことを一々表示する必要がある。しかし、そのようなことは、専門家には無用であるし、一般読者にはわずらわしさを増すばかりであるから、そのことを表示するのは特別の場合にかぎることにした。また、碑文の言語には敬語法は見あたらないが、訳文には適宜にこれを用いて文脈を明らかにした。本書に収める、原典からの直接訳は、このほかにも、中世ペルシア語書やアラム語パピルス文書からのものがいくつかかぞえられ、そのなかには世界初訳のものもある。これに反し、ギリシア語書からは大要を取意して紹介するにとどめた。ギリシア語文献への接近は、読者におかれても、前記のものに比し、はるかに容易だからである。

(二) イランの地名、人名の片仮名表記について――ことに人名はそれぞれの時代の現地音によるべきものというのが筆者年来の主張で、本書でもこの原則に立って古代ペルシア語碑文にみえる形――ただし、単数主格形でなく、名詞幹の形――を、人名については優先的に採用し、西欧なまりの形はカッコ内に付記するなどの方法をとった。例えばクル(キュロス)、カンブジヤ(カンビュセス)、ダーラヤワウ(ダレイオス、ダリウス)など。アヴェスター語形や中世ペルシア語形もこれに準じてザラスシュトラ(ゾロアストラ、ゾロアスター)、アルダクシール(アルダシール)などとする。この原則をやぶる場合は、イランの人名などが異邦語の資料(作品)と密接に関連して登場するときで、例えばギリシア語文献と関連するさいはキュロス(クル)、ダレイオス(ダーラヤワウ)などとした。カッコ内のほうが古代ペルシア語形である(ギリシア語母音の長短は無視した)。イランの地名は人名ほど時代に応じてそれぞれの形を使いわける必要は少ないが、どの時代のものによるにせよ、きわめて慣用されているもののほかは、イラン語形(古代語のときは名詞幹)を原則として採用した。ただし、スサ、スーサはスーシャー(スサ)とした。最後に、イランの人名にしても、特定のイラン語文献にみえるものは、その語形をまず示し、その人物の在世当時の語形などはカッコ内に付記する方法をとった。とくにこのことは『シャーナーメ』について注意したいところである。これは十一世紀初頭に成立した近世ペルシア語による民族叙事詩(一九〇ページ)であるが、そこにみえる人名はF・ヴォルフの『シャーナーメ語彙』(巻末の参考文献参照)を参酌してこれを示し、ついでカッコ内に当該人物在世時の語形を付記した。例えばブーズルジュミフル(ワズルグミフル)のごとく。

㈢ 第一、第二部を通じて、地名、人名などはできるだけ片仮名表記にとどめた。ローマ字などによるそれらの写音については、「索引」とそこに付した註を参照ねがいたい。また、地名、人名のみには限らないが、写音形の語頭に*を付したものは、想定された形であることを示す。

㈣ 挿入した図版のうち、スケッチはできるだけ前世紀のものによった。そのほうが、場合によっては修理復原された現状よりも自然の破損状況をうかがわせるし、また、場合によっては破損の大きい現状よりも旧姿を大きく保存していて、それぞれ意義があると考えたからである。文字のみえる図版にはその説明文に「解読」をも加えた。

おわりにのぞみ、労多き本書の出版をご快諾くださった岩波書店、ならびに煩瑣な進行に多大なご協力をいただいた高草茂、多田亜生両氏をはじめ現場の方がたに心から深謝の意を表したい。

一九七三年十一月

洛北紫野の寓居にて　　著者しるす

二刷にさいして

旧版に寄せられた批判や筆者自身の新知見などを織り込んで最小限度の改訂を加えた。古代ペルシア語の読み方——人名も含めて——にも触れるべきであったが、全面的な組み替えともなるので、これには触れなかった。読み方で問題となるのは、表記されない h を補読すること(たとえばアウラマズダー Auramazdā>アフラマズダー Ahuramazdā、ダーラヤワウ Dārayavau>ダーラヤワフ Dārayavahu)、語内音 -y- が iy と表記されている点への留意(たとえば xšāyaθiya->xšāyaθya-「王」)、合成詞の接合部にたいする新しい取り扱い方(たとえばクシャヤールシャン Xšayāršan>クシャヤルシャン Xšayaršan<xšay-aršan- または xšaya-ršan-)、a, i, u に終わる語末に衍字として接尾されている ʼ, y, v 字を写音に示さないこと(たとえば [utā>] utaʼ>uta, patiy>pati, anuv>anu) などであるが、専門家にはむしろ蛇足に近いことであろう。拙著『ゾロアスター研究』にはこれらの点に配慮を加えておいたが、その他の点においても『古代ペルシア』とは関連することも多いので、併わせてご批判願えれば幸いである。

一九七九年七月

著者しるす

目次

第二部　古代ペルシアの文学

第一部　ハカーマニシュ（アケメネス）王朝とその碑文

一　イランとは。メディアとペルシア。大王クル(キュロス)二世

イランとは、語源に忠実な書きかたをすると、イーラーン Īrān であるが、そのイーラーンとは近世ペルシア語形で、中世ペルシア語ではエーラーン Ērān という。これにたいし、パルティア語では、エーラーンといわずに、アルヤーン Aryān といった。このパルティア語形のほうが、古い形には忠実である。というのは、古代イラン語(想定した共通イラン語)ではアルヤ人、つまりイラン人の住んでいたところを、アルヤーナーム・クシャスラ *Aryānām *xšaθra-「アルヤ人たちの国」、アルヤーナ・ダフユ *Aryāna.dahyu-「アルヤの邦」、アルヨー・シャヤナ *Aryō.šayana-「アルヤの住地」などの表現であらわしていたからで、これらのうち、「アルヤ人たちの」*Aryānām から語末の -ām が落ちたり、「アルヤの」*Aryāna- から語末の -a が落ちると中世イラン語形 *Aryān ができる。これを忠実に伝えているのがパルティア語 Aryān である。中世ペルシア語では、さらに、r と y がいれかわって A-y-r-ān>A-i-r-ān>Ērān となり、近世ペルシア語では Ērān>Īrān となったのである。だから、イランとはアルヤ民族の国、アルヤ国、ということである。

アルヤを名乗った民族のうち、もっともよく知られているものは、インド亜大陸にいるものであ

るが、このいわゆるインド・アルヤンがインド亜大陸に進出してきたのと同じように、イラン民族も他の地域からイラン高原に進出してそこを占拠した。むろん、かれらはいくつもの波になって進出してきたのであるが、そのうちで比較的進出経路のよくわかっているのは、マーダ(メディア)人とパールサ(ペルシア)人である。このことはかれら自身の記録にのこっているのではなくて、アッシリア側の記録によるものである。イラン民族は、もともと、文字の民ではなかった。そのかれらが、文字の世界である西南アジア＝オリエントに進入してきたのであるから、アッシリア側の記録からその進入経路が知られるのも当然であろう。

アッシリアの諸王はたびたび、イランからアゼルバイジャン方面に遠征を試みた。まず、シャルマナサル三世(在位 前八五八—前八二四)はレザイイェ湖(ウルミア湖)の南のパルスア Parsua- の地方に侵入(前八三六)、ついで南東に進出し、同じ年にマタイ Matai 地方(テヘランの南方)に進んでいる。このパルスア、マタイは、それぞれ、のちにペルシア人、メディア人とよばれる部族であるが、かれらはこのように、前九世紀には、まだ移動期にあった。マタイ＝メディア人はハマダーンあたりにとどまったが、パルスア＝ペルシア人はさらに南東に進んだ。このハマダーンは古名ハグマターナで、西欧にはエクバタナの名で知られている。メディアの首都としてここに王城を構えたのがヘロドトスの伝えるデイオケスで、居城は宝庫をそなえて七壁をめぐらし、各壁ごとに異なった色で彩色し、日月五星をかたどったと、ヘロドトスは伝えている。アッシリアのサルゴン二世

(在位 前七二二—前七〇五)の碑文にマタイの首領ダヤウックなるものがみえるが、これはヘロドトスの伝えるデイオケスであろう(五九ページ参照)。デイオケスののちにはウワクシュトラ一世が継いだらしく、アッシリアの資料には前七一四年と前七〇二年の二回登場している。ヘロドトスではかれは伝えられず、デイオケスののちにはプラオルテスが継いでいる。アッシリアの碑文からプラオルテスに相当するものを求めるとクシャスリタとなるが、このクシャスリタ＝プラオルテスは反アッシリアのリーダーであるとともに、メディア王としてははじめてペルシア人を制圧した人物。しかし、メディアは、さきには、コーカサスから東南進してきたキンメリア人の侵襲をうけ、のちには、中央アジアからするスキュタイ人の侵入にも見舞われ(前八世紀後半)、国威の伸張どころか、逆に、スキュタイ人にイラン高原の支配を許した。

スキュタイ人のイラン支配はかれらの騎馬弓兵の力に負うものであるが、これはイラン人に戦術の変革をもたらした。ルリスターン出土の工芸品にはスキュタイ人の文化遺産が数多く見られ、なかでも馬具がとくに目につく。馬を産しないメソポタミアでは馬は「山地のロバ」「異邦のロバ」(シュメル語)といわれた。この語はアッカド語のシスー(複数)、ビブル語やアラム語のスースすなわち「馬」にあたる。スキュタイ人のイラン支配を排除したのはクシャスリタ＝プラオルテスの子ウワクシュトラ二世で、ヘロドトスではキュアクサレスの形で伝えられている。スキュタイ支配中はペルシア人に対するメディアの圧力もそれほど強大ではなかったらしく、このあいだにペルシア人はチャイシュピ（ヘロドトスのテイスペス）（在位ほぼ前六七五—前六四五）に統率され勢力をさらに南東にひろげエラム人を制圧した。エラムは前十三世紀から前八世紀にかけて南西イランに強大な王国をたてていた。こうして「アンシャン（スーシャー＝スサの北西）の王」となったチャイシュピはハカーマニシュ（アケメネス）の子であるから、ハカーマニシュ王家の第二代にあたるわけで、エラムとこの王家との密接な関係はこのようにしてはじまった。エラム語は、この王家の諸王の碑文に、古代ペルシア語やアッカド語（バビロニア語）とならんで、ながく併用されるようになる。

こうして手に入れたエラムであるが、チャイシュピ（テイスペス）はここを本拠地とするわけにもいかず、当然エラム以外の地域に拠った。やがてかれはその版図を二分し、長子クル（キュロス）一世（ほぼ前六四五—前六〇二）と次子アリヤーラムナ（アリアラムネス）（前六四五—前五九〇）に分与した。クル一世は「偉大なる王、アンシャンの王」としてパルスマシュとアンシャン、すなわち、パールサ（ペルシス、ファールス）の北西部にあたる地域を受け、アリヤーラムナは「偉大なる王、諸王の王、パールサの王」（一一一ページ）として、版図の南東部分たるパールサを受けた。

クル一世の受けたパルスマシュというのも狭義のペルシアすなわちペルシスであり、アリヤーラムナの受けたパールサというのも同じペルシスである。事実、パールサ Pārsa- という古代ペルシア語形にたいし、古代イラン共通語形に重きをおけばパルスア Parsua- となり、アッカド語ではイラン語の v を u で写音する傾向があるから、このパルスアはパルスマシュ Parsumaš と同じものである。したがって、兄弟が分与された地域はつらなり合っていて、パルスマシュ＝パルスア＝パールサとよばれていたわけで、これを分割してうけた兄のほうは「アンシャンの王」、弟のほうは「パールサの王」と号したことになる。アリヤーラムナについて古代ペルシア語ではじめて用いられた「諸王の王」という称号は、かれの有していた勢力からみるとふさわしいとはいえないが、この称号がハカーマニシュ王家はもちろん、サーサーン王家のみか、現王家にも受けつがれていることは注目に値いする。「諸王の王」は、古代ペルシア語では xšāyaθiyānām xšāyaθiya- あるいは xšāyaθiya- xšāyaθiyānām というが、これはメディア王国から受けついだもので、方言的にもメディア語であって古代ペルシア語ではない。中世語では、パルティア語ではシャーハーン・シャーフ šāhān šāh、中世ペルシア語ではシャーハーン・シャーフ šāhān šāh、現在ではシャーヘン・シャーと発音されていて、いずれも「諸王の王」すなわち「大王」の意味。「諸王」の「王」とは大王の宗主権をみとめた藩王や小王のことであるが、現在の王制下では、もちろん、そのような「諸王」は存在しない。そのためかどうかは知らないが、シャーハン・シャーの別称(?)としてアールヤ・メフル(アルヤ人の太陽)という新しいことばも用いられている。

はなしがやや横道にそれたので、もとにもどそう。ハカーマニシュ家はこうして二系にわかれてそれぞれの版図を領有することになったが、アッシリアやメディアにたいしては終始その行動を共にした。しかし、クル(キュロス)一世の子カンブジヤ(カンビュセス)一世(前六〇二―前五五九)のとき、メディアのウワクシュトラ（キュアクサレス）二世は、このカンブジヤのもとに、ふたたびパールサ＝ペルシアを統一した。かれはバビロニア王国と結んでアッシリアを倒し、首都ニヴェを陥れ（前六一二）、アッシリア帝国の版図のうち北部と北西地方を手に入れ、さらにカドゥシア人（アルブルズ山脈とカスピ海のあいだに住む非イラン系民族）の長い抵抗を排除してラガー（ラゲス、ライ。テヘランの南方）を収めアルメニアをも征服（ほぼ前五九〇）、ハリュス川（現キジル・イルマク川）にも達して対岸のリュディア王国と対峙した。このウワクシュトラ（キュアクサレス）二世のあとをついだのは、メディア朝最後の王イシュティワイグ（アステュアゲス）。バビロニア王国はメディアと結んでアッシリアを倒しメソポタミアとエラムを領有することになったが、その王ネブカドレザル（ネブカドネザル）の没（前五六二）後は勢威昔日のごとくならず、エラムの危機に乗じてメディア王イシュティワイグはエラムをバビロニア王国から奪取した。

一方、パールサ（ペルシア）のハカーマニシュ王家であるが、さきにあげたカンブジヤ（カンビュセス）一世と、メディアの王イシュティワイグ（アステュアゲス）の娘マンダネ（ヘロドトスによる）を父母とするクル（キュロス）二世、のちのいわゆるキュロス大王が、パールサとアンシャンの王として、前五五八年に王位についている。かれの出生や生い立ちについては興味あるエピソードがあるが、それはあとで述べる（二六七ページ）。王位についたといっても、もちろん、メディアの藩王としてである。しかし、かれにはこの羈絆を脱して独立し、いわゆる天下統一の素志があり、その足場とするためにパサルガダイに王都を創設した。というのも、ペルシア人十二部族のうち、かれはパサルガダイ部族に属していたからでもある。前五五三年、かれはイシュティワイグに反旗をひるがえし、三年後にはハグマターナ(エクバタナ、ハマダーン)を陥れて第二の首都とし、メディア王を捕え、メディアを第二サトラピーとした。かれの反メディア行動の理由はかならずしも明らかではないが、かれの素志実現の第一歩がふみ出されたことはたしかである。

そのころバビロニア王国では、ネブカドレザルのあとをついだナボニドス(在位 前五五六—前五三九)がアラビアの征服に従事していたので、クル二世はこの機を利用してメディア・ペルシアの統合と北方への勢力拡張をはかった。前五四七年にはリュディア王クロイソス(二七二ページ)を攻めて小アジアの大部分を手中に収め、前五四五年以降は東方の経略に専念した。これは中央アジアの遊牧民の侵略に対抗するためで、ワルカーナ(ヒュルカニア、近世ペルシア語ゴルガーン)、パルサワ(パルティア)、ハライワ(アレイア、ヘラート地方)、ズランカ(ドランギアナ、シースターン地方)、ハラウワティ(アラコシア、ヘルマンド川の流域)、スグダ(ソグディアナ)、ウワーラズミー(コラスミア)を征服してシル川に東方国境を設定し、帰途、マルグ(マルギアナ)、バークトリ(バクトリア)への支配権を強化した。こうしたかれの行動には民生の安定工作も併行して行われた。灌漑工事とか農業技術の導入などがそうであるが、諸方に城塞都市を建設して軍事面での安定をはかったことはいうまでもない。この大業は前五四五年から前五三九年まで前後約六年にわたっているが、この年、かれはバビロンを陥れてバビロニア王国を倒し、神マルドゥク(ベル)の名において支配者たるを宣言した。メソポタミア、シリア、パレスチナ、フェニキアを加えた一大世界帝国がここに誕生した。アッカド語円筒碑文にみえる大王の公式タイトルには「クル、万有の王、偉大なる王、力ある王、バビロニアの王、シュメルとアッカドの王、世界の四方(四海)の王、アンシャンの王・偉大なる王カンブジヤ(一世)の子、アンシャンの王・偉大なる王クル(一世)の孫、アンシャンの王・偉大なる王チャイシュピの曾孫」とある。これはユダヤ人にも記念すべき出来事であった。ネブカドレザルによってバビロニアに強制移住させられていた、いわゆるディアスポラ Diasporaのユダヤ人にパレスチナ帰還とエルサレム神殿の再建を許す詔勅が発布されることになったからである(前五三八)。大王はその後、再度、東方鎮定の軍をおこし、マッサゲタイ族と戦って戦死した(ヘロドトスによる)。時に前五二九年、子カンブジヤ(カンビュセス)二世にエジプト征服の大軍を指揮させることにしていた。

大王クル(キュロス)二世の高潔な人格は、宗教的寛容、敗者への節度ある処遇(メディア王イシュティワイグ=アステュアゲスもリュディア王クロイソスも捕われの身となったが好遇された――二七二ページ)にもあらわれ、軍統率者としてもすぐれた能力を発揮した。バビロニア人やギリシア人がこの異邦人に惜しみない賛辞を呈したのも、理由のないことではない。

二　クル(キュロス)二世からカンブジヤ(カンビュセス)二世へ

大王クル二世の葬廟は、いまも、パサルガダイにのこっている(一九七ページ)(図版I)。読者の記憶にもまだあたらしいことと思うが、イランは一九七一年メフルの月(十月)十二日から六日間にわたって、建国二千五百年の祭典をくりひろげた。この祭典は、シャー親臨のもとに、まず、この王廟からはじめられた。建国二千五百年というのは、クル二世が世界帝国の創設に成功した前記、前五三九年から数えてのことであるから、実際は十年もおくれていることになる。このおくれは、イラン国内の改革が進まなかったために、シャーの発意で延期されていたためとのことである。クル大王のこの葬廟についての記すべきことがかなり多いが、ここではぶいて、大王以後の王家の状況などを概観してみることとしよう。ただし、おことわりしておきたいことは、「まえがき」にも記したように、筆者は王家の完全な「歴史」を書くつもりのないことで、ただ、本書の第二部を書くうえにかかわりあいのある事柄にもふれながら、簡単なサーヴェーを試みようというだけである。

さて、大王クル(キュロス)二世はエジプト遠征を子カンブジヤ(カンビュセス)二世に托して逝世

I パサルガダイのクル二世の葬廟

した。カンブジヤ二世(在位 前五二九—前五二二)は父王の遺志をついで前五二五年エジプトに進攻し、プサメティコス三世を破って首都メンピスを陥れた。この攻略は苦戦だったし、ヌビアへの作戦も失敗に終わったらしいが、エジプトはこの結果、エレパンティネまでサトラピーとなり、ムドラーヤ(エジプト)の名でよばれている。

エレパンティネ(図版II)はアッスワンの前面にあるナイル河中の小島で、南北三キロメートルくらい。エジプト名はイェーベウ Iēbew、ここから発見されたパピルス文書ではイェーブ Yēb とよばれているが、「象の場所」という意味。もっとも、象が住んでいるところの意味か、象牙の集散地の意味か、その辺のことは明らかでないが、その意味をとってエレパンティネ Elephantinē とギリシア語訳され、この呼び名のほうがひろく親しまれた。島の南端に都市址があり、ここに文庫があって、その址から多くのアラム語パピルス文書が発見された。ここには早くからユダヤ人がパレスチナより入植していた(前六世紀の中頃か、早くても前七世紀)。かれらは傭兵となって、バビロニア、エジプト、アラム、サマリア、フェニキア人を加えた混成兵団の一部を構成し、ペルシア人やバビロニア人を上級指揮官として、エジプトの南境をヌビアにたいして警備していた。アラム語というのはセム語の北西語派に属するもので、ひろくオリエント＝西南アジアに通用していた。くわしいことはあとで述べる(二三三ページ)。問題の都市はイェーブ・ビールターー(城市イェーブ)としてパピルス文書に多出する。下流(二〇〇キロメートルくらい)東岸にあるルクソール(現オフィィ)で入手されたパピルス文書がJ・ユータンによって一九〇三年に公表されてから、そのパピルスの出土地エレパンティネの名が一躍有名になり、一九〇六年には同地出土のパピルス文書がA・H・セイス

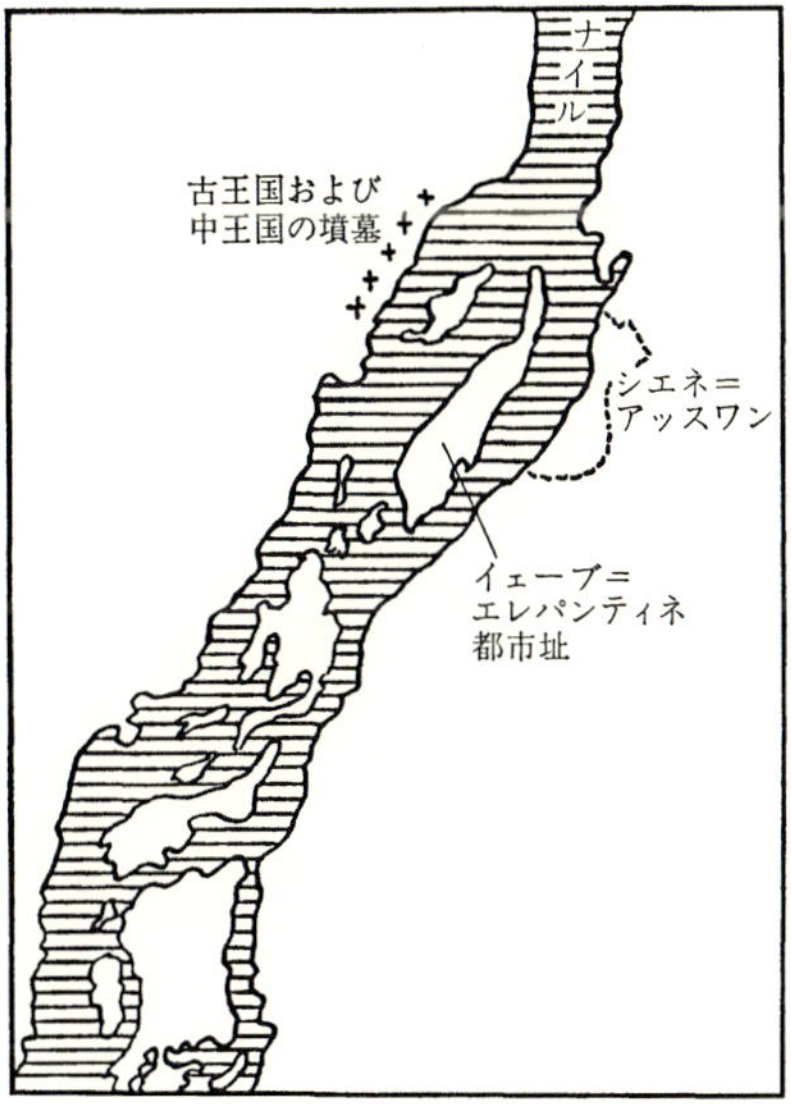

II　イェーブ＝エレパンティネとシエネ＝アッスワン

とA・E・カウリーによって発表された。ついで同年十二月から翌年二月にかけてO・ルーベンゾーン指揮下のドイツ調査隊が来島、その成果はE・ザハウによって一九一一年に公刊された。この地を南境とするエジプトをあとにしてカンブジヤ二世は本国への帰途についたが、途中、シリアで、メディアの祭司ガウマータが王の弟バルディヤを僭称して謀叛したことを知った。王はエジプト遠征に先き立って、同父同母の弟バルディヤをひそかに殺害していたので、この盲点をつかれたわけである。王はこの僭主討伐のため一段と帰心をつよめた矢先き、心ならずも事故死した。時に前五二二年。あとをついだダーラヤワウ(ダレイオス)一世のビーソトゥーン碑文には、カンブジヤが「自寿尽きて逝世した(uvāmrišiyuš amriyatā)」と簡記されている(二五ページ)。

三　ダーラヤワウ(ダレイオス)一世

ハカーマニシュ(アケメネス)家の主系はカンブジヤ(カンビュセス)二世をもって事実上、断絶した。かれが逝世すると、王位継承者をえらばねばならなくなった。ヘロドトスによると、当時ペルシアには正当に王位を継承しうる第一級の有資格者が七人いた。もちろん、ダレイオス(ダーラヤワウ)もそのひとり。七という数字は象徴的なものとしてしばしば用いられた。ところで、その正当な王権は「神授の権」としてイランの歴史には大きな役割を果たした。もっとも多いのはこの権

III　光輪の授受

サーサーン朝アルダクシール一世(左)の帝王叙任式．ナクシェ・ロスタム(90ページ参照)の浮彫り．

威を輪環として表現する場合で、そのシンボルたるリングはメディア語でファルナフといった。ハカーマニシュ朝ペルシアでもこの語は、おそらく、受けつがれたであろう。同じイラン語でも『アヴェスター』ではクワルナフといって方言差がみられるが、このシンボルにたいする観念は同じものである。磨崖などにみえる帝王叙任式の場面では、このリングがかならず彫りつけられている。一方ではアフラ・マズダーが片手でこれをさずけ、帝王が片手でこれを受ける光景はしばしばみられるもので、いわば、このリングを両者が片手で握りあっている格好である(図版III)。キリスト教聖者の光輪や仏像の光背がこれに由来していることは、西欧では早くから指摘されている。このクワルナフ xvarənah-、ファルナフ farnah- の共通イラン語形はフワルナフ *hvarnah- で、語根フワル hvar- はヴェーダ語 svar- と同じく、「光る、輝く」を意味することばであるから、問題のリングは光の輪であり、光背や光輪としてあらわされたのも当然である。本書では「光輪」として取扱っていくことにしたい。

さて、ダーラヤワウ一世が王位にも即かないまえに、話しが少々先ばしりしたので、もとにもどってみよう。かれが王としてえらばれたときの様子はヘロドトスに詳記されている。七人のうち、自発的に辞退したオタネス(古代ペルシア語ウターナ)をのぞき、ダレイオスを交えた六人は、打ちそろって郊外に遠乗りし、日の出とともに最初に嘶いた馬の乗り手が王位につくことにした。いよいよその日のこと、ダレイオスは馬丁オイバレス(古代ペルシア語ワフバラ)の工夫で乗馬が第一声をまっさきに上げるのに成功したが、と同時に雲ひとつない空から稲妻が閃き雷鳴がとどろいた。一同馬をおりてダレイオスの前にひれ伏した、とのことである。馬丁の工夫というのには二説があり、一説では、いよいよという日の前日、夜になるのを待って、ダレイオスの馬が一番好いていた牝馬を外へひき出してつなぎ、それからダレイオスの乗馬をそこへひいて行き、牝馬にすれすれになんどもまわりをひきまわした末に、放してつがわせた。翌日の夜明けに、一同が遠乗りして、前夜牝馬のつながれたところにさしかかると、かれの乗馬は牝馬に駆けよって嘶いた、というのであるが、もうひとつの説では、馬丁オイバレスは例の牝馬の陰部に手をふれておき、その手をズボンの内に隠しておいた。そして日が昇り馬の一団が出発しようとするとき、かれはその手をぬき出してダレイオスの乗馬の鼻先きに近づけたので、馬はいきり立って嘶いたというのである。

それはどちらにしても大したことではなく、大したことは馬がなぜ嘶き、なぜその馬の乗り手が王者と定められたか、ということにある。太陽に先きがけてのぼるミスラ神のことは『アヴェスター』にも記されているし、また、ミスラ神は太陽と同一視されもした。馬が嘶いたのはこの神と道交感応したからで、稲妻と雷鳴はミスラ神の武器ワズラである。インドの『ヴェーダ』ではヴァジュラは軍神インドラが魔ヴリトラを討伐するのに用いた武器《ミサイル》で、このことは『リグ・ヴェーダ』に繰りかえし説かれている。イランのミスラ神は、名前のうえでは、インドのミトラ神と同じであるが、その面相《ペルソナ》はもっと多く、インドラ神の役割をも併せて演じた。ミスラ神がワズラ(雷箭)を揮うのもそのためであり、しかも、ダレイオスにたいしては、さらに、帝王や王家の守護神としての役割をもになって出現しているのである。

こうしてダーラヤワウ(ダレイオス)は王位についた(前五二二)。世にいうダレイオス、ダリウス大王である。即位後第一の任務は僭主ガウマータの排除にあったが、これに成功しても各地に相ついで小僭主があらわれた。かれらはいずれも「余はバルディヤである」「余はネブカドレザルである」「余は(第二)バルディヤである」等々と名乗った。大王はかれらを全部鎮圧平定し、翌年このことをビーソトゥーンの磨崖に記した。いまではもっと短い形でビソトゥンとよばれているが、もともとはバガスターナ「神々のいますところ」の意味で、ベヒスタンとかベヒストゥンなどというのもみなそのなまり、ギリシア語ではバギスタノン・オロス(バギスタン山)ともよんでいる。突兀とした岩山で(図版Ⅳ)、その岩壁の一部を美しくみがきあげ、岩の裂け目も修復して、そこに楔形文字をもって一連の碑文をほりつけ、一群の人物をも浮彫りにした(二三二ページ)。

人物の群像についてみると、最左端(向かって)から右へ順次に槍持ち、弓持ちとつづき、ついでダーラヤワウ大王となるが、かれは、仰臥して両手を上げ降伏の表示をしている僭主ガウマータを左足でふみつけ、左手には弓をもち、右手はたかく前方にのばして敬意を表している(図版Ⅴ)。その対象は右上方に浮遊している「偉大なる神アウラマズダー」で、前後に光条を放っているリングは先述した「光輪」である。さらに、大王の前には首をつなぎあわされて一列にならぶ九人の人物があらわされている。左から右へ順次にアーシナ、ナディンタバイラ、フラワルティ、マルティヤ、チサンタクマ、ワフヤズダータ、アラカ、フラーダおよびスクンカである(五一ページ)。

これらの群像を浮彫りにしたパネルの真下に五欄のスペースがあって、そこに古代ペルシア語の碑文がほりつけられている。左(向かって)から右へ順次によんでゆく。最後の第五欄は他の四欄にくらべて半分ぐらいの高さに終わっている。第四、五欄は群像のパネルの外にはみ出している(図版Ⅵ)。この古代ペルシア語版の左に三欄あるのはエラム語版、その上に(パネルの左)あるものはアッカド語版であるが、そのなかの左の部分は角度が若干異なっているので正面からは読みにくい。

IV　ビーソトゥーンの山容(南方から望む)

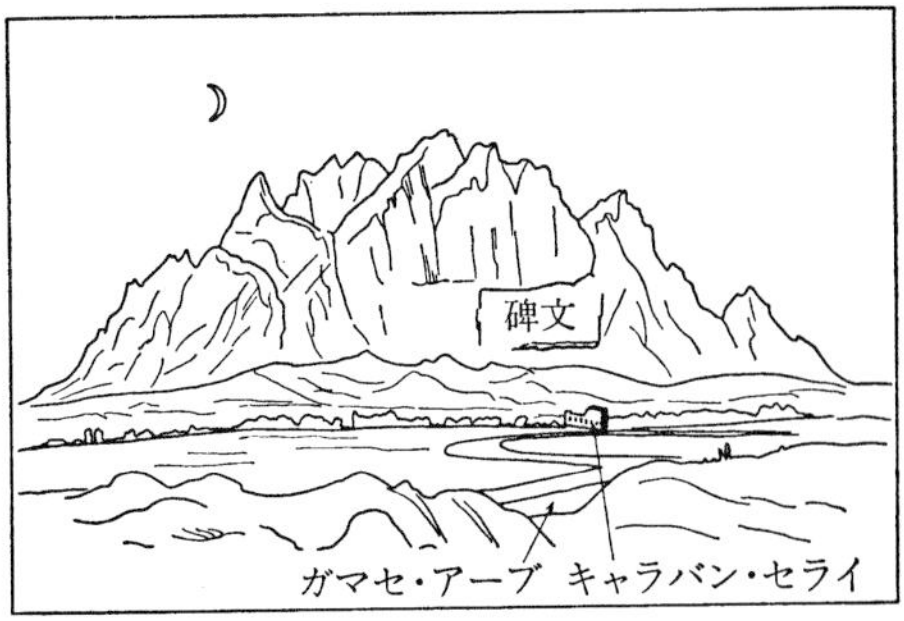

前面を白く蛇行する川はガマセ・アーブ．これはスーシャーをすぎて南流し『旧約聖書』に有名なケルカ川となる．
キャラバン・セライ(キャラバンの宿舎)を東西にケルマンシャー〜ハマダーン街道が通過する．

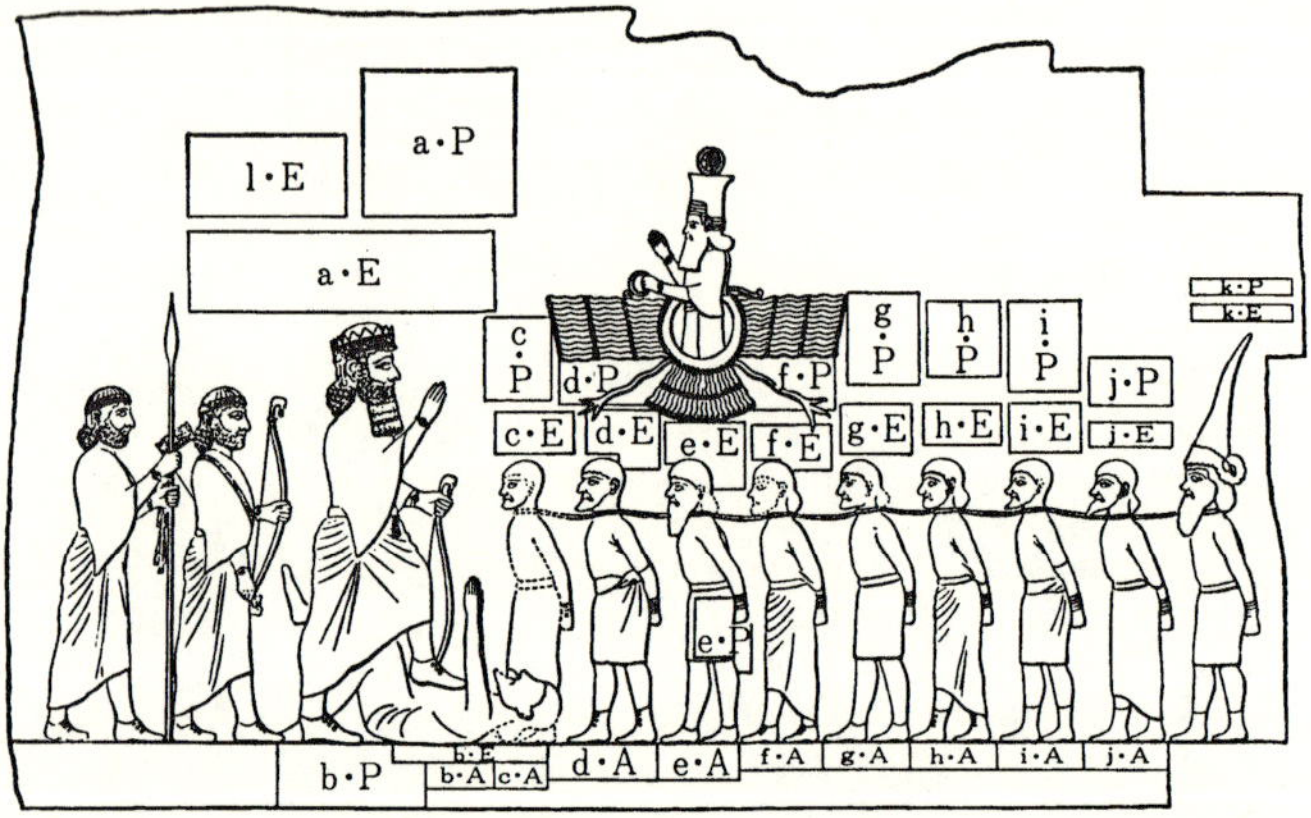

V　ビーソトゥーンの浮彫り

アウラマズダー，ダーラヤワウ一世，マグ＝ガウマータおよび九王，ならびにビーソトゥーン小碑文 a, b, …, k, l の配置図(P＝古代ペルシア語版，E＝エラム語版，A＝アッカド語版).

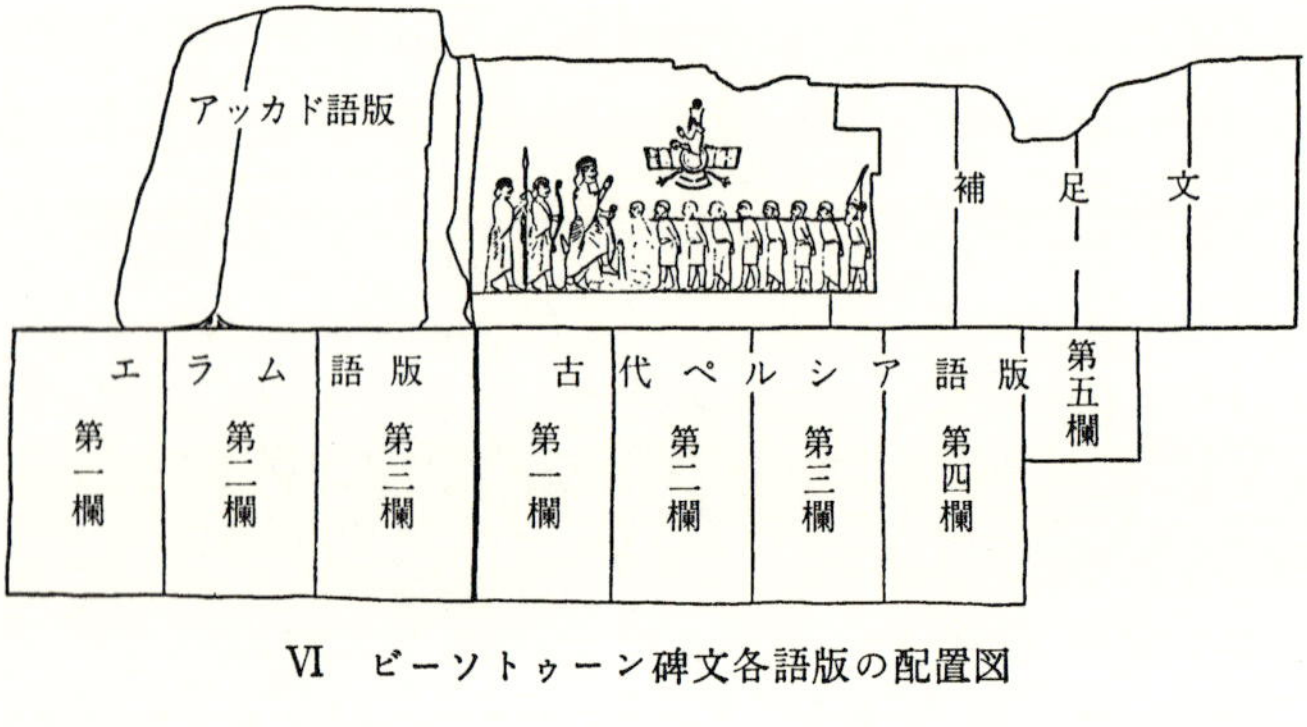

VI　ビーソトゥーン碑文各語版の配置図

パネルの右、古代ペルシア語版の右端の上部にも補足文四欄があり、エラム語であるが破損がひどくて読みとりにくい。

ビーソトゥーン碑文の大きなものは以上に尽きるが、このほか、群像のパネルの空間を利用して多くの小碑文が記されている。それらはおおむね、パネルに彫られている人物の説明である。これらの小碑文はダーラヤワウのビーソトゥーン碑文a、b、c……kと表示される。a、kは古代ペルシア、エラムの両語版のみであるが、他はみなアッカド語版をもそなえて三語併用である。碑文1はエラム語版であるが、これについては一〇八ページを参照ねがいたい。これは形式的には小碑文にみえるが、内容的には大碑文古代ペルシア語版第四欄八八―九二行のエラム語版である。各小碑文の位置は図版Vに示されている。

これらの大小碑文を訳出すると、つぎのようになるが、それに先きだち二、三の注意事項を記しておきたい。訳文中に( )でかこんだものは筆者の加筆、段落の末尾ごとに( )内に示す数字は原碑文の行数(この数字のないものは全文が一行におさまっているわけ)、ときとして( )内に付記する原語形のうち、斜体で示す部分は欠損せる原形の復原を、それぞれ、示す。これらの注意事項はビーソトゥーン碑文以外にも共通するが、ビーソトゥーン大碑文には、このほか、「節」を示す数字をそれぞれの「節」の冒頭に、( )内に示した。この大碑文は第一欄から第五欄まで、通算七十六節にわかたれている。

ダーラヤワウ一世のビーソトゥーン(大)碑文(古代ペルシア語版)

第一欄

(一)　余はダーラヤワウ、偉大なる王、諸王の王、パールサの王、諸邦《ダフユ》の王、ウィシュタースパの子、アルシャーマの孫、ハカーマニシュの裔。(一―三)

(二)　王ダーラヤワウは告げる、余の父はウィシュタースパ、ウィシュタースパの父はアルシャーマ、アルシャーマの父はアリヤーラムナ、アリヤーラムナの父はチャイシュピ、チャイシュピの父はハカーマニシュ。(三―六)

(三)　王ダーラヤワウは告げる、このゆえに、われらはハカーマニシュ家とよばれる。往昔よりわれらは勢家である。往昔よりわれらの一門は王家であった。(六―八)

(四)　王ダーラヤワウは告げる、わが一門にしてさきに王たりしは八人、余は第九位。二系にわかれて九人、われらは王である。(八―一一)

(五)　王ダーラヤワウは告げる、アウラマズダーの御意によって余は王である。アウラマズダーは王国を余に授け給うた。(一一―一二)

(六)　王ダーラヤワウは告げる、余に帰属したこれらの邦々――アウラマズダーの御意によって余はその王となった、パールサ、ウーウジャ(エラム)、バービル(バビロニア)、アスラー

(アッシリア)、アラバーヤ(アラビア。ただし北アラビアの北部)、ムドラーヤ(エジプト)、海浜の人々、スパルダ(サルディス。リュディアの中心地域)、ヤウナ(イオニア)、マーダ(メディア)、アルミナ(アルメニア)、カトパトゥカ(カッパドキア)、パルサワ(パルティア)、ズランカ(ドランギアナ。ハームーン湖周辺の地域)、ハライワ(アレイア。ヘラート地方)、ウワーラズミー(コラスミア。アラル海の南方地方)、バークトリ(バクトリア。アム川の上流地帯。中世のバルク〔バルフ〕がその中心都市)、スグダ(ソグディアナ、ソグド。中心都市はサマルカンド)、ガンダーラ(インダス川上流の西方地域)、サカ(シル川上流のサカ族)、サタグ(サッタギュディア。ハラウワティの北)、ハラウワティ(アラコシア。サタグの南、ヘルマンド川の流域)、マカ(マクラーン、マクレスターン)、——計、二十三邦《ダフユ》。(一二—一七)

注 このリストはダーラヤワウ一世の治世中にもすでに変動をうけた。かれ以降はいうまでもない。邦《ダフユ》の包括する領域が変化したり新しいものが加わったりしたためである。また、このリストにみえる邦《ダフユ》の領域についても諸説があって意見の一致しないものがある。例えば、「バービル」にシリア、パレスチナを含め、「海浜の人々」を小アジアの南岸地方に限定する立場にたいし、前者をバビロニアに限定し、後者にシリア、パレスチナ、キュプロスをも含める立場もあり、また「ヤウナ」を「スパルダ」の東におく見方もある。このような異見や異説、あるいは邦《ダフユ》の変動を一枚の地図にのせることは不可能である。

(七) 王ダーラヤワウは告げる、余に帰属しアウラマズダーの御意によって余の臣僕となり余に貢物をもたらしたこれらの邦々《ダフユ》——かれらに、夜にせよ、あるいは昼にせよ、余によって言いわたされたこと——それは(かれらによって)実行された。(一七—二〇)

(八) 王ダーラヤワウは告げる、これらの邦々のなかにあって忠誠なりし者——かれを余は厚く賞し、不忠(arika-)なりし(者)——かれを余は厳《きび》しく罰した。アウラマズダーの御意によって、これらの邦々は余の律法を尊重した——かれらに余によって言いわたされたごとく、そのとおりに実行された。(二〇—二四)

(九) 王ダーラヤワウは告げる、アウラマズダーは余にこの王国を授け給うた。アウラマズダーは、余がこの王国を統一するまで、余に佑助を賜わった。アウラマズダーの御意によって、余はこの王国を掌握しているのである。(二四—二六)

(一〇) 王ダーラヤワウは告げる、これが、余が王となってのちの、余の所成(である)。われらの一門にして、カンブジヤという、クル(キュロス)の子——かれがここの王であった。このカンブジヤには、カンブジヤと同母同父でバルディヤという弟があった。のちに、カンブジヤはこのバルディヤを殺害した。カンブジヤがバルディヤを殺害したとき、バルディヤの殺害されたことは民には知らせてなかった。のちに、カンブジヤはムドラーヤ(エジプト)に進発した。カンブジヤがムドラーヤに進発すると、そのとき、民は不忠となった。ついで、虚偽(drauga-)が邦に——パールサにもマーダ(メディア)にも、その他の邦々にも——多くなった。(二六—

三五）

（一一）　王ダーラヤワウは告げる、ついで、ガウマータというマグ（二七七ページ）がひとりいた。かれはパイシヤーウワーダーのアラカドリという山――そこから擡頭した。ウィヤカナの月の、日数にして十四日が経過中であった。擡頭したとき、かれは民にこういつわった「余はクル（キュロス）の子でカンブジヤの弟なるバルディヤである」と。すると、民はみなカンブジヤより離反し、かれになびいた――パールサもマーダも、他の邦々も。王国をかれは掌握した。ガルマパダの月の、日数にして九日が経過中であった。このようにしてかれは王国を掌握した。のちに、カンブジヤは自寿尽きて逝世した。（三五―四三）

（一二）　王ダーラヤワウは告げる、マグ＝ガウマータがカンブジヤから奪ったこの王国――この王国は往昔からわれらが一門のものであった。のちにマグ＝ガウマータが（それを）カンブジヤから奪ったのである――パールサもマーダも、その他の邦々をも。かれは（それを）獲得し、おのが有とした。かれは王となった。（四三―四八）

（一三）　王ダーラヤワウは告げる、このマグ＝ガウマータをして王国喪失者たらしめん者は、パールサにもマーダにも、ないし、われらが一門にも、だれひとりとして存しなかった。民は「以前にバルディヤを知っていた民を数多くかれは殺害していた――『余がクル（キュロス）の子バルディヤでないと、このように余を知るもののなからんために』と、こういうことのゆえに、かれは民を殺害していた」とて、かれをひじょうに恐れた。余が登場するまでは、だれひとり、マグ＝ガウマータについて、何事をも、あえて口にすることはなかった。そこで、余は、アウラマズダーに助けを乞うた。アウラマズダーは余に佑助を賜わった。バーガヤーディの月の、日数にして十日が経過中であった。このようにして、余は、少数の者どもとともに、かのマグ＝ガウマータならびにかれの主要なる側近たりしものどもを殺害した。マーダ(メディア)のニサーヤという地方《ダフユ》のシカヤウワティという城塞――そこにて、余はかれを殺害した。王国をかれから余は奪取した。アウラマズダーの御意によって余は王となった。アウラマズダーは王国を余に授け給うた。(四八―六一)

(一四)　王ダーラヤワウは告げる、われらの一門から奪い去られていた王国――それを余は回復し、余はそれをその場に復した。マグ＝ガウマータが毀った諸祀堂(āyadana-)を、以前にあったごとく、そのとおりに余はなした。マグ＝ガウマータが民から奪っていた生活手段――家畜と家僕とを、家門ともども、余はかれらに取返してやった。余は、民――パールサのもマーダ(メディア)のも、その他の邦々の(民)をも、その所に安んぜしめた。奪い去られていたものを、以前にあったごとく、そのとおりに余は取りもどした。アウラマズダーの御意によって、このことを余はなしたのであり、余は、余がわれらの王家を以前にあったごとくその所に安んぜしめるまで、努力した。マグ＝ガウマータがわれらの王家を奪い去ることのないごとく、そ

のように、アウラマズダーの御意によって、余は努力したのである。(六一―七一)
(一五)　王ダーラヤワウは告げる、これが、余が王となってのちに、余のなしたことである。
(七一―七二)
(一六)　王ダーラヤワウは告げる、余がマグ＝ガウマータを殺害したのち、ウパダルマの子、アーシナというもの――かれがウーウジャ(エラム)にて擡頭した。かれは民にこう宣言した「余はウーウジャの王である」と。すると、ウーウジャ人は離反し、そのアーシナになびいた。かれはウーウジャの王となった。また、アイナイラの子、ナディンタバイラという一バービル(バビロニア)人――かれがバービル(バビロン)にて擡頭した。かれは民にこういつわった「余はナブナイタ(ナボニドス)の子なるナブクドラチャラ(ネブカドレザル、ネブカドネザル)である」と。すると、バービル(バビロニア)の民はみな、そのナディンタバイラになびいた。バービル(バビロニア)は離反し、バービルにおける王国をかれは掌握した。(七二―八一)
(一七)　王ダーラヤワウは告げる、ここにおいて余はウーウジャ(エラム)に(指令を)送った。かれアーシナは縛して余のもとに連行された。余はかれを殺害した。(八一―八三)
(一八)　王ダーラヤワウは告げる、ここにおいて余は、ナブクドラチャラ(ネブカドレザル)と自称したそのナディンタバイラに向かって、バービル(バビロン)に進発した。ナディンタバイラの軍はティグラー(ティグリス川)を抑え、そこに駐屯していた。しかし、水には渡る術《て》があった。そこで余は(一部の)軍を革袋の舟に配置し、他を駱駝の乗り手とし、(さらに)他(の軍)には馬をあてがった。アウラマズダーは余に佑助を賜わった。アウラマズダーの佑助によってわれらはティグラー(ティグリス川)を渡った。そこにてナディンタバイラのその軍を余は大いに討った。アーシャーディヤの月の、日数にして二十六日が経過中であった。このように、われらは合戦を交えたのである。(八三―九〇)

(一九) 王ダーラヤワウは告げる、そののち、余はバービル(バビロン)に進発した。余がバービルに到着せぬうちに、はやくウフラートゥ(ユウフラテス川)畔のザーザーナという町――そこに、ナブクドラチャラ(ネブカドレザル)と自称していたかのナディンタバイラは、合戦を交えるために、余に向かって、軍とともに来ていた。ここにおいて、われらは合戦を交えた。アウラマズダーは余に佑助を賜わった。アウラマズダーの御意により、ナディンタバイラの軍を余は大いに討った。その他のものは水中に投じられ、水がかれらを拉し去った。アーナーマカの月の、日数にして二日が経過中であった。このように、われらは合戦を交えたのである。(九〇―九六)

第二欄

(二〇) 王ダーラヤワウは告げる、その後、ナディンタバイラは少数の騎者とともに逃亡、バービル(バビロン)に進発した。そこで余はバービルに進発した。アウラマズダーの御意によって、余はバービル(バビロン)を掌握するとともに、そのナディンタバイラを逮捕した。その後、そのナディンタバイラを余はバービル(バビロン)にて殺害した。(一―五)

(二一)　王ダーラヤワウは告げる、余がバービル(バビロン)にあったあいだに、これらが、余より離反したる邦々《ダフユ》――パールサ、ウーウジャ(エラム)、マーダ(メディア)、アスラー(アッシリア)、ムドラーヤ(エジプト)、パルサワ(パルティア)、マルグ(マルギアナ)、サタグ(サッタギュディア)、サカ。(五―八)

(二二)　王ダーラヤワウは告げる、チンチャクリの子にてマルティヤという者がパールサのクガナカーという町――そこに居住していた。かれはウーウジャ(エラム)にて擡頭した。かれは民にこう宣言した「余はウーウジャ(エラム)の王イマニである」と。(八―一一)

(二三)　王ダーラヤワウは告げる、そのとき余はウーウジャに近いところにあった。そこでウーウジャ(エラム)人は余を恐れ、かれらの統領たりしそのマルティヤを捕えてこれを殺害した。(一一―一三)

(二四)　王ダーラヤワウは告げる、フラワルティ(プラオルテス)というひとりのマーダ(メディア)人――かれがマーダにて擡頭した。かれは民にこう宣言した「余はウワクシュトラ(キュアクサレス)の一門のもの、クシャスリタである」と。すると、王室づきのマーダ(メディア)

の軍――それは余から離反しそのフラワルティになびいた。かれはマーダ(メディア)の王となった。(一三―一七)

(二五)　王ダーラヤワウは告げる、余のもとにあったパールサとマーダの軍――それは少数であった。そのとき、余は(その)軍を派遣した。余の臣僕でウィダルナというパールサ人――かれを余はかれらの統領とした。余はこのようにかれらに言いわたした「行けよ、余のものと称せぬマーダ(メディア)のかの軍を討てよ」と。そこで、かれウィダルナは軍とともに進発した。かれがマーダについたとき、マールというマーダの町――そこにてかれはマーダ人と合戦を交えた。マーダ人の統領たりしかれ(フラワルティ)は、そのときは、そこにいなかった。アウラマズダーは余に佑助を賜わった。アウラマズダーの御意によって、余の軍は、離反せるかの軍を大いに討った。アーナーマカの月の、日数にして二十七日が経過中であった。これが、かれらの交えた合戦(であった)。そののち、余のこの軍は、カンパンダというマーダ(メディア)の地方《ダフユ》――そこにて、余がマーダにつくまで、余を待ちうけていた。(一八―二九)

(二六)　王ダーラヤワウは告げる、余の臣僕でダーダルシというアルミニヤ(アルメニア)人――かれを余はアルミナ(アルメニア)に派遣した。余はかれにこう言いわたした「行けよ、離反し余のものと称しない軍――それを討てよ」と。そこで、ダーダルシは進発した。かれがアルミナにつくと、そのとき、離反者どもは集結し、合戦を交えるために、ダーダルシに向かってきた。ズーザフヤというアルミニヤ(アルメニア)の集落——そこにて合戦を交えた。アウラマズダーは余に佑助を賜わった。アウラマズダーの御意により、余の軍は離反せるかの軍を大いに討った。スーラワーハラの月の、日数にして八日が経過中であった。これが、かれらの交えた合戦(であった)。(二九—三七)

(二七)　王ダーラヤワウは告げる、ふたたび離反者どもは集結し、合戦を交えるために、ダーダルシに向かってきた。ティグラというアルミニヤ(アルメニア)の城塞——そこにて合戦を交えた。アウラマズダーは余に佑助を賜わった。アウラマズダーの御意によって、余の軍は離反せるかの軍を大いに討った。スーラワーハラの月の、日数にして十八日が経過中であった。これが、かれらの交えた合戦(であった)。(三七—四二)

(二八)　王ダーラヤワウは告げる、三たび離反者どもは集結し、合戦を交えるために、ダーダルシに向かってきた。ウヤワーというアルミニヤ(アルメニア)の城塞——そこにて合戦を交えた。アウラマズダーは余に佑助を賜わった。アウラマズダーの御意により、余の軍は離反せるかの軍を大いに討った。サイグラチの月の、日数にして九日が経過中であった。これが、かれらの交えた合戦(であった)。そののちダーダルシは、余がマーダ(メディア)につくまでのあいだ、余をアルミニヤ(アルメニア)にて待ちうけていた。(四二—四九)

(二九)　王ダーラヤワウは告げる、そののち、余の臣僕でワウミサというパールサ人——かれを余はアルミナ(アルメニア)に派遣した。余はかれにこう言いわたした「行けよ、離反し余のものと称しない軍——それを討てよ」と。そこでワウミサは進発した。かれがアルミナにつくと、そのとき、離反者どもは集結し、合戦を交えるために、ワウミサに向かってきた。イザラーというアスラー(アッシリア)の地方《ダフユ》——そこにて合戦を交えた。アウラマズダーは余に佑助を賜わった。アウラマズダーの御意により、余の軍は離反せるかの軍を大いに討った。アーナーマカの月の、日数にして十五日が経過中であった。これが、かれらの交えた合戦(であった)。(四九—五七)

(三〇) 王ダーラヤワウは告げる、ふたたび離反者どもは集結し、合戦を交えるために、ワウミサに向かってきた。アウティヤーラというアルミニヤ(アルメニア)の地方《ダフユ》——そこにて合戦を交えた。アウラマズダーは余に佑助を賜わった。アウラマズダーの御意により、余の軍は離反せるかの軍を大いに討った。スーラワーハラの月の末日において(であった)。これが、かれらの交えた合戦(であった)。その後、ワウミサは、余がマーダ(メディア)につくまでのあいだ、余をアルミニヤ(アルメニア)に待ちうけていた。(五七—六三)

(三一) 王ダーラヤワウは告げる、そののち、余はバービル(バビロン)を出てマーダ(メディア)に進発した。余がマーダにつくと、クンドゥルというマーダの町——そこに、マーダの王と称したかのフラワルティが、合戦を交えるために、軍とともに、余に向かってきた。そこで、われらは合戦を交えた。アウラマズダーは余に佑助を賜わった。アウラマズダーの御意により、フラワルティの軍を余は大いに討った。アードゥカニシャの月の、日数にして二十五日が経過中であった。このように、われらは合戦を交えたのである。（六四―七〇）

（三二）王ダーラヤワウは告げる、そののち、そのフラワルティは、少数の騎者とともに逃亡した。ラガー（ラゲス、ライ）というマーダ（メディア）の地方《ダフユ》――かれはそこへ進発した。そこで余は追うて軍を派遣した。フラワルティは逮捕され余のもとに連行された。余はかれの鼻と両耳と舌を削ぎおとし、またかれの一眼を抉《えぐ》った。かれは余の（王宮の）門に縛りつけられ、すべての民がかれを見た。そののち、かれを、余はハグマターナ（エクバタナ、ハマダーン）にて杭刺しにした。そして余は、かれの主要なる側近たりしものども――かれらをハグマターナの城内にて絞殺した。（七〇―七八）

（三三）王ダーラヤワウは告げる、チサンタクマというアサガルタの者――かれが余に離反した。かれは民にこう宣言した「余はウワクシュトラ（キュアクサレス）の一門のもの、アサガルタの王である」と。そこで余はパールサとマーダ（メディア）の軍を派遣した。余の臣僕でタクマスパーダというマーダ人――かれを余はかれらの統領とした。このようにかれらに余は言いわたした「行けよ、余のものと称しようとはしない離反せる軍――それを討てよ」と。そこでタクマスパーダは軍とともに進発し、チサンタクマと合戦を交えた。アウラマズダーは余に佑助を賜わった。アウラマズダーの御意により、余の軍は離反せるかの軍を討ってチサンタクマを逮捕し余のもとに連行した。そこで、余はかれの鼻と両耳を削ぎおとし、またかれの一眼を抉った。かれは余の(王宮の)門に縛りつけられ、すべての民がかれをみた。そののち、かれを、余はアルバイラー(アルベラ)にて杙刺しにした。(七八―九一)

(三四) 王ダーラヤワウは告げる、これが、マーダ(メディア)における余の所成(であった)。(九一―九二)

(三五) 王ダーラヤワウは告げる、パルサワ(パルティア)とワルカーナ(ヒュルカニア、ゴルガーン)が余から離反し、フラワルティのものと称した。余の父ウィシュタースパ――かれはパルサワにあった。かれを民はすてて離反した。ここにおいて、ウィシュタースパはおのが側近たりし軍とともに進発した。ウィシュパウザーティというパルサワの町――そこにて、かれはパルサワ人と合戦を交えた。アウラマズダーは余に佑助を賜わった。アウラマズダーの御意により、ウィシュタースパは離反せるかの軍を大いに討った。ウィヤカナの月の、日数にして二十二日が経過中であった。これが、かれらの交えた合戦(であった)。(九二―九八)

第三欄

(三六) 王ダーラヤワウは告げる、そののち、余はパールサの軍をラガー(ラゲス、ライ)からウィシュタースパのもとに派遣した。その軍がウィシュタースパのもとにつくと、そのとき、ウィシュタースパはその軍を握り進発した。パティグラバナーというパルサワ(パルティア)の町――そこにてかれは離反者どもと合戦を交えた。アウラマズダーは余に佑助を賜わった。アウラマズダーの御意により、ウィシュタースパは離反せるかの軍を大いに討った。ガルマパダの月の、一日が経過中であった。これが、かれらの交えた合戦(であった)。(一一九)

(三七)　王ダーラヤワウは告げる、そののち、(この)邦《ダフユ》は余のものとなった。これが、パルサワにおける余の所成(であった)。(九一一〇)

(三八)　王ダーラヤワウは告げる、マルグ(マルギアナ)という邦《ダフユ》――それが余から離反した。フラーダという一マルグ人――かれを(人々は)統領にした。そこで余は、余の臣僕でバークトリ(バクトリア)の知事(クシャサパーワン――五四ページ)たる、ダーダルシというパールサ人(――かれを)かれにむけて派遣した。このように、かれに余は言いわたした「行けよ、余のものと称しないかの軍を討てよ」と。そこでダーダルシは軍とともに進発し、マルグ(マルギアナ)人と合戦を交えた。アウラマズダーは余に佑助を賜わった。アウラマズダーの御意により、余の軍は離反せるかの軍を大いに討った。アーシャーディヤの月の、日数にして二十三日が経過中であった。これが、かれらの交えた合戦(であった)。(一〇一一九)

(三九)　王ダーラヤワウは告げる、そののち、(この)邦《ダフユ》は余のものとなった。これが、バーク

トリ（バクトリア）における余の所成（であった）。（一九―二一）

（四〇）　王ダーラヤワウは告げる、ワフヤズダータという者が、パールサのユティヤーという地方《ダフユ》のターラワーという町――そこに居住していた。かれは、（パールサとしては）二度目（の叛乱）として、パールサにて擡頭した。かれは民にこう宣言した「余はクルの子なるバルディヤである」と。すると、さきにそこ（ターラワー）より（来て）王室づきのパールサの軍――それが余から離反してそのワフヤズダータになびいた。かれはパールサの王となった。（二一―二八）

（四一）　王ダーラヤワウは告げる、そののち、余は、余のもとにあったパールサとマーダ（メディア）の軍を派遣した。余の臣僕でアルタワルディヤというパールサ人――かれを余はかれらの統領とした。その他のパールサ軍は、余のあとから、マーダに進発した。そこで、アルタワルディヤは軍とともにパールサに進発した。かれがパールサにつくと、ラカーというパールサの町――そ（の地）にて、バルディヤと称していたかのワフヤズダータは、合戦を交えるために、軍とともにアルタワルディヤに向かってきた。かくて合戦を交えた。アウラマズダーは余に佑助を賜わった。アウラマズダーの御意により、余の軍はワフヤズダータのかの軍を大いに討った。スーラワーハラの月の、日数にして十二日が経過中であった。これが、かれらの交えた合戦（であった）。（二八―四〇）

(四二) 王ダーラヤワウは告げる、そののち、そのワフヤズダータは少数の騎者とともに逃亡し、パイシヤーウワーダーに進発した。そこからかれは軍を握った。そののちに、かれは、合戦を交えるために、アルタワルディヤに向かってきた。パルガという山——そこで合戦を交えた。アウラマズダーは余に佑助を賜わった。アウラマズダーの御意により、余の軍はワフヤズダータのかの軍を大いに討った。ガルマパダの月の、日数にして五日が経過中であった。これが、かれらの交えた合戦(であった)。そして、(余の軍は)かのワフヤズダータを逮捕し、また、かれの主要なる側近たりしものどもを逮捕した。(四〇—四九)

(四三) 王ダーラヤワウは告げる、そののち、余はそのワフヤズダータとかれの主要なる側近たりしものども——ウワーダイチャヤというパールサの町——そこにて、かれらを杭刺しにした。(四九—五二)

(四四) 王ダーラヤワウは告げる、これがパールサにおける余の所成(である)。(五二—五三)

(四五) 王ダーラヤワウは告げる、バルディヤと称したかれワフヤズダータ——かれは軍を、余の臣僕でハラウワティ(アラコシア)の知事たるウィワーナというパールサ人——かれにむけて、ハラウワティに派遣した、そして某をかれらの統領とした。このようにかれらにかれは言いわたした「行けよ、ウィワーナと、王ダーラヤワウのものと称しているかの軍とを討てよ」と。そこで、ワフヤズダータが、合戦を交えるために、ウィワーナにむけて派遣したかの軍は進発した。カーピシャカーニという城塞——そこにて合戦を交えた。アウラマズダーは余に佑助を賜わった。アウラマズダーの御意により、余の軍はかの離反せる軍を大いに討った。アーナーマカの月の、日数にして十三日が経過中であった。これが、かれらの交えた合戦(であった)。(五四—六四)

(四六)　王ダーラヤワウは告げる、また、それからのちに、離反者どもは集結し、合戦を交えるために、ウィワーナに向かってきた。ガンドゥタワという地方《ダフユ》——そこにて合戦を交えた。アウラマズダーは余に佑助を賜わった。アウラマズダーの御意により、余の軍は離反せるかの軍を大いに討った。ウィヤカナの月の、日数にして七日が経過中であった。これが、かれらの交えた合戦(であった)。(六四—六九)

(四七)　王ダーラヤワウは告げる、ワフヤズダータがウィワーナにたいして派遣したこの軍の統領であったこの者——かれは少数の騎者とともに逃亡し進発した。アルシャーダーというハラウワティ(アラコシア)の城塞——そこへむかって行った。そこでウィワーナは軍とともに、かれを追うて、進発した。そこにてかれと、かれの主要なる側近たりしものどもを逮捕し殺害した。(六九—七五)

(四八)　王ダーラヤワウは告げる、そののち、(この)邦《ダフユ》は余のものとなった。これが、ハラウワティ(アラコシア)における余の所成(であった)。(七五—七六)

（四九）　王ダーラヤワウは告げる、余がパールサとマーダ（メディア）にあったとき、またも、ふたたび、バービル（バビロニア）人が余より離反した。ハルディタの子、アラカという一アルミニヤ（アルメニア）人――かれが、バービル（バビロン）にて擡頭した。ドゥバーラという地方《ダフュ》――そこから、かれは民にこういつわった「余はナブナイタ（ナボニドス）の子ナブクドラチャラ（ネブカドレザル）である」と。すると、バービル（バビロニア）の民は余から離反してそのアラカになびいた。バービル（バビロン）をかれは掌握した。かれはバービル（バビロン）の王となった。（七六―八三）

（五〇）　王ダーラヤワウは告げる、そこで、余は軍をバービル（バビロン）に派遣した。余の臣僕でウィンダファルナフというパールサ人――かれを余はかれらの統領とした。このように、かれらに余は言いわたした「行けよ、余のものと称しようとはしないかのバービル（バビロニア）軍を討てよ」と。そこで、ウィンダファルナフは軍とともにバービル（バビロン）に進発した。アウラマズダーは余に佑助を賜わった。アウラマズダーの御意により、ウィンダファルナフはバービル（バビロニア）人を討ち、そして縛して連行した。ワルカジャナの月の、日数にして二十二日が経過中であった。ナブクドラチャラと僭称していたかのアラカとかれの主要なる側近たりしものどもを、かれは逮捕した。余は命令した。（そこで）このアラカとかれの主要なる側近たりしものどもは、バービル（バビロン）にて杭刺しにされた。（八三―九二）

第四欄

(五一)　王ダーラヤワウは告げる、これが、バービル(バビロン)における余の所成(であった)。(一—二)

(五二)　王ダーラヤワウは告げる、これが、余が王となってのちに、同一年に、アウラマズダーの御意によって、余がなしたことである。余は十九の合戦を交えた。アウラマズダーの御意により、余はかれらを討って九王を逮捕した。一はガウマータというマグであった。かれはいつわった。かれはこう宣言した「余はクル(キュロス)の子バルディヤである」と。かれはパールサを離反させた。一はアーシナというウーウジャ(エラム)人。かれはいつわった。かれはこう宣言した「余はウーウジャの王である」と。かれはウーウジャを余から離反させた。一はナディンタバイラというバービル(バビロニア)人。かれはいつわった。かれはこう宣言した「余はナブナイタ(ナボニドス)の子ナブクドラチャラ(ネブカドレザル)である」と。かれはバービル(バビロン)を離反させた。一はマルティヤというパールサ人。かれはいつわった。かれはこう宣言した「余はウーウジャ(エラム)の王、イマニである」と。かれはウーウジャを離反させた。一はフラワルティというマーダ(メディア)人。かれはいつわった。かれはこう宣言した「余はウワクシュトラの一門のもの、クシャスリタである」と。かれはマーダを離反させた。

一はチサンタクマというアサガルタの人。かれはいつわった。かれはこう宣言した「余はウワクシュトラの一門のもの、アサガルタの王である」と。かれはアサガルタを離反させた。一はフラーダというマルグ(マルギアナ)の人。かれはいつわった。かれはこう宣言した「余はマルグの王である」と。かれはマルグを離反させた。一はワフヤズダータというパールサ人。かれはいつわった。かれはこう宣言した「余はクル(キュロス)の子バルディヤである」と。かれはパールサを離反させた。一はアラカというアルミニヤ(アルメニア)人。かれはいつわった。かれはこう宣言した「余はナブナイタ(ナボニドス)の子ナブクドラチャラ(ネブカドレザル)である」と。かれはバービル(バビロン)を離反させた。(二一―三一)

(五三)　王ダーラヤワウは告げる、これらの九王を余はこれらの合戦にて逮捕した。(三一―三二)

(五四)　王ダーラヤワウは告げる、これらが離反したる邦々《ダフユ》。虚偽がかれらを離反させたので、かれらは民をいつわった。そののち、かれらをアウラマズダーは余の手に引きわたし給うた。余の欲するごとく、そのとおりにかれらを余は処置した。(三三―三六)

(五五)　王ダーラヤワウは告げる、のちに王たらん汝はだれにせよ、虚偽からは堅く身を守れよ。虚偽者(draujana-)ならんもの――かれを厳しく罰せよ。もし汝が「余の国《ダフユ》が堅固であれ」と、このように思うならば。(三六―四〇)

（五六） 王ダーラヤワウは告げる、余がなしたこのことは、アウラマズダーの御意によって同一年に余がなしたのである。のちにこの碑文を読まん汝はだれにせよ、余の所成が汝を信憑させんことを。汝がそれを虚偽と思うことなからんことを。（四〇—四三）

（五七） 王ダーラヤワウは告げる、これを、いつわりでなく真実に、同一年に余はなしたと、こう、アウラマズダーにかけての誓いを余は誓いたい。（四三—四五）

（五八） 王ダーラヤワウは告げる、アウラマズダーの御意によって、またほかにも、余によって数多くなされており、それはこの碑文には誌《しる》されていない。誌されていないのはこの理による、いわく、のちにこの碑文を読まんもの——かれに、余の所成が誇大にみえることなからんためと、これがかれに信憑されず、いつわりと思われることあらんためである。（四五—五〇）

（五九） 王ダーラヤワウは告げる、以前に王たりしものたち——その在世していたあいだ、かれらによって、アウラマズダーの御意により同一年に余によってなされたごとく、そのようになされたためしはなかった。（五〇—五二）

（六〇） 王ダーラヤワウは告げる、余の所成が、いま、汝に信憑されんことを。このように民に知らせよ、隠すことなかれ。もしこの発言を汝が隠すことをせず民に知らせるならば、アウラマズダーが汝を愛好するものとなり給うように、また汝の家門の栄えゆくように、そして（汝自身）長く生きてあらんことを。（五二—五六）

(六一)　王ダーラヤワウは告げる、もしこの発言を汝が隠し民に知らせないなら、アウラマズダーが汝の打倒者となり給うように、そして汝に家門のあることなからんことを。(五七―五九)

(六二)　王ダーラヤワウは告げる、余が同一年になしたこのことを、余はアウラマズダーの御意によってなしたのである。アウラマズダーは余に佑助を賜わった。そして臨在しましますその他の神々も。(五九―六一)

(六三)　王ダーラヤワウは告げる、このゆえにアウラマズダーは佑助を賜わった、そして臨在しましますその他の神々も――いわく、余は不忠でなかった、余は虚偽者でなかった、余は行詐者(zūrakara-)でなかった、余が(かかるもので)なかったのみか、余の一門も(かかるもので)なかったからである。余は正義をふんできた。余は弱者にも強者にも詐《いつわ》りを行なわなかった。余の王家に協力したる者――かれを余は厚く賞した。加害したるもの――かれを余は厳しく罰した。(六一―六七)

(六四)　王ダーラヤワウは告げる、のちに王たらん汝はだれにせよ、虚偽者ならん者、あるいは、行詐者ならんもの――かれらを愛好するものとなってはならぬ、かれらを厳しく罰するのだ。(六七―六九)

(六五)　王ダーラヤワウは告げる、余が誌《しる》したこの碑文、あるいは、これらの像を、のちに見

ん汝はだれにせよ、(それを)毀つことのないように。汝にして力あるかぎり、そのあいだは保護することをせよ。(六九―七二)
(六六) 王ダーラヤワウは告げる、もしこの碑文、あるいは、これらの像を汝が見、それらを汝が毀つことなく、そして、汝に力があるかぎり、それらを汝が保護するならば、アウラマズダーが汝を愛好するものとなり給うように、また汝の家門の栄えゆくように、そして(汝自身)長く生きてあらんことを。そして汝がなさんこと――それを汝のためにアウラマズダーの成就し給わんことを。(七二―七六)
(六七) 王ダーラヤワウは告げる、もしこの碑文、あるいは、これらの像を汝が見、それらを汝が毀ち、そして汝に力があるかぎり、それらを汝が保護しないならば、アウラマズダーが汝の打倒者となり給うように、そして汝に家門のあることなからんことを。そして汝のなさんこと――それを汝にたいしアウラマズダーの毀ち給わんことを。(七六―八〇)
(六八) 王ダーラヤワウは告げる、これらが、バルディヤと称したマグ＝ガウマータを余が殺害したあのさい、そこにいた人々――そのとき、これらの人々は余の側近として協力してくれた、いわく、ワフヤスパルワの子ウィンダファルナフというパールサ人、スクラの子ウタートナというパールサ人、マルドゥニヤの子ガウバルワというパールサ人、バガービグナの子ウィダルナというパールサ人、ダートゥワフヤの子バガブクシャ(三〇四ページ)というパールサ人、ワ

ハウカの子アルドゥマニシュ(一八二ページ)というパールサ人。(八〇—八六)

(六九)　王ダーラヤワウは告げる、のちに王たらん汝はだれにせよ、これらの人々の一門を手厚く保護せよ。(八六—八八)

(七〇)　王ダーラヤワウは告げる、アウラマズダーの御意により、これが余の作成した余の碑文、しかもそれはアルヤ語であった。そしてそれは泥板と皮革に(写し)とられた。さらに余は余の印章を作成し、さらに余の系譜を作成した。そしてそれは(記録の文に)書かれて余の前に読みあげられた。ついで、この碑文(の写し)を余はあらゆる邦々《ダフユ》に送付した。民は(これに)協力した。(八八—九二)

注　ビーソトゥーン碑文は第四欄までが最初に作成されたもので、第五欄はのちの造刻にかかる。ところで、第四欄の末尾(八八—九二行=第七〇節)は碑文の作成に言及した重要な個所であるが、一部に欠損があるのは残念である。「そしてそれは泥板と皮革に(写し)とられた。さらに余は余の印章を作成し、さらに余の系譜を作成した。」と訳したのは、その部分を utā *uvastāyā* utā čarmā gra*ftam āha. pati*-šamaiy *aθangaθai*fam akunavam, patiš*am uvādā*tam akunavam. と読んだもの(斜体は欠損部の復原)。ビーソトゥーン小碑文1はこの八八—九二行のエラム語版であるから(一〇八ページ)、碑文1と同一趣旨になるように復原しようとして新説が続々と提唱され、いまなお決定的なものは得られていない。uvastāyā「泥板に」(uvastā-「こねたもの、泥板」の単数所格)、graftam (grab-「把握する、取る」の過去受動分詞中性単数主格)はゲッティンゲン大学のW・ヒンツ(Hinz)教授に従った。同教授は印刷中の論文 Die *Zusätze zur* Darius-Inschrift von Behistan (『Archäologische Mitteilungen aus Iran』 Neue Folge, Band 5, Berlin 1972, pp. 243–251 所収) を送って筆者の内覧に供せられた。特記して深謝の意を表したい。もっとも、同教授は uvastāyā を ḫvastāyā とされているが、これは教授の解釈によるもので、意味の上では筆者の uvastāyā と変わりはない。この語は、これまでは、pavastāyā とよまれ、pavastā- の単数所格とされていた。pavastā- の中世ペルシア語 pōst は「皮革、果皮、樹皮」を意味し、ザラスシュトラ教徒の伝承によると『アヴェスター』は一万二千枚の「揉《な》めされた牛皮 gāw-pōstīhā i wirāstag)」に金泥で書かれていたといわれているように、pōst (pōstīhā は複数) は紙の代りに使用されていたことがわかる。この意味を古代ペルシア語 pavastā- にみとめると、そのつぎにくる čarman-「皮」(čarmā は単数所格) と撞着する。チャルマンも「皮革、果皮、樹皮」を示すからである。この矛盾を解決するために pavastā- を「蔽い」の意味に解し「蔽いつきの粘土版文書」とした。ヴェーダ対応語 pavásta- は「蔽い、屋根」で、世界の蔽いとしての天地を形容するから、pavastā- をこのように解する従来の立場も根拠のないものではなかった。ことにサルディスの総督(知事) オロイテスを殺害する場面に出てくる書状についてヘロドトス(『歴史』三・一二八) の伝えているところは、かなり有力な根拠とされていた。それによると、ダレイオス(古代ペルシア語ダーラヤワウ) 一世はオロイテスを計略で殺害しようとし、この仕事をバガイオスにゆだねた。バガイオスはさまざまな書状を作成してそれに一々大王の印章を押し、携えてサルディスにいった。オロイテスに謁見するとかれは「書状を一通ずつその蔽いからとりだし」王附秘書に手渡して読みあげさせ、ついに所期の目的を果たした、とのことである。しかし、いまや uvastā-「泥板」なる新しい解読が提唱されてみると、pavastā- の含んでいた矛盾は一挙に釈去されることになる。「印章」と訳した語は、前記エラム語版では単に「名

(hi-iš)」と訳されている。そこで××××fam をこのエラム語版の「名」に見合うように復原しようとして諸説が提唱された。もっとも新しいところではまず *uvanāfam*「おのが家門(Eigenfamilie)」。これはM・マイルホーフェル(Mayrhofer)の提唱であるが、これではエラム語の「名」に見合うことにならないとして、J・ハルマッタ(Harmatta)は *nāmaθaifam* を提唱した。*θaifa- はアヴェスター語 saēf-「……の上にすりつける」の派生形 *saēfa-「……の上にすりつけること」に対応する古代ペルシア語形であるから、ハルマッタは nāma-θaifa- を「花押、署名(Namenzug)」と解した。しかし、大王が一文を草してその下に署名することに関して「……の上にすりつける」という語を用いるのは納得しにくいとして、ヒンツ教授は *nāma-nāfam*「名と家門(Name [und] Familie)」を提唱した。もっともこの訳解には教授自身に疑義があり、疑問符がつけられている。この訳解は一九六〇年、ハルマッタがすでに口頭でG・G・キャメロン(Cameron)に伝えているが、それは *nāma*:*nāfam* であるから語詞間をわかつ記号が挿入されていることになり、碑面にはそのような記号を容れる余地のないことも、ヒンツ教授は指摘している。筆者によればハルマッタの復原は「名を(泥板や皮革)の上にすりつけるもの」として「印章」の意味に受けとりうるように思われる。しかし諸説が出てたたき台とされる現状からすれば、ここで一、二、別の復原を提示してみるのも意義があろう。ひとつは $a\theta^{a}g^{a}\theta^{a}{}_{i}ifam$=*aθanga-θaifam*、もうひとつは $a\theta^{a}g^{a}n^{a}afam$=*aθanganāfam*。aθanga- は「石、石材」、nāfa- は「家門、一門」。したがって aθangaθaifa- は「石材でできた押捺具」、aθanganāfa- は「石材でできた家名印」で、いずれも「印章」を意味することができる。aθanga- を、n をはぶいて $a\theta^{a}g^{a}$ と表記するのは、楔形文字碑文では通例のことである。エラム語版に「名(hi-iš)」とあるから古代ペルシア語版にも「名(nāma-)」の語がなければならないとするのは、時として、捉われすぎた考えかたとなる場合がある。「万国の門」

と通称されている建物が古代ペルシア語では「高屋根の建物(duvarti-＜duva-varti-)」といわれているのに、エラム語版では「門(e-ma-me)」とされているのも、その一例である(一二五ページ)。ダーラヤワウ一世が碑文で述べていることは、碑文の写しが粘土版や皮革につくられ、その写しに捺印するために印章が作成され、その印章に大王の系譜――もちろん、大王の名も含めて――が彫りこまれた、ということである。そのあとにつづく一節「そしてそれは書かれて余の前に読みあげられた。」に、筆者は(記録の文に)という句を補入したが、(文書に)という句でもよいかもしれない。『エズラ記』四・一八と比較するのも参考となろう(二三六ページ)。こうしてかれはその写しを各邦《ダフユ》に送付したところ、民はこれに協力したという。「協力した(hamātaxšatā)」とは碑文の趣旨を会得したということで、「会得した」と訳すにもおよぶまい。

なお、第四欄八八―九二行については一〇八、二三〇、二四三ページにも関連記事があるので、参照ねがいたい。

第五欄

(七一) 王ダーラヤワウは告げる、これが、余が王となってのち、第二および第三(*ssitiyām*)年に余のなしたことである。ウーウジャ(エラム)という邦《ダフユ》――それが離反した。アッタマイタという一ウーウジャ人――かれをかれらは統領とした。そこで、余は軍を派遣した。余の臣僕でガウバルワという一パールサ人――かれを、余はかれら(余の軍)の統領とした。そこで、ガウバルワは軍とともにウーウジャに進発しウーウジャ人と合戦を交えた。そののち、ガウバルワはウーウジャ人を殺害して挫き、そしてかれらの統領を逮捕、余のもとに連行したので、かれを余は殺害した。そののち、(この)邦《ダフュ》は余のものとなった。(一一一四)

(七二)　王ダーラヤワウは告げる、これらのウーウジャ(エラム)人は不忠であって、アウラマズダーはかれらによって崇められなかった。余はアウラマズダーを崇めた。アウラマズダーの御意により、余の欲するごとく、そのとおりにかれらを余は処置した。(一四―一七)

(七三)　王ダーラヤワウは告げる、アウラマズダーを崇めんもの――つねに天則がかれのものとなるであろう、生きてあるときも、そして死しても。(一八―二〇)

(七四)　王ダーラヤワウは告げる、そののち、軍とともに余はサカ族に向かって進発した。すると、尖帽をかぶるサカ族――かれらは、余に向かって、進んできた(*imaiy patiš mām āišan* [l. 23])。余は海(オクソス、アム川のこと)につく(avārsam)と、木材を用いて余は(*draxtā adam* ―― parašim *avadā* の代りに)全軍とともに渡河した。ついで余は(この)サカ族を大いに討った。(わが軍はかれらのうちの)別の(一部)を逮捕した(agrbāyan)。かれらは縛して余のもとに連行された。そして余はかれらを殺害した。スクンカというかれらの統領――かれを(わが軍は)逮捕して余のもとに連行した。そこで、余の欲するごとく、別のものを余は統領とした。そののち、(この)邦《ダフュ》は余のものとなった。(二〇―三〇)

(七五)　王ダーラヤワウは告げる、このサカ族は不忠であって、アウラマズダーはかれらによって崇められなかった。余はアウラマズダーを崇めた。アウラマズダーの御意により、余の欲するごとく、そのとおりにかれらを余は処置した。(三〇—三三)

(七六)　王ダーラヤワウは告げる、アウラマズダーを崇めんもの——つねに天則がかれのものとなるであろう、生きてあるときも、そして死しても。(三三—三六)

注　第五欄中、訳文に付記した古代ペルシア語形は前記W・ヒンツ教授の論文に負うもの。また、原文についていうと一九行と三五行、訳文でいうと「つねに天則がかれのものとなるであろう」とあるのはI・ゲルシェヴィッチ(Gershevitch)に従って *yāvaišaiy artam* ahatiy と復原したもので、ヒンツ教授も同意見。「恩典がかれのものとなるであろう(*yānam avahyā* ahatiy)」とする復原は不可能。これは、死後を待たず、現世においてすでに神の救いに浴することを謳ったもので、注目に値いする。一四一ページ以下参照のこと。

ダーラヤワウ一世のビーソトゥーン(小)碑文

(a)　余はダーラヤワウ、偉大なる王、諸王の王、パールサの王、諸邦《ダフユ》の王、ウィシュタースパの子、アルシャーマの孫、ハカーマニシュの裔。(一—四)

王ダーラヤワウは告げる、余の父はウィシュタースパ、ウィシュタースパの父はアルシャーマ、アルシャーマの父はアリヤーラムナ、アリヤーラムナの父はチャイシュピ、チャイシュピの父

はハカーマニシュ。(四—八)

王ダーラヤワウは告げる、このゆえに、われらはハカーマニシュ家とよばれる。往昔よりわれらは勢家である。往昔よりわれらの一門は王家であった。(九—一三)

王ダーラヤワウは告げる、わが一門にしてさきに王たりしは八人、余は第九位。二系にわかれて九人、われらは王である。(一三—一八)

(b)　これはマグ゠ガウマータ。かれはいつわった。かれはこう宣言した「余はクル(キュロス)の子バルディヤである。余は王である」と。(一—七)

(c)　これはアーシナ。かれはいつわった。かれはこう宣言した「余はウーウジャ(エラム)の王である」と。(一—一〇)

(d)　これはナディンタバイラ。かれはいつわった。かれはこう宣言した「余はナブナイタ(ナボニドス)の子ナブクドラチャラ(ネブカドレザル、ネブカドネザル)である。余はバービル(バビロン)の王である」と。(一—八)

(e) これはフラワルティ。かれはいつわった。かれはこう宣言した「余はウワクシュトラの一門のもの、クシャスリタである。余はマーダ(メディア)の王である」と。(一―一一)

(f) これはマルティヤ。かれはいつわった。かれはこう宣言した「余はウーウジャ(エラム)の王、イマニである」と。(一―七)

(g) これはチサンタクマ。かれはいつわった。かれはこう宣言した「余はウワクシュトラの一門のもの、アサガルタの王である」と。(一―一二)

(h) これはワフヤズダータ。かれはいつわった。かれはこう宣言した「余はクル(キュロス)の子バルディヤである。余は王である」と。(一―九)

(i) これはアラカ。かれはいつわった。かれはこう宣言した「余はナブナイタ(ナボニドス)の子ナブクドラチャラ(ネブカドレザル)である。余はバービル(バビロン)の王である」と。(一―一二)

(j)　これはフラーダ。かれはいつわった。かれはこう宣言した「余はマルグ(マルギアナ)の王である」と。(一―六)

(k)　これはサカ人スクンカ。(一―二)

碑文(a)は大碑文第一欄一―一一行(二二ページ)を再録したもの、(b)―(j)は第四欄二―三一行(四〇―四一ページ)にみえる各地の僭主、最後の(k)は第五欄二〇―三〇行中にみえるスクンカ(四九ページ)を取扱っており、第五欄があとから追加されたと同じように、この(k)もあとから追加されたものである。

筆者はビーソトゥーンのダーラヤワウ(ダレイオス)大王の碑文古代ペルシア語版を、全部、訳出した。多い同一語句のくりかえしも、いとわずに、伝えることを試みた。これは、このような試みが本邦ではまだなされていないという理由にもよるが、それよりも、この碑文の内容とか群像の意味をめぐって興味ある民間説話が、この碑文が作成されて(前五一九)からあまり遠くない時期に、成立しているからである。それについては後段(二二六、二三二ページ)で触れることとし、ここでは、ダーラヤワウ一世の治世について、さらに二、三記しておくこととしよう。

この大王とエジプトとの関係であるが、かれは、前王カンブジャ(カンビュセス)二世の在位中、二、三年をエジプトですごし、知事の悪政を正して民心の離反を防いでいる。知事というのはサトラプの訳語であるが、そのサトラプはギリシア語サトラペスの崩れた形、そしてそのサトラペスというのはイラン語を借用したものである。イラン語形はメディア語ではクシャスラパー xšaθrapā-、古代ペルシア語ではクシャサパーワン xšassapāvan- という。どちらも「王国を守るもの」という意味であるが、ギリシア語には、前記のほか、エクサトラペス、サドラパスその他があり、サンスクリットにはクシャトラパ、チャトラパがある。これらは、アッカド語形アクシャダラパンヌとともに、みな、メディア語形をうけたものである。メディア語の特色は θra、これにたいし、古代ペルシア語は ssa となる。行政、司法、軍事などの領域にメディア語形の多用されたのは、ハカーマニシュ(アケメネス)王朝にメディア王国の遺制が多かったためである。(詳しくは一七三ページ以下を参照されたい。)

ところで、ダーラヤワウ一世は、即位後各地の叛乱鎮圧に成功すると、前五一八―前五一七年にわたってエジプトに軍事的圧力を加え、ペルシア勢力をいっそう強化した。しかし、クル(キュロス)二世の軍事行動が民生の安定工作を伴ったように、ダーラヤワウ一世も農業の改善などにも力をつくした。所詮は王家の利益を目的としたものではあるが、課税制度の改革やナイル、紅海間の水路の完成とともに、注目さるべき治績であった。ことに、この水路の完成を記念して碑文がいくつか作成された。そのうち、現在ほぼ完全な形でのこっているのは、ダーラヤワウのスエズ碑文cとよばれるもので、その碑石はスエズから三十三キロメートルの標石の近く、現在の運河よりやや西寄りのところで発見された。その碑文はつぎのとおりであるが、ナイル川はピラーワ Pirāva- とよばれている。これは「大河」を意味するエジプト語 pꜣ-ỉtrwʿ’ に由来する。

ダーラヤワウ一世のスエズ碑文c

偉大なる神はアウラマズダー——そはあれなる天空を創成し給い、そはこれなる地界を創成し給い、そは人の子を創成し給い、そは平安を人の子に創成し給い、そはダーラヤワウを王となし給い、王ダーラヤワウに広大なる、馬に富み人に富む王国を授け給うた。（一—四）

余はダーラヤワウ、偉大なる王、諸王の王、万民を擁する諸邦の王、広大にして涯遙《はてはる》かなるこの地界の王、ウィシュタースパの子、ハカーマニシュの裔。（四—七）

王ダーラヤワウは告げる、余はパールサ人《びと》であり、パールサよりムドラーヤ（エジプト）（まで）を掌握した。余はムドラーヤを流れるピラーワという川より、パールサより（流れ）来《き》たる（紅）海にまで、この水路を掘るよう指令した。そこで、余の指令したごとく、そのとおりに、この水路が掘られた。そして舟艇は、余が欲したごとく、そのとおりに、ムドラーヤ（エジプト）より、この水路を経て、パールサに航行したのである。（七—一二）

エジプト関係で注目されるのは、さきにも述べたエレパンティネのパピルス文書であるが(一二ページ以下)、これらの文書は、その後、A・E・カウリーによって合集され『前五世紀のアラム語パピルス』(Aramaic Papyri of the Fifth Century B. C.)として一九二三年にオックスフォードから出版された。このなかに収録されている文書はダーラヤワウ一世の治世二十七年(前四九五年——このカウリー版ではこれにNo. 1の番号がつき、以下年代順に配列されている)から前四〇〇年頃(No. 83——アルタクシャサ〔アルタクセルクセス〕二世〔在位 前四〇四—前三五九〕の初年)にわたっている。このなかには、前記したザハウ版(一九一一)に含まれているダーラヤワウ大王のビーソトゥーン碑文のアラム語訳やアヒカル物語のアラム語訳(二四四ページ)も収められており、ともに断簡ではあるが重要な文献である。もっとも、ビーソトゥーン碑文といっても、このアラム語訳は、内容を比較してみると、古代ペルシア語版を底本としたものではなく、アッカド語版に拠ったものであることがわかる。ハカーマニシュ朝諸王の碑文は、だいたいにおいて、古代ペルシア、エラム、アッカドの三語版から成るが、各語版が細部にまで一致しているわけではなく、固有名詞の取扱いかたでも、エラム語版は古代ペルシア語形により、アッカド語版はメディア語形による、というふうである。

エレパンティネのアラム語パピルス文書のはなしが出たついでであるが、カウリー版の補遺として見のがしえない文献がある。それはブルクリン博物館所蔵の十七パピルス文書で、これはアメリカのエジプト学者C・E・ウィルボアが一八九三年一月二十八日から二月十二日のあいだにエレパンティネで入手したものであるが、氏は逝去(一八九六)するまでこれを秘していたので氏の令嬢が一九四七年前記博物館に寄贈して、はじめて知られるようになったもの。エミール・G・クリーリングにより『ブルクリン博物館所蔵のアラム語パピルス』(The Brooklyn Museum Aramaic Papyri, New Documents of the Fifth Century B. C. from the Jewish Colony at Elephantine)として一九五三年ニュー・ヘヴンから出版された。所収のパピルスの年次は前四五一年(No. 1——アルタクシャサ〔アルタクセルクセス〕一世〔在位 前四六五—前四二四〕)から前四〇〇年頃にわたっている。いずれにせよ、エレパンティネのパピルス文書は、この地に在住したユダヤ人が書きのこしたり、かれらにたいして発せられたりした諸種の文書で、諸方面に関する史料としてもその価値ははなはだたかい。筆者は、いまは、ダーラヤワウ一世時代を取扱っているところであるが、あえてこの時代のみにかぎらずに、カウリー版から二、三を訳出してその性質の一端をうかがうことにしよう。イランの人名(王名など)はパピルスにみえる形をなるべく生かして片仮名書きにし、カッコ内にイラン語形を、これも片仮名で示した。その他の人名はふつう行われている呼びかたを片仮名で示し、カッコ内にはパピルスにみえる形をローマ字で近似写音することにした。

エレパンティネのパピルス文書カウリー版 No. 1

王ダーレョーシュ(ダーラヤワウ一世)の二十七年、エピピの月の二日にケナヤ(Q̣^{e}nāyā)の娘サルア(Sallū'ā)とその妹エトマ(Y^{e}ṭōmā)とがシェロマム(Š^{e}lōmam)の娘ヤホラ(Yaha-ōrā)にいった「わたしたちは、王の法官たちと守備隊長ダーヤッカがわたしたちに許与した持分の半分をネアベツ(N^{e}'āḇēṯ)とともに貴女《あなた》に帰属した持分の半分と交換に、貴女に贈与しました。明日、(または)つぎの日に、わたしたちは、貴女のこの持分について貴女を告訴することはできず、また『わたしたちは、それを貴女に贈与しなかった』ということもできないでしょう。(また、わたしたちの)兄弟や姉妹、子や娘、親縁者または疎遠者も貴女を告訴することはできないでしょう。そして、わたしたちが貴女に贈与した貴女のこの持分について貴女を告訴するがごときものは代価五カラシュを貴女に支払い、かつ、この持分は引きつづき貴女のものとしてとどまるでしょう」と。証人ホセア・バル・ホダウア(Hōš^{e}'ā bar Hōḏāw^{e}yā)、シェロマム・バル・アザリヤ(Š^{e}lōmam bar ʿ^{a}zaryā)、スファニヤ・バル・マキ(Ṣ^{e}p̄anyā bar Māki)。

守備隊長とはラブ・ハイラー rab-ḥaylā の訳語で、いくつかの百人隊を統率しシエネ(アッスワン)に住み、ペルシア人かバビロニア人がこれに任じた。百人隊というのはムアー m^{e}'ā「百」またはデゲル dæḡæl で、デゲルは本来は「軍旗」の意味であるが、転じて「分隊、支隊」を意味し、やがて「百人隊」をも指すようになった。百人隊はシエネにもイェーブ(エレパンティネ)にもあり、隊長の名を冠して「何某のデゲル」というふうによばれていた。ここの守備隊長はパピルスにはdwk または rwk とある。筆者はこれをダーヤッカ Dāyakka とよんだ。メディア王デイオケス(ヘロドトス)＝ダヤウック(アッシリア史料)と同じ形で、メディア語ダフユカ dahyuka- に由来する。ダフユカとは「お邦《くに》の人」というほどの意味。その守備隊長は「王の法官たち」(dayyānē malkā)とならんで、民事法廷にも権限を有していたらしい。パピルスにみえる「ネアベツとともに」という表現は、(1)ネアベツがヤホラと共同の受贈者であることを示すか、(2)ネアベツがヤホラに持分とともに贈与されたことを示すのか、不明。(2)の場合なら、ネアベツは女奴隷となる。

エレパンティネのパピルス文書カウリー版 No. 5

王クシャヤールシャー(クシャヤールシャン一世)の十五年(前四七一)、エルルの(月)十八(日)、すなわち、パホンスの(月)二十八日に、ワルヤザータ(Varyazāta)のデゲル(百人隊)所属の、シエネ(アッスワン)のアラム人コヌヤ・バル・セデク(Qōnᵉyā bar Ṣædæq)はワルヤザータのデゲル所属の、シエネのアラム人マフセヤ・バル・イェドニヤ(Maḥsᵉyā bar Yᵉḏanyā)にいった「私は貴下のもとに来た。そして貴下は、貴下の家の通路を私に与えた。それは(私が)

そこに塀をひとつ建てるためであるが、その塀は貴下のものであり、それは上(北)の隅《すみ》で私の家に接する。その塀は私の家の側面に、下(南)から上(北)まで、私の家の上(北)の隅からゼカリヤ(Zᵉḵaryā)の家まで、接することになる。明日、またはつぎの日に、私は、貴下のものたるこの塀の上に(貴下が建物を)建てることから貴下を阻止する権利は有しないでしょう。もし私が貴下を阻止するなら、私は貴下に、王の石にて金額五カルシュ浄銀を支払い、かつ、その塀もまた貴下のものである。また、もし(私)コヌヤが明日、またはつぎの日に死去しても、(私の)子も娘も、(私の)兄弟や姉妹も、親縁者や疎遠者も、軍民も都市民(bᵉʻel dægǣl wᵉqiryā)も(貴下)やマフセヤ、あるいはその子を、その者に属するその塀の上に、(建物を)建てることから阻止する権利は有しないでしょう。かれらのうちにて阻止しよう者はだれでも、上に記された金額をかれに支払い、かつ、塀もまた貴下(マフセヤ)のものである。そして貴下はその上に、上方まで(建物を)建てることができ、また、私コヌヤは(貴下)マフセヤに言って『この通路は貴下(マフセヤ)のものたるべからず、また(それを通って)私ども(貴下と私)の間と舟夫ペフトオネイト(Peftʻoneit)の家との間にある道路に貴下(マフセヤ)は出てはならない』という権利は有しないでしょう。もし私が貴下を阻止するなら、私は貴下に、上に記された金額を支払い、かつ、貴下はこの門をあけて私どもの間にある道路に出ることができるでしょう」と。

プラトヤ・バル・アヒヤ(P^{e}laṭyā ḇar 'aḥāyō)がこの文書をコヌヤの口(述)に従って書いた。それにたいする証人は、証人マフセヤ・バル・イサヤ(Maḥs^{e}yā ḇar Yiš'ayā)、証人シャーティバルザン・バル・アータルラーイ(Šātibarzan ḇar Ātarlāy)、証人シェマヤ・バル・ホセア(Š^{e}ma'^{e}yā ḇar Hōš^{e}'ā)、証人フラタファルナー・バル・アルタファルナー(Fratafarnā ḇar Artafarnā<Fratafarnah- ḇar Artafarnah-)、証人バガダータ・バル・ナブクドゥルリ(Bagadāta ḇar Nabukudurri)、ナブリ・バル・ダラガー(Nabuli ḇar Daragā)、証人ベンティラシュ・バル・……(Bentiraš ḇar *Rḥmr'*)、証人シレム・バル・ホシャヤ(Šillem ḇar Hōša'yā)。コヌヤがマフセヤのために書いた、自らの建てた塀(について)の証書。

この文書の取りあげている問題は今日的課題でもある。百人隊(デゲル)については、すでに述べた。文書の冒頭の日付けに併記されている二暦は、はじめのほうがバビロニア暦、あとのほうがエジプト暦である。ユリウス暦に換算しても両者の一致しないことがある。そういう場合には、書記の誤解でなければ、一日の起算法の相違にもとづくもの、すなわち、バビロニア暦では一日を日没から日没までとするのにたいし、エジプトでは一日を日の出から日の出までとするためである。したがって、もし夕方に証書を作成したとすれば、バビロニア暦ではエジプト暦より一日はやい日付になる。「王の石にて金額五カルシュ云々」とある「王の石」('aḇnē malkā)とは「王の分銅」(maṭqālaṭ malkā) ともいわれるもので、これによって金や銀を計量してコインのかわりに用いた。ハカーマニシュ(アケメネス)王朝下の通貨は「鑄貨」のみではなかった。「浄銀」とは卑金属混合率が最低〇・四一六%から最高五%までのもの。

このような個人間の公正証書のごときものにたいし、行政に関連した文書の一例としてつぎの二通を取りあげてみよう。

エレパンティネのパピルス文書カウリー版No. 30

ユダの知事なるわれらの主バゴーヒー(Bagōhī)へ。

御身の僕《しもべ》どもなるイェドニヤ(Y^{e}danyā)とその同僚ども、城市イェーブの祭司ら(より)。

われらの主の平安を天の神がいつのときも大いに願い給うように、そして、御身をして、王ダーラヤワフシュ(ダーラヤワウ＝ダレイオス二世)ならびに王族の前に、(その)恵沢に、いまより千倍もより多く、浴せしめ給うように、また、かれ(神)が長寿を御身に授け給い、かくして、御身がいつのときも幸いにして盛栄にましますように。

さて、御身の僕《しもべ》どもなるイェドニヤとその同僚どもは、このように申しあげる。

「王ダーラヤワフシュ(二世)の十四年(前四一〇)、タンムズの月に、アルシャーマが出向して(スーシャー＝スサの)王のもとに赴かれたとき、城市イェーブの神フヌブ(Ḥ^{a}nūb)の坊主どもが、ここのフラタラカなるウィドランガ(Vidranga)と結托して、申しますには『城市イェーブにある神ヤホ(ヤフウェー)の神殿をそこから破り去れ』と。そののち、その忌むべきウィドランガは、城市シエネ(アッスワン)にて守備隊長をしていた己《おの》が子ナーファイナ(Nāfaina)に書簡を送って申しますには『城市イェーブの神殿を破り去れ』と。そこでナーファイナはエジプト人をその他の兵とともに、派遣しました。かれらはイェーブの城市にかれらの武器とともに来到し、その神殿に侵入、それを地にまで倒し、そこにあった石の柱を砕いたのです。そのうえ、切り石でつくられ、その神殿にあった五つの石の門をかれらは倒しました――もっとも、それらの(門の)扉と、それらの扉の青銅の肱金とは(破壊せずに)残しました。また、杉の木の屋根材全部、その他の板や、そのほかそこにあったもの――(それらを)ことごとく火にて焼き、さらに、金や銀の器物、およびその神殿にあったもろもろのものを、みな奪いとってそれをおのが有といたしました。

すでにエジプトの(諸)王の時代に、わたくしどもの父祖はこの神殿を城市イェーブに建てており、また、カンブジヤ(二世)がエジプトに入《はい》られたおりにも、その神殿の建っているのを見給うており、また、エジプトの神々の祀堂はみな、人々(ペルシア人)が(毀ちて)取り去りましたが、かの神殿にあるものはだれも毀たなかったのであります。

このこと(破壊)がなされたとき、私どもは、私どもの妻や私どもの子とともに荒布《あらぬの》をまとって断食し、天の主なるヤホに祈りましたところ、そ(のヤホ)は、犬の仔なる(?)かのウィドランガの上に、私どもをして、(私どもの欲するところを)見せしめ給うたのです。人々(ペルシア人)はかれ(ウィドランガ)の脚から飾りを引きちぎり、また、かれが獲得していたすべての富は破滅してしまいました。また、かの神殿に悪事を企てたすべての人々――(かれらは)みな殺されて、私どもは、かれらの上に(私どもの欲するところを)見たのであります。そのうえ、これにさきだち、この悪事が私どもに加えられたとき、私どもは、私どもの主に、また大司教ヨハナン(Yᵉhōḥanan)とエルサレムにあるかれの同僚なる祭司たちに、かつまたアナニ(ʿᵃnānī)の兄弟ウスターナ、さらにはユダの貴族たちに書簡を送りました。(返事の)書簡は(ただの)一通も、かれらは私どもに(書き)送ってはきませんでした。そのうえ、また、王ダーラヤワウ(ダーラヤフシュとある)(二世)の十四年、タンムズの月からこの日まで、私どもは荒布《あらぬの》をまとって断食しているのです。私どもの妻は(性交を絶って)寡婦のごとくされ、私どもは油を身にぬらず、また私どもは酒ものんではおりません。そのうえ、かの(時)から王ダーラヤワウ(ダーラヤフシュとある)(二世)の十七年の(この)日まで、素祭も乳香も燔祭も、人々はその神殿では捧げておらぬのです。」

さて、御身の僕《しもべ》どもなるイェドニヤとその同僚ども、およびユダヤ人――イェーブの占居者なる(これら)すべてのものは、このように申しあげる。

「もし私どもの主によしとみえますならば、かの神殿のために(それを)建てるように配慮していただきたい、と申しますのは、(まわりの)人々が私どもにそれを建てさせぬからであります。ここエジプトにあって御身の善意と御身の恩恵との占有者(なる私ども)に目をかけていただきたい。書簡が御身から、天のヤホの神殿について、かつて建てられていたとおりに、それを城市イェーブに建てるために、かれらに(書き)送られるべきです。もし人々が、このように、すなわち、この神殿が(再)建されるようにするならば、人々は素祭と乳香と燔祭を御身の名において天のヤホの火に捧げましょうし、また、私ども――私どもと私どもの妻と私どもの子と、ユダヤ人――は、御身のために、いつのときも(すなわち毎日)、祈りましょう、(そうです)ここにいるすべてのものどもは、です。値いにおいて銀および金一千タラントの値いのする燔祭と酬恩祭をかれ(ヤホ)に捧げる人よりも(より以上に)功徳が、天の神ヤホの前に、御身のものとなりましょう。

このことについて私どもは(書き)送り、私どもは通知しました。また、一切の顚末を、私どもの名において、一通の書簡をもって、私どもはサマリアの知事サンバラテ(Sin-uballiṭ)の(二)子デラヤ(D^{e}lāyā)とシャラミヤ(Šalm^{e}yā)に(書き)送りました。また、私どもにたいしてなされたこれら一切を、アルシャーマは(聞)知されてはいなかったのです。」

王ダーラヤワウ(ダーラヤフシュとある)(二世)の十七年、マルヘシュワーン(月)の二十日に。

この文書はダーラヤワウ(ダレイオス)二世(在位 前四二三—前四〇四)の治世十七年(前四〇七)、イェーブ＝エレパンティネのユダヤ人イェドニヤとその同僚から、ユダの知事バゴーヒーに提出した請願書で、イェーブのヤホ(ヤフウェー)神殿の再建を願い出たもの。このユダヤ人はゲマリヤの子でユダヤ人団体の首長であり、対ペルシア折衝にあたるほか、ヤホ神殿の管財者でもあった。ユダの知事バゴーヒーはペルシア人で、この名は Bagavahya- の崩れた形。この請願書によると、エジプトのメンピスに駐在していた知事アルシャーマ(二三五ページ)がダーラヤワウ二世の十四年タンムズの月(前四一〇年七月十四日—八月十二日)に任地をはなれてスーシャー(スサ)に赴いた留守中に、反ユダヤのエジプト人祭司らがウィドランガと結托してユダヤ人のヤホ神殿破壊の挙に出た。ウィドランガというのはペルシア人で、かれにはフラタラカ Frataraka- という役職名がついている。このフラタラカというのは「(知事の)名代」くらいの意味であるが、ここでは詳論はさしひかえておきたい。いずれにせよ「代官」ほどの意味。事実上、かれは守備隊長(ラブ・ハイラー)よりも高い職権を有しシエネ(アッスワン)に住んでいたが、その職権が軍事面のみに限定されていたかは不明である。それはともあれ、「かれは職権を利し、これもシエネに住んでいた子ナーファイナに命じてヤホ神殿を破壊させた。これは言語道断の挙で、カンブジヤ二世でさえもこんなことはしなかった。というのは、大王はエジプト土着の神殿は破壊したが、ヤホ神殿には手をつけなかったからである。この反ユダヤの人々は、いまや、滅び去った。ところがヤホ神殿は破壊されたままで、われわれユダヤ人は悲愁の極にある。どうか、神殿再建に特別の配慮をお願いしたい。」――こういう主旨の請願書で、その結びのところで、知事アルシャーマはメンピスに不在だったため、この暴挙を知ってはおられない、と述べている。書簡末尾の日付によれば、前四〇七年十一月二十六日にしたためられたことになる。

この請願の効果は、カウリー版No. 32から知ることができる。請願書をエルサレムに携行した使者デラヤは、ユダの知事バゴーヒーから神殿再建の許可を口頭で受け、それをイェーブに持ち帰って口頭で伝達した。その要点を使者デラヤがメモしたものが、このNo. 32である。

エレパンティネのパピルス文書カウリー版No. 32

覚え書き――以前、カンブジヤ(二世)より前に城市イェーブに建てられていて、王ダーラヤワフシュ(二世)の十四年に、かの忌むべきウィドランガが破壊したる、天の神の火の祭壇の家について、かつて行われていたとおりに火の祭壇の上で素祭と乳香を人々が捧げるために、それ(家)がかつてあったようにその場所にそれを(再)建することを、アルシャーマに言上することが、エジプトにて御身(デラヤ)にとって(の任務で)あらねばならぬ。(二一一)

パピルス文書には、この文の前に(一―二)「バゴーヒーとデラヤに関する覚え書き。人々は私に言った」の句があるが、これは追筆とみてここでは削除した。アルシャーマ自身には、この神殿再建を許可する権限がなかったらしい。この覚え書きの作成は、おそらく、請願書と同じ年であろう。

以上は二、三の例であるが、これだけでも、エレパンティネのパピルス文書が諸種の分野にわたっていかに重要な史料であるかを、うかがい知ることができるであろう。


ダーラヤワウ一世は、ヘロドトスによると、その広大な版図を二十のサトラピーにわけたが、パールサは別格として課税を免除された。サトラピーは古代ペルシア語 dahyu- にあたるが、このダフユなる語も厳格に使用されているわけではない。ダフユがサトラピーにあたる場合は筆者は「邦」と訳したが、この「邦」のなかの「地方、地区」もダフユとよばれることがあり(三三、三六、三九ページなど)、またハカーマニシュ王国全体をダフユとよぶこともある(四一、九六、一三九、一八〇ページ。この場合は「国《ダフユ》」としてこの間の事情を明らかにした)。しかし、大勢としては、ダフユ「邦」はサトラピーにあたるといいうる。このほか、エラム語の写音をみると、古代ペルシア語にクシャサパーワナ *xšassapāvana- ということばがあったらしい。これは抽象名詞で「知事職」ほどの意味であるが、語構造の上からはサトラピーの原語とみることもできよう。

これを統治する知事(クシャサパーワン、クシャスラパー、サトラペスなど)についてはさきにも一言したが(五四ページ)、かれらは大きな権限を有していたものの、軍事の権は数個のダフユを掌握する軍司令官がこれを有し、これが知事とともに、それぞれの権限内で大王にたいして責を負うことになっていた。知事が大王にたいして負うこの責任は、クシャサパーワン、クシャスラパーという呼称に、はっきりと示されている。クシャサ(クシャスラ)とは、筆者は「王国」と訳したが、王位、王権、王土など、幅ひろい意味を有しているもので、それを守る者がクシャサパーワン、クシャスラパー。かれらはダフユ「邦」を統治するが、ダフユパーワン、ダフユパーなどとは呼ばれていない。大王はさらに王の目と耳を派遣して各ダフユ(サトラピー)の実情をたえず監視させた。おそらく、目とは *didiyaka-「見張り」、耳とは *gaušaka-「聞きて」の訳語であろう。貨幣制度にも見るべきものがあり、「王の道」を整備し、それによって商業交易の発展を促し、二頭立ての馬車(*duvai-aspaka-)が「車の(道)」(*rāθa-<raθa-「車」)をはしっていた。この車の馭者は「二頭馬の使いて」(*duvai-aspāna-)で、のちになると、イランでは車は廃用されたが、ことばは bayaspān(<*duvai-aspāna-)として残り、「早馬、使者」の意味で用いられた。はなしがやや横道にそれたが、筆者は、なんども述べたように、大王の業績を逐一しるすつもりはないから、最小限度のことを取りあげていくこととしよう。

新年祭を挙行するためとみられるが、ダーラヤワウ一世はペルセポリス王宮の造営をはじめた。これは子クシャヤールシャン(クセルクセス)一世、その子アルタクシャサ(アルタクセルクセス)一世とつづく、三代にわたる大事業となった。大基壇の上に王宮が建てつがれ、建て増されてゆき、アルタクシャサ一世の代になって、ほぼその全容が完成した。そして、もちろん、ここにも多くの碑文がのこされている。さしあたって、ダーラヤワウ一世のものをみると、注目すべきものがいくつか見いだされる。例によってa、b、c……というふうにアルファベットで番号をつけて区別されている。まず、aをみよう。

ダーラヤワウ一世のペルセポリス碑文**a**

このタチャラ tačara- を造営したダーラヤワウ、偉大なる王、諸王の王、諸邦《ダフユ》の王、ウィシュタースパの子、ハカーマニシュの裔。（一―六）

この碑文は大基壇上の西南寄りにある建物（図版Ⅸの8）にあるが、この建物は従来「ダレイオスのタチャラ」「ダリウスのタチャラ」とよばれ、王の私用にあてた居室とみられていた。タチャラというのは主要な、中心とみるべき建物から派生している「離れ屋」の意味であるが、そういう意味も、筆者が指摘するまでは、把握されていなかった。それに、この建物には十八回もくりかえし造刻されている碑文があり、この碑文もながいあいだ誤解されたままであった。それは碑文cで、つぎのごときものである。

ダーラヤワウ一世のペルセポリス碑文c

王ダーラヤワウの(王)宮につくられた石(造り)の宝庫(宮)。

「宝庫」にあたる古代ペルシア語はアルダスターナ ardastāna- というが、この語は、筆者によって解明されるまでは、「窓枠」「敷居」などと解釈されていたため、この建物の性格が不明のままであった(一八二ページ)。この建物には多くの小部屋があり(図版VII)、その小部屋のうちで前記碑文cを付刻されているものは「小宝庫」であり、それらの「小宝庫」がこの建物全体をひとつの「大宝庫」にもりあげているのである。この建物の正面にある大きな四つの窓の枠に、内外両面にこの碑文c(図版VIII)が彫りつけられているのは、この建物全体が「宝庫」であることを示すものである。しかし「宝庫」というのは建物としては副次的なものであるから、この建物が「タチャラ」とよばれているのも当然である。そのさい、この「タチャラ」にたいして「主たる中核的建物」はなにかということになるが(図版IX)、それは、おそらく、この「宝庫」の東にある宮殿(トリピュロン＝三門宮とよぶ人もあり、中央宮とよぶ人もある)か、「宝庫」の北にあってアパダーナと通称されている建物であろう。この「宝庫」については一二七ページに別の角度からの呼称があることも紹介されてあり、また、アパダーナという語の意味や、むしろアーパダーナとよぶべきことなども一六二

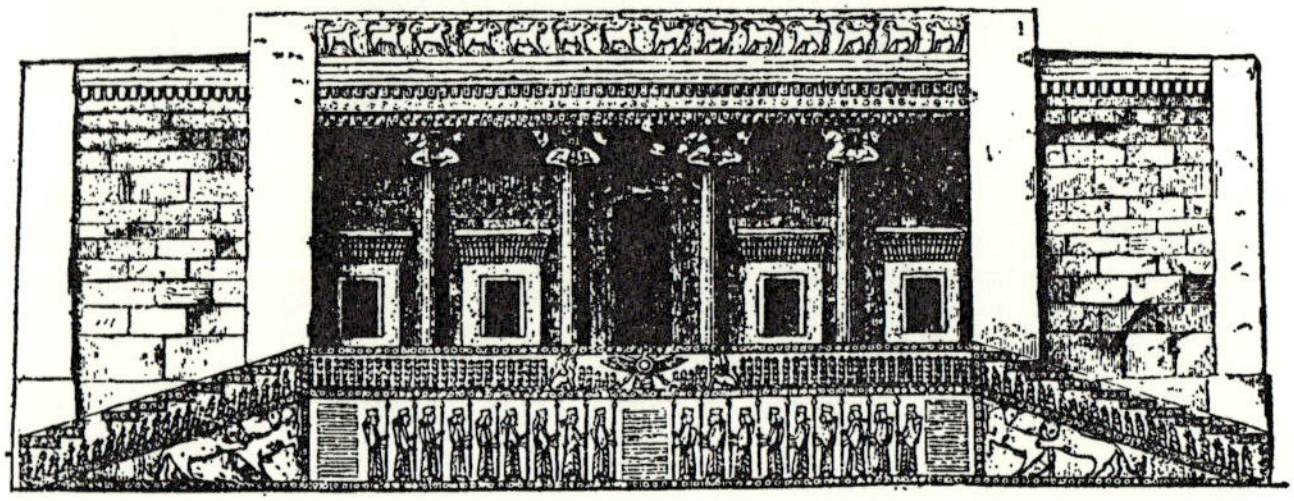

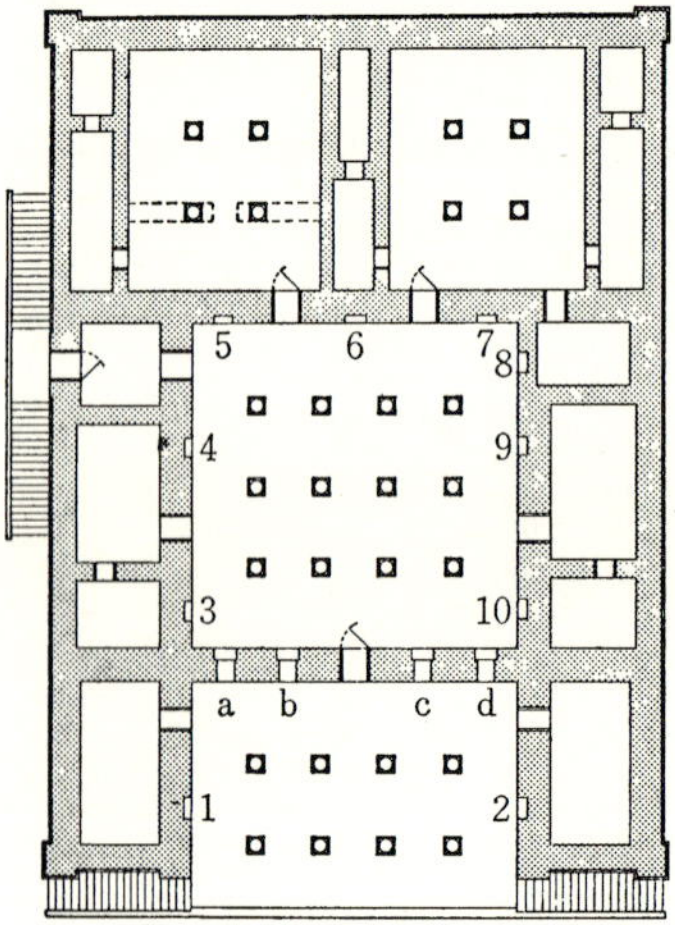

VII　ダーラヤワウ一世の「宝庫(アルダスターナ)」

(上) 遺構(正面の景観). (下) 正面(南面) の景観(E.フランダンによる推定).

(左) 平面図(E.F.シュミットの図を参照した).
a, b, c, d が四窓. 各窓枠の内(北)外(南)両面にダーラヤワウ一世のペルセポリス碑文 c が造刻されている. 1, 2 ……10 はいずれもニッチで, ここにも碑文 c があるから, 合計 18 回繰りかえされているわけ. 各ニッチの背後には小宝庫がある. 四窓の北はメーンホール, 南は柱廊.

Ⅷ　ダーラヤワウ一世のペルセポリス碑文c

図版Ⅶに説明した四窓のうちc窓の外(南)面の碑文．左(向かって)には下から上へエラム語版，上には左から右へ古代ペルシア語版，右には上から下へアッカド語版が，それぞれ，一行にしるされている．エラム語版は古代ペルシア語版と同一趣旨で，「アルダスターナ」の語も写音で示している．アッカド語版は古代ペルシア語版の「石造りの宝庫(ardastāna aθangaina)」を，「切り石造りの宝庫(ku-bu-ur-ri-e aban ga-la-la)」と訳しているほかは，古代ペルシア語版と同一趣旨．

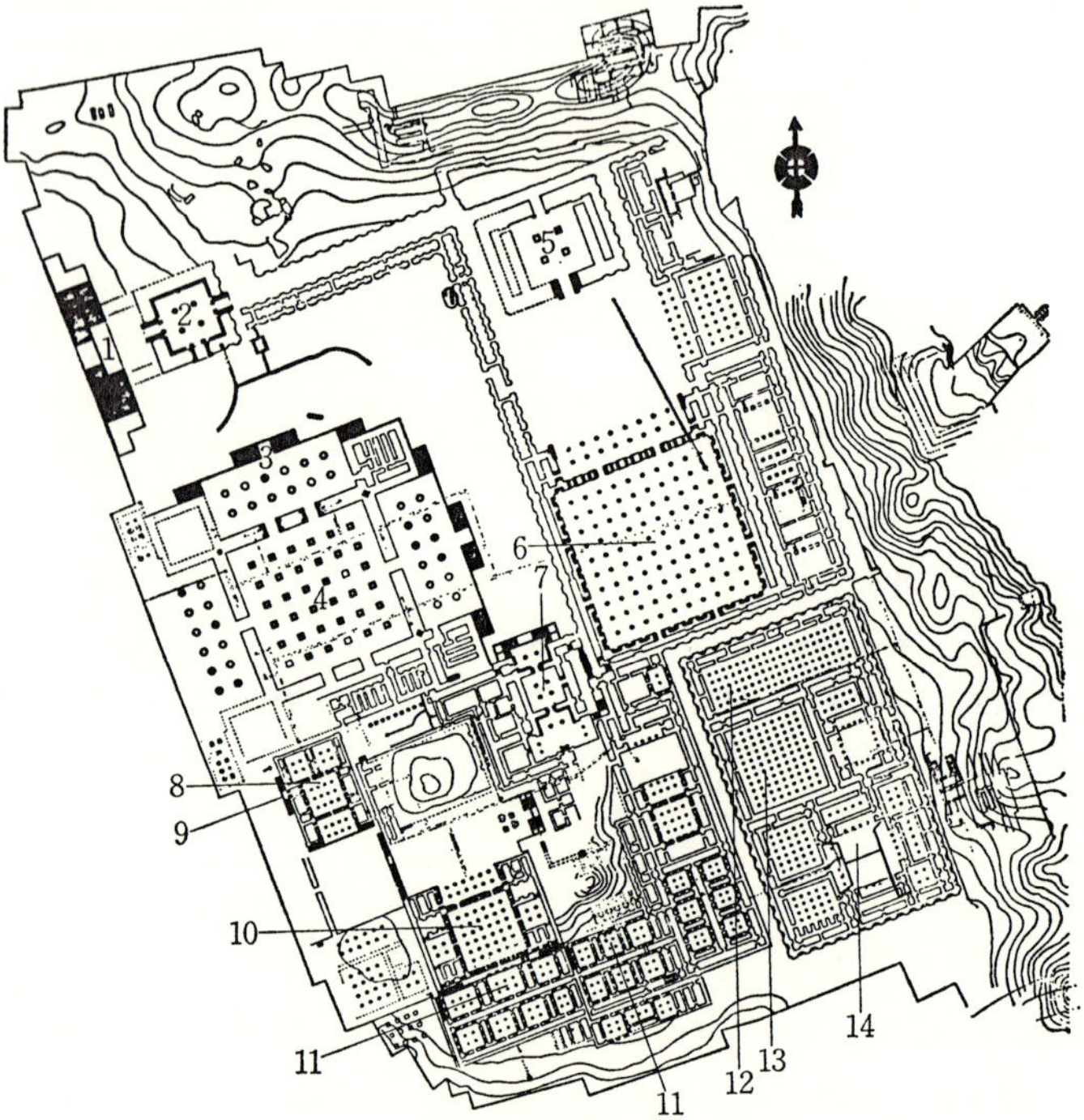

IX　ペルセポリス

1. 大基壇にのぼる階段. 2. クシャヤールシャン一世の「万邦の高楼(ドゥワルティ＝ウィサダフユ)」. 3. アーパダーナへの正面(北)階段. 4. アーパダーナ(「高閣」——アパダーナと通称されている). 5. 未完の大門. 6. (大)百柱の間. 7. トリピュロン(三門宮), または中央宮と通称されている宮殿. 8. ダーラヤワウ一世の「宝庫」. 9. 同上への西階段(アルタクシャサ三世の付設したもの. 同王のペルセポリス碑文 a〔179 ページ〕参照). 10. クシャヤールシャン一世の「合成宮(ハンディシュ)」(129 ページ参照). 11. ハーレムと通称されている建物(131ページ参照). 12–14. ペルセポリスの「宝庫」. ただし, 最初から全部が宝庫として意図されたものではないらしい. 最初からの宝庫は14らしく, 12(小百柱の間)や13(九十九柱の間)はあとから宝庫に転用されたものとみられる. 13の右(東)に隣接する建物の内庭(白地の部分)からは135ページにしるすパネルが発見された(図版 XV).

ページに筆者による新しい解明が紹介されてあるので、ともに参照ねがいたい。

ダーラヤワウ一世のペルセポリス碑文の現状では、古代ペルシア語版はa、b、c、d、e、h、i、エラム語版はa、b、c、f、h、i、アッカド語版はa、b、c、g、h、iのみが残存するので、a〜i全部が三語版で伝存しているわけではない。つぎに、古代ペルシア語版d、e、hを示し、ついでエラム語版f、アッカド語版gを示すこととしよう。

ダーラヤワウ一世のペルセポリス碑文d

諸神中の最大者なる、偉大なるアウラマズダー——それは王ダーラヤワウを授与し給い、それはかれに王国を授け給うた。アウラマズダーの御意によってダーラヤワウは王(である)。(一—五)

王ダーラヤワウは告げる、余にアウラマズダーの授け給うた、馬に富み人に富む美しきこの邦《ダフユ》パールサは、アウラマズダーの御意により、かつまた王ダーラヤワウたる余の(それ)により、他のものを恐れるものでない。(五—一二)

王ダーラヤワウは告げる、余にアウラマズダーは、すべての神々とともに、佑助を賜え、そしてこの邦《ダフユ》をアウラマズダーは守り給え、敵軍より、凶年より、虚偽より。この邦《ダフユ》に来到することのないように、敵軍も、凶年も、虚偽も。(一二—二〇)(一八三ページ)

このことを余は恩典として、アウラマズダーに、すべての神々とともに、乞い願う。これを余

に恩典として、アウラマズダーは、すべての神々とともに、許与し給え。（二〇—二四）

ダーラヤワウ一世のペルセポリス碑文e

余はダーラヤワウ、偉大なる王、諸王の王、多くの邦《ダフユ》々の王、ウィシュタースパの子、ハカーマニシュの裔。（一—五）

王ダーラヤワウは告げる、アウラマズダーの御意により、これらが、このパールサの民とともに、余の領有するところとなり、余を恐れ、余に貢物をもたらした邦々、ウーウジャ（エラム）、マーダ（メディア）、バービル（バビロニア）、アラバーヤ（アラビア）、アスラー（アッシリア）、ムドラーヤー（エジプト）、アルミナ（アルメニア）、カトパトゥカ（カッパドキア）、スパルダ（サルディス）、陸地（本土の意味）と海浜のヤウナ（イオニア）人、および海の向こうの邦々、アサガルタ（サガルティア）、パルサワ（パルティア）、ズランカ（ドランギアナ）、ハライワ（アレイア）、バークトリ（バクトリア）、スグダ（ソグディアナ）、ウワーラズミー（コラスミア）、サタグ（サッタギュディア）、ハラウワティ（アラコシア）、ヒンドゥ、ガンダーラ、サカ族（スキュタイ）、マカ。（五—一八）

王ダーラヤワウは告げる、もし汝が「他のものどもを余は恐るることなかれ」と、このように思うならば、このパールサの民を守れよ。もしパールサの民が守られるならば、最大に不壊《ふえ》な

る平安――それがこの（われらの）王家に降下するであろう。（一八―二四）

ダーラヤワウ一世のペルセポリス碑文 h

ダーラヤワウ、偉大なる王、諸王の王、諸邦の王、ウィシュタースパの子、ハカーマニシュの裔。（一―三）

王ダーラヤワウは告げる、余が領有しているこの王国はスグダ（ソグディアナ）の向こうのサカ族より――そこよりクーシャ（エチオピア）にいたり、ヒンドゥより――そこよりスパルダ（サルディス）にいたり、これを余に、諸神中の最大者なるアウラマズダーは授け給うた。余をアウラマズダーは守り給え、そして余の王家をも。（三―一〇）

これはペルセポリスのアパダーナと通称されている建物の造営碑文であるが、アパダーナ（一六一ページ）の語はおろか、建造物には一切言及していない。

ダーラヤワウ一世のペルセポリス碑文 f（エラム語版）

余はダーラヤワウ、偉大なる王、諸王の王、諸邦の王、この涯遙《はて》かなる地界の王、ウィシュタースパの子、ハカーマニシュの裔。（一―六）

また王ダーラヤワウは告げる、この基壇の上にこの宮邸は建てられた。以前には、ここには宮邸は建てられていなかった。アウラマズダーの恩寵によって余はこの宮邸を建てた。そしてアウラマズダーは、すべての神々とともに、この宮邸が建てられるように決定し給うたのであって、余はそれを建て、かつそれを完璧に、美しく、そして余がそれを決定したごとくに、建てたのである。(六―一八)

また王ダーラヤワウは告げる、アウラマズダーは、すべての神々とともに、余を守り給え、そしてこの宮邸を、またさらにはこの基壇に……。かれ(ダーラヤワウ)が敵意あるひとの意図せんことを見ることのないように。(一八―二四)

ダーラヤワウ一世のペルセポリス碑文g(アッカド語版)

偉大なる(神)はアウラマズダー――そはすべての神々の上にあって最大なるものにましまし、そは天空と地界を創成し給い、また人の子を創成し給い、そはその上に生きる人の子にあらゆる祝福を与え給い、そはダーラヤワウを王となし給い、その王ダーラヤワウに多くの邦々、すなわち、パールサ、マーダ(メディア)およびその他、海の此方《こなた》ならびに海の彼方《かなた》、曠野の此方ならびに曠野の彼方なる異邦語の、山地の、あるいは(平)地の邦々のあるこの広大な地界の上に(君臨する)支配権を授け給うた。(一―一二)

王ダーラヤワウは告げる、アウラマズダーの加護によって、これらが、余がかれらに命じたるごとくに、これを造営しこれに集まった邦々、パールサ、マーダおよびその他、海の此方ならびに海の彼方、また曠野の此方ならびに曠野の彼方なる異邦語の、山地の、あるいは(平)地の邦々。余が造営したものはことごとく、アウラマズダーの加護によって余は造営したのである。余をアウラマズダーは、すべての神々とともに、守り給え、(然り)余とともに余の欲する(?)ことをも。(一二―二四)

アッカド語版のみ残存しているこのダーラヤワウ一世のペルセポリス碑文g中の一節「これを造営しこれに集まった邦々」(matate^{meš} šá a-ga-a i-pu-šá-' šá a-gan-na ip-ḫu-rum)とあるのは、ダーラヤワウ一世の広大な版図の諸方から材料が運びこまれ、工人が来集してこの王宮をつくりあげたことを謳ったものである。このような性格の碑文では、同王のスーシャー(スサ)碑文fがもっとも詳細である。エラムの古都スーシャーには人も知るハカーマニシュ(アケメネス)王宮址が存し、そこに残っている碑文や関連のある碑文にして、ダーラヤワウ一世に帰属するものはa～zをかぞえ、数では最多を誇っている。ここでも、例のごとく三語版併用が原則であるが、三語版が各碑文ごとに完全にそろっているとはかぎらず、この点、ペルセポリスその他の場合と同様である。短文のものもあれば、長文のものもある。ここでは、まず、いま述べた碑文fを全訳してかかげよう。

ダーラヤワウ一世のスーシャー碑文f

偉大なる神はアウラマズダー——それはこれなる地界を創成し給い、それはあれなる天空を創成し給い、それは人の子を創成し給い、それは平安を人の子に創成し給い、それはダーラヤワウを王、多くのものどもの(ただ)一人《ひとり》の王、多くのものどもの(ただ)一人の命令者となし給うた。(一—五)

余はダーラヤワウ、偉大なる王、諸王の王、諸邦の王、この地界の王、ウィシュタースパの子、ハカーマニシュの裔。(五—八)

王ダーラヤワウは告げる、諸神中の最大者なるアウラマズダー——それは余を創成し給い、それは余を王となし給い、それは余に広大なる、馬に富み人に富むこの王国を授け給うた。アウラマズダーが余をこの地界の王となし給うたとき、アウラマズダーの御意によって、余の父なるウィシュタースパと余の祖父なるアルシャーマ——この二人《ふたり》は(なお)存命していた。(八—一五)

アウラマズダーはかく欲し給うた。かれは全地に(王たる)人として余を選び給い、余を全地の王となし給うた。余はアウラマズダーを崇めた。アウラマズダーは余に佑助を賜わった。余によりて造営することを命じられたこと——それを、かれは、余のために、成就し給うた。余が造営したものはことごとく、アウラマズダーの御意によって余は造営したのである。(一五—二

二〕

スーシャー(スサ)に余の造営したこの合成宮《ハンディシュ》(一二七ページ)——遠くからその材料はもたらされた。大地の岩床に余が達するまで、大地は掘りさげられた。濠ができると、そのとき、ある部分では高さ四十肘、ある部分では高さ二十肘に、砕石が投入された。この砕石の上に合成宮《ハンディシュ》は建造された。(二二—二七)

そして大地が掘りさげられたことと、砕石が投入されたこととと、日干煉瓦が捏《こね》られたこととは、バービル(バビロニア)の民——それが(それを)なした。(二八—三〇)

糸杉材——それは、ラバナーナ(レバノン)という山——そこから、もたらされた。アスラー(アッシリア)の民——それがそれをバービル(バビロン)までもたらし、バービルからカルカ(カリア)人とヤウナ(イオニア)人がスーシャーまでもたらした。ヤカー(材)はガンダーラからもたらされたが、またカルマーナ(カルマニア)からも。(三〇—三五)

金はスパルダ(サルディス)からとバークトリ(バクトリア)からもたらされ、ここで加工された。瑠璃と紅玉髄はここで加工されたが、それは(いずれも)スグダ(ソグディアナ)からもたらされた。トルコ石——それはウワーラズミ(コラスミア)からもたらされ、ここで加工された。(三五—四〇)

銀と黒檀はムドラーヤ(エジプト)からもたらされた。城壁が彩色された塗料——それはヤウナ

（イオニア）からもたらされた。ここで加工された象牙はクーシャ（エチオピア）からと、ヒンドゥからと、ハラウワティ（アラコシア）からもたらされた。（四〇―四五）

ここで加工された石柱はウージャ（エラム）はアビラードゥという集落――そこからもたらされた。石材を加工した職人たち――かれらはヤウナ（イオニア）人とスパルダ（サルディス）人。（四五―四九）

金を加工した金工――かれらはマーダ（メディア）人とムドラーヤ（エジプト）人。木材を加工した人々――かれらはスパルダ（サルディス）人とムドラーヤ（エジプト）人。煉瓦を焼成した人々――かれらはバービル（バビロニア）人。城壁を彩色した人々――かれらはマーダ（メディア）人とムドラーヤ（エジプト）人。（四九―五五）

王ダーラヤワウは告げる、スーシャー（スサ）において多くのすぐれた（造作）が命じられ、多くのすぐれた（造作）が出来《しゅったい》した。余をアウラマズダーは守り給え、そして余の父ウィシュタースパと余の国《ダフユ》をも。（五五―五八）

この碑文には三語版があるが、そのいずれも欠損部分が少なくなく、どちらかといえば、断簡といってよいようなものばかり。こうした事情もあって、古代ペルシア語版も完全な解読が困難であったが、これにきわめて近似した碑文が一九七〇年二月、スーシャー王宮址で発見されたために、解読も一段と的確さを加えてきた。この新出の資料は一はエラム語、一はアッカド語でしるされた石刻碑文、まさに、ダーラヤワウ一世のスーシャー碑文zと番号づけさるべきもの。内容からみてこの碑文は碑文fよりは新しく、また、それが関係する建物もfのそれとは別個のものである。fでは王の父ウィシュタースパは存命していたが、zではすでに逝去していたらしく、かれの名が文尾から消えている。基礎工事も、fが四十ないし二十肘の深さに掘りさげたのにたいし、zは二十肘にとどまっている。碑文z二語版のうち、詳しいほうのエラム語版をつぎにかかげよう。固有名詞は一部に通用語形をとった。

ダーラヤワウ一世のスーシャー碑文**z**(エラム語版)

余はダーラヤワウ、偉大なる王、諸王の王、諸邦の王、地界の王、ウィシュタースパの子、ハカーマニシュの裔。(一—三)

王ダーラヤワウは告げる、諸神中の(最)大者たるアウラマズダー——それは余を創成し給い、それは余に王権を授け給い、それは余に、人にすぐれ馬に(すぐれた)美しい王国を授け給うた。そして、アウラマズダーが余をこの地界の王に定め給うたとき、アウラマズダーの恩寵によって、余の父ウィシュタースパと余の祖父アルシャーマ——この二人《ふたり》は(なお)存命していた。(四—一二)

アウラマズダーが決定し給うていたごとくに、この全地に(王たるものとして)選び給うたもの――(それは)余である。かれは余をこの地界の王となし給うた。余はアウラマズダーにこの供物を捧げた。アウラマズダーは余に佑助を賜わった。余が造営せんと企てたこと――それをかれは、余のために、成就し給うた。余が造営したものはことごとく、アウラマズダーの恩寵によって余はそれを造営したのである。(一二―一八)

スーシャー(スサ)に余の造営した王宮――遠くからその材料はもたらされた。また、大地の岩床に達するまで、大地は掘りさげられた。それが完全に掘られると、そのとき埋立ての砂利が二十肘の高さに入れられた。この砂利の上に王宮は建造された。(一八―二三)

そして大地が掘りさげられたことと、埋立ての砂利が入れられたことと、煉瓦が捏《こね》られたこと――(それを)なしたものはバビロニア人。(二三―二六)

糸杉材――それは、レバノンというこの山――そこから、もたらされた。アッシリア人――かれらがそれをバビロンまでもたらし、そしてバビロンからカリア人とイオニア人がそれをスーシャーまでもたらした。また、ヤカー材はガンダーラからもたらされたが、またカルマニアからも。(二六―三二)

また、金はサルディスからとバクトリアからもたらされ、ここで加工された。また、瑠璃と紅玉髄はここで加工されたが、それは(いずれも)ソグディアナからもたらされた。また、トルコ石――それはコラスミアからもたらされ、ここで加工された。(三二―三七)また、銀と黒檀――それはエジプトからもたらされた。また、城壁が彩色された塗料――それはイオニアからもたらされた。ここで加工された象牙――それはエチオピアからと、ヒンドゥからと、アラコシアからもたらされた。(三七―四二)また、ここで加工された石柱はエラムはアビラードゥという村――そこからもたらされた。石材を加工した職人たち――かれらはイオニア人とサルディス人。(四二―四六)また、金を加工した金工――かれらはメディア人とエジプト人。木材を加工した人々――かれらはサルディス人とエジプト人。焼成煉瓦をつくった人々――かれらはバビロニア人。また、城壁を彩色した人々――かれらはメディア人とエジプト人。(四六―五二)また、王ダーラヤワウは告げる、アウラマズダーの恩寵によって、スーシャーにおいて多くのすぐれた(造作)が命じられ、多くのすぐれた(造作)がなされた。余をアウラマズダーは守り給え、また余の王国をも。(五二―五六)

ダーラヤワウ一世の多数のスーシャー碑文も、短文のものは、王が自己の系譜を述べたもの、あるいは、そのあとに、アウラマズダーの御意によってかくかくのものを造営したとか、あるいは、造営したものが万人に立派なものにみえてほしいとか、それに神の加護を祈請する、などの句を付加したものがほとんどである。支配下にある邦名を記したものにはe、f(前掲)、m、z(前掲)がある。ここでは煩をいとわずに、e、m、p、s、tの古代ペルシア語版を訳出しよう。

ダーラヤワウ一世のスーシャー碑文e

偉大なる神はアウラマズダー——そはこれなる地界を授与し給い、そはあれなる天空を授与し給い、そは人の子を授与し給い、そは平安を人の子に授与し給い、そはダーラヤワウを王、多くのものどもの(ただ)一人《ひとり》の王、多くのものどもの(ただ)一人の命令者となし給うた。(一—七)

余はダーラヤワウ、偉大なる王、諸王の王、万民を擁する諸邦の王、広大にして涯遥《はてはる》かなるこの地界の王、ウィシュタースパの子、ハカーマニシュの裔、パールサ人《びと》、パールサ人の子、アルヤ人《びと》、アルヤの苗裔。(七—一四)

王ダーラヤワウは告げる、アウラマズダーの御意によって、これらが、パールサのほかに、余の掌握した邦々。余はそれらに君臨し、かれらは余に貢物をもたらした。かれらに余より言いわたされたこと——それをかれらは実行した。余の律法——それがかれらを拘束した。マーダ(メディア)、ウージャ(エラム)、パルサワ(パルティア)、ハライワ(アレイア)、バークトリ(バクトリア)、スグダ(ソグディアナ)、ウワーラズミ(コラスミア)、ズランカ(ドランギアナ)、ハラウワティ(アラコシア)、サタグ(サッタギュディア)、マカ人、ガンダーラ、ヒンドゥ、ハウマ崇拝のサカ族、尖帽のサカ族、バービル(バビロニア)、アスラー(アッシリア)、アラバーヤ(アラビア)、ムドラーヤ(エジプト)、アルミナ(アルメニア)、カトパトゥカ(カッパドキア)、スパルダ(サルディス)、海浜のヤウナ(イオニア)人、海の向こうのそれ、スクドラ(トラキアとマケドニア)、プト族(リビア人)、クーシャ(エチオピア)人、カルカ(カリア)人。(一四―三〇)

王ダーラヤワウは告げる、粗放な出来《でき》の多く(の造作)――それを余は美しくした。邦々は動乱して、(人はたがいに)一は他を打っていた。アウラマズダーの御意によって、余は、(人がたがいに)一は他を打たず、だれもがどのような地位(čiyā gāθavā)にあっても、余の律法――それを恐れて、より強きものが弱きものを打たず挫《くじ》かざるごとく、このようになしたのである。(三〇―四一)

王ダーラヤワウは告げる、以前はその所に安んじていなかった多くの城市(dastakarta-)――それを、余はその所に安んぜしめた。……欠……という町――(その)塁壁は歳月のために崩落して、それまでは修復されていなかったが、余は別の塁壁を、その時からのちにかけて、構築した。(四一―四九)

王ダーラヤワウは告げる、余をアウラマズダーは、神々とともに、守り給え、そして余の王家と余の所誌をも。(四九―五二)

ダーラヤワウ一世のスーシャー碑文m

余はダーラヤワウ、偉大なる王、諸王の王、諸邦の王、ウィシュタースパの子、ハカーマニシュの裔。(一―二)

王ダーラヤワウは告げる、アウラマズダーは余に広大にして人に富む王国を授け給い、余をこの地界の王となし給うた。アウラマズダーの御意によって、これが、余がその王となった邦々。パールサ、ウージャ(エラム)、バービル(バビロニア)、アスラー(アッシリア)、アラバーヤ(アラビア)、ムドラーヤ(エジプト)、スパルダ(サルディス)、ヤウナ(イオニア)、マーダ(メディア)、アルミナ(アルメニア)、カトパトゥカ(カッパドキア)、パルサワ(パルティア)、ズランカ(ドランギアナ)、ハライワ(アレイア)、ウワーラズミ(コラスミア)、バークトリ(バクトリア)、スグダ(ソグディアナ)、ガンダーラ、サタグ(サッタギュディア)、ハラウワティ(アラコシア)、ヒンドゥ、スクドラ(トラキアとマケドニア)、鍔広帽《つばひろ》のヤウナ(イオニア)人……以下欠。(三―一一)

ダーラヤワウ一世のスーシャー碑文p

諸神中の最大者なる、偉大なるアウラマズダー――そは王ダーラヤワウを創成し給い、そはか

れ（ダーラヤワウ）に、美しき、車に富み、馬に富み、人に富む（この）王国を授け給うた。（一―三）

ダーラヤワウ一世のスーシャー碑文s

偉大なる神はアウラマズダー――そはこの地界にすぐれたるものをつくってましまし、そはこの地界に人の子をつくってましまし、そは平安を人の子につくってましまし、そはよき馬とよき車をつくってまします。余に、かれはこれらを授け給うた。余をアウラマズダーは守り給え、そして余の所造をも。（一―七）

ダーラヤワウ一世のスーシャー碑文t

偉大なる神はアウラマズダー――そはこれなる地界を創成し給い、そはあれなる天空を創成し給い、そは人の子を創成し給い、そは平安を人の子に創成し給い、そはダーラヤワウを王となし給うた。（一―六）

王ダーラヤワウは告げる、余をアウラマズダーは、神々とともに、守り給え、そして余の王家を、また、のちに王たらん汝をだれにせよ。（六―一〇）

細部には多少の相違はあっても、全体として碑文は同じ表現を常用しているのが特色で、読者もさることながら、筆者自身もすでに書くのに疲れてしまった。碑文にも解明不能や解明不確実な語詞のあることも事実だが、碑文のむずかしさは、実は、このような常用句の反復頻出にしりごみしないこと、つまり、根気をもちつづけてこれと取っ組めるかどうかというところにもある――といっては、言いすぎであろうか。

では、その根気をもちつづけて、ダーラヤワウ一世のナクシェ・ロスタム碑文に移ろう。ここへ来ると、大王もいよいよ臨終に近づくことになる。ナクシェ・ロスタムというのは、ペルセポリスから北、四キロメートルのところでシーラーズ、エスファハーン街道をはなれて西進すれば間《ま》もなくの地点にある岩山で、山はホセイン・クー（ホセイン山）とよばれるもの。この山の南面岩壁に亜字型に切り込まれた四つの王墓がある。ナクシェ・ロスタムとは「ロスタムの像」の意味で、このようによばれるのは、岩壁に彫られているサーサーン朝王アルダクシール（アルダシール）一世をロスタムと誤解したためであるが、これも岩壁に彫られているサーサーン朝王シャーブフル一世、あるいはアルシャク朝王ゴータルズの像をも含めて、ロスタムと誤解したためだ、という説もある。

ロスタムというのは中世ペルシア語書にルスタム、ロートスタフムなどの形で出てくる英雄。かれはもともと東イランの伝説圏に属するが、のちにはイランの正統の帝王たちを取りまく人物として独自の役割を演じるようになった、いわば、イランのヘラクレスである。ところで、ここにある

X　ナクシェ・ロスタム

ダーラヤワウ一世の王墓は右端(正面向きの亜字型)から二番め.

四つの王墓のうち、ダーラヤワウ一世のそれは東(向かって右)から二番目のもの(図版X)。ダーラヤワウ一世は生前にこの墓をつくらせた。墓ができてみると、見たいのが人情。かれも例外ではなかったが、カルデヤ人と両親に説得されて思いとどまった。なにしろ、墓室の入口まででも下からは、優に、十五メートルはあるし、その上のパネルとなれば二十二メートルはある。しかも岩壁面は垂直であるから、危険は大きい。ところが、諫止した両親もそれが見たくなって、マグ祭司たちにロープで引っぱり上げてもらうことになった。祭司たちは不運にも、引き上げている最中に蛇を見ておどろき、ロープから手がはずれ、王の両親は墜死した。王は悲嘆のあげく、ロー

プをもっていた祭司四十人の首をはねさせた、とのことである(クテシアスによる)。(一七六、二二六ページ)

このエピソードにはかなり真実性がある。マグ祭司が蛇などの小さな害獣や害虫を殺す棒をたずさえていたことは知られている。この棒はクラフストラ・ガン xrafstra-gan-「害獣殺し」といった。『アヴェスター』のなかに、「教え(ダエーナー)を帯とせずに、外見だけクラフストラ・ガンをたずさえて、いつわって自《みずか》らアースラワン(祭司)と称しても、けっして(かれを)アースラワンといってはならぬぞ、ああ、義者ザラスシュトラ(ゾロアストラ)よ、と、こうアフラ・マズダーは仰せられた」とみえている。中世ペルシア語による訳註(ゼンドという)では、これをマール・ガン「蛇殺し」と註している。先端に革ひものついた棒である。蛇をみて前後不覚になるほどのおどろきかたは、宗教的な根源が理解されてはじめて納得がいく。

さて、ダーラヤワウ一世は、ここにも碑文をしるすことを忘れなかった。王墓は亜字型に構成されているので上段、中段、下段の三段を有し、中段は両翼を左右にのばしている。中段の中心にあたるところが墓室のあるところで、それへの入口をはさんで左右に石柱があり、その石柱の外側にまたそれぞれ一本ずつの石柱がある。こうして王墓の中段は、四本の柱によって、ほぼ五等分されている。これらの五欄を左(向かって)から順次に１２３４５と番号をつけると、第１欄は空白、第２欄は古代ペルシア語版(六十行)、第３欄は墓室の入口で、ここには碑文はなく、最後の第５欄はアッカド語版(三十九行)であるが、第4欄だけは上下に二分され、上部にはエラム語版が四十三行にわたってしるされ、下部にはアラム文字による碑文が二十五行にわたってしるされている。このアラム文字によるものは破損がひどくて文意をたどることはむずかしく、いくつかの語詞を拾いあつめるのがやっとのことで、確実なことといえば、アラム文字が用いられていてもアラム語ではない、ということだけである。このアラム文字碑文についてはあとで触れる機会があるから(一九二ページ)、ここでは、はなしを本筋にもどそう。

これまでに述べたダーラヤワウ一世のナクシェ・ロスタム碑文はbと番号づけられるもので、これにたいし、aは上段にしるされている。ここでは、まずこの碑文aの古代ペルシア語版をかかげよう(図版XI)。

ダーラヤワウ一世のナクシェ・ロスタム碑文a

偉大なる神はアウラマズダー——そはこれなる地界を創成し給い、そはあれなる天空を創成し給い、そは人の子を創成し給い、そは平安を人の子に創成し給い、そはダーラヤワウを王、多くのものどもの(ただ)一人《ひとり》の王、多くのものどもの(ただ)一人の命令者となし給うた。(一―八)

余はダーラヤワウ、偉大なる王、諸王の王、万民を擁する諸邦の王、広大にして涯遙《はて》かなるこ

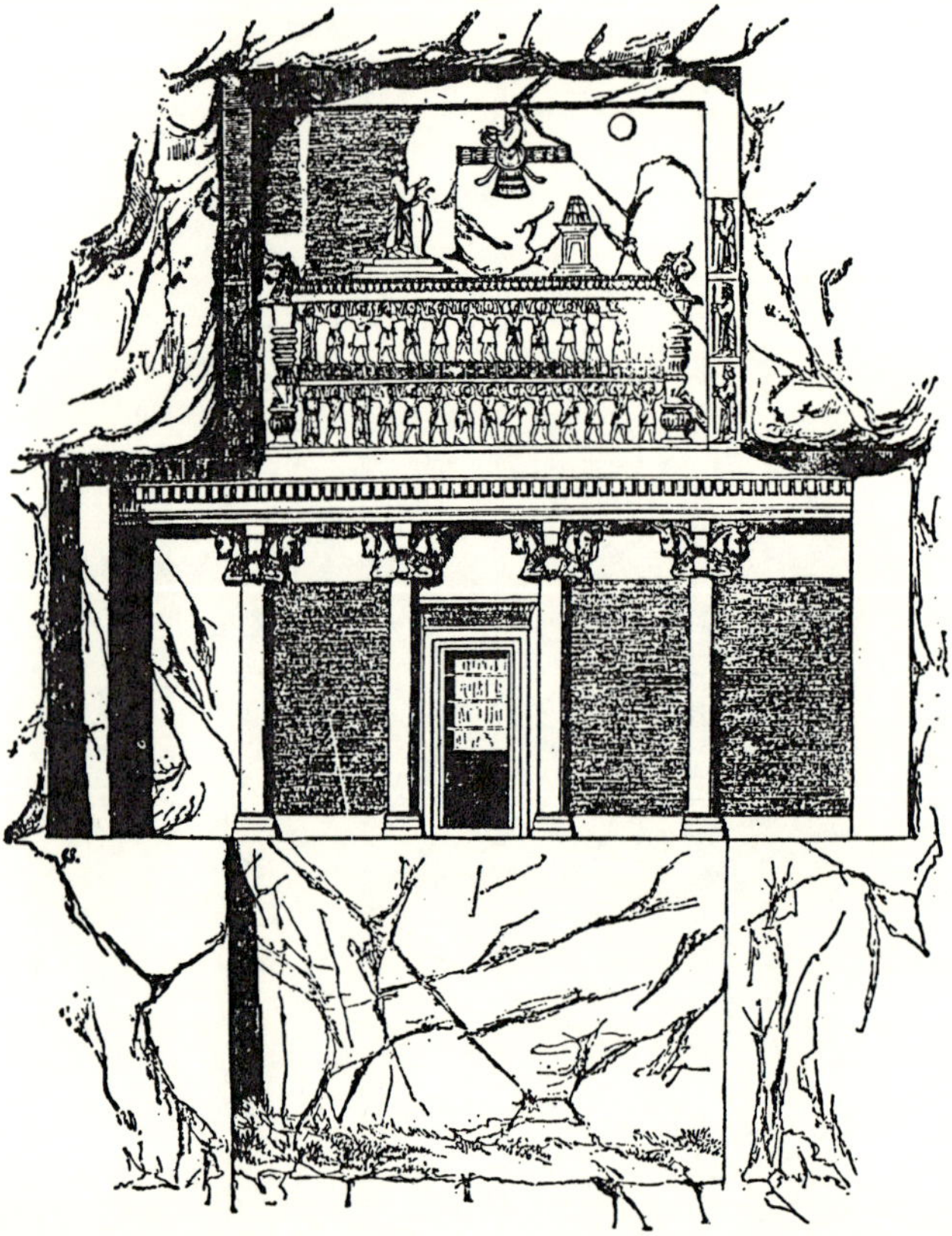

XI　ナクシェ・ロスタムのダーラヤワウ一世の王墓

の地界の王、ウィシュタースパの子、ハカーマニシュの裔、パールサ人《びと》、パールサ人の子、アルヤ人《びと》、アルヤの苗裔。(八—一五)

王ダーラヤワウは告げる、アウラマズダーの御意によって、これらが、パールサのほかに、余の掌握した邦々。余はそれらに君臨し、かれらは余に貢物をもたらした。かれらに余より言いわたされたこと——それをかれらは実行した。余の律法——それがかれらを拘束した。マーダ(メディア)、ウーウジャ(エラム)、パルサワ(パルティア)、ハライワ(アレイア)、バークトリ(バクトリア)、スグダ(ソグディアナ)、ウワーラズミ(コラスミア)、ズランカ(ドランギアナ)、ハラウワティ(アラコシア)、サタグ(サッタギュディア)、ガンダーラ、ヒンドゥ、ハウマ崇拝のサカ族、尖帽のサカ族、バービル(バビロニア)、アスラー(アッシリア)、アラバーヤ(アラビア)、ムドラーヤ(エジプト)、アルミナ(アルメニア)、カトパトゥカ(カッパドキア)、スパルダ(サルディス)、ヤウナ(イオニア)、海の向こうのサカ族、スクドラ(トラキアとマケドニア)、鍔広《つばひろ》帽のヤウナ(イオニア)人、プト族(リビア人)、クーシャ(エチオピア)人、マカ人、カルカ(カリア)人。(一五—三〇)

王ダーラヤワウは告げる、アウラマズダーは、この地界の動乱しているのを見給うと、そのとき、それを余に授け、余を王となし給うた。余は王である。アウラマズダーの御意によって、余はそれを、その所に安んぜしめた。かれらに余が言いわたしたこと——それをかれらは、余の欲するごとくに、実行した。また、もし汝が、王ダーラヤワウの領有したこれらの邦々がどれほどあったかと、思うこともあれば、玉座を支えている群像を見よ。そうすれば汝は知るであろう、さすれば汝にはわかるであろう、パールサ人《びと》の槍は遠くに飛翔したということが、さすれば汝にはわかるであろう、パールサ人《びと》はパールサから遠くでも優勢に(?)(敵を)撃退したということが。(三〇―四七)

王ダーラヤワウは告げる、(余の)この所成――それはことごとく、アウラマズダーの御意によって、余はなしたのである。アウラマズダーは、(余の)所成を余がなすまで、余に佑助を賜わった。(四七―五一)

余をアウラマズダーは不祥より守り給え、そして余の王家を、またこの国《ダフユ》をも。このことを、余はアウラマズダーに乞い願う。このことを、余にアウラマズダーは許与し給え。(五一―五五)

人よ、アウラマズダーの命令――それが汝に不祥なるものとみゆるなかれ。公正なる道をふみはずすことなかれ、背反することなかれ。(五六―六〇)

この碑文aは、そのまま、王墓の上段群像の説明にもなっている。群像はいわゆる「玉座かつぎ」の図で、玉座を支えている三十人の人物は、十五人ずつ、二段にわかれている。かれらは、いうまでもなく、ダーラヤワウ一世が掌握した諸邦の代表者で、右にあげた諸邦諸民族にパールサを加えると、計三十となる。そして、ビーソトゥーン碑文の場合と同じように、この碑文aでも、そのひとりひとりに説明がつき、ダーラヤワウ一世のナクシェ・ロスタム碑文1、2……29、30(I、II……XXIX、XXX)とされているが、はっきり読みとれるものは

1これはパールサ人。2これはマーダ(メディア)人。3これはウーウジャ(エラム)人。

4これはパルサワ(パルティア)人。15これは尖帽のサカ人。16これはバービル(バビロニア)人。17これはアスラー(アッシリア)人。29これはマカ人。

くらいにすぎない。かれらの支えている玉座の上には、中央よりやや左寄りのところにダーラヤワウ一世が、三段からなる小壇上に右向きの姿勢で立ち、左手に弓をもち右手は挙げて前方にのばしている。これは礼拝や祈願のゼスチャで、その右手の前方上方にはアウラマズダーが、例の光輪(ファルナフ)を着して空中に浮遊している(一六ページ)。ここまではビーソトゥーンの場合と、だいたい、同じであるが、ナクシェ・ロスタムではアウラマズダーの右、下方に聖火壇があって聖火がもえ、そのまた右、上方には天体が円形でかたどられている。

このような場面はザラスシュトラ(ゾロアストラ)のことばとそっくりである。ザラスシュトラは「うやうやしく手をのばし、御身たち(アフラ・マズダーやその他の陪神)に佑助をわたくしはお願いする」(『アヴェスター』のヤスナ二八・一)といったり、「わたくしは独得の足どりで、手をのば

しつつ、御身たちを崇めまつろう」(ヤスナ五〇・八)といっている。かれも片手には、弓でなしに、なにか祭具をたずさえていたかもしれないし(バルスマン祭枝のことは『ガーサー』には記載がない)(一四〇ページ)、聖火も点じられていたことと思われる。かれの前には神は「明らかにみえてましまし」(ヤスナ四五・一)、かれはそれを「眼《まなこ》に見奉った」(ヤスナ四五・八)のである。ザラスシュトラの崇めた神々のなかにはミスラ神(一七ページ)は名をつらねていないが、この神はアフラ・マズダーをとりまく陪神ウォフ・マナフのなかに理念化されている。そうしてみると、ナクシェ・ロスタムの円形の天体は月ではなくて、むしろ太陽と密接な関係にあるミスラ神をシンボライズしたものとみることができる。この場面には、インド的表現によればミトラー・ヴァルナー、イラン的表現によればミスラー・アフラーが表象されているのである(詳しくは一四三ページ)。ミスラ神とダーラヤワウ一世や王家との関係については、王位継承者を決定する明け方の遠乗りについて取扱ったとき、すでに述べたとおりである(一七ページ)。そうしたミスラ神はアルタクシャサ(アルタクセルクセス)二世にいたってはじめて碑文にあらわれるが(一六七ページ)、ミスラ神への信仰がそのときはじめて擡頭したわけではない。つぎはダーラヤワウ一世の従者であるが、現状についてみると、左端ぎりぎりのところに三人。それが上下に配置され、最上位者の足もとは玉座とほぼ同じ高さにあり、中位者の足もとは玉座かつぎの上段十五人の膝あたりに位置し、最下位者は玉座かつぎの下段十五人とほぼ上下を同じくする。大王の背後にはひろいスペースがあり、右に訳出した碑文aの古代ペルシア語版はそこに(もっとも大王寄りのところ)六十行にわたって造刻され(第一欄)、エラム語版はその左に四十八行にわたってしるされ(第二欄)、これにたいし、アッカド語版はそのまた左の、突出した側壁に三十六行にわたって刻されて(第三欄)いる。大王の三従者中、最上位者は槍持ちで、かれの上方、大王の背後に古代ペルシア、エラム、アッカド三語版の碑文(各版とも二行よりなる)がつけられており、これがダーラヤワウのナクシェ・ロスタム碑文cである。中位者は衣裳持ちすなわち侍従で、かれの上方、槍持ちの下方に三語版碑文がつき、全文合計五行、そのうち古代ペルシア語版は二行を占めている。これがナクシェ・ロスタム碑文dである。c、dの古代ペルシア語版には、それぞれ、(c)「ガウバルワ、パティシュウワラの人、王ダーラヤワウの槍持ち」、(d)「アスパチャナフ、侍従、王ダーラヤワウの弓矢《や》筒《づつ》をもっている」とある。

パネル最上段の群像や、碑文a、c、d、1、2、3、4、15—17、29について述べたので、はじめにあげた碑文b(ダーラヤワウ一世のナクシェ・ロスタム碑文b)の古代ペルシア語版を訳出しよう。これは欠損がひどく、エラム、アッカド両語版からでも古代ペルシア語版の完全な復原がむずかしく、解読も困難であった。ところが、一九六七年一月二十四日、ペルセポリス大基壇の北々西、一・七キロメートルばかりのところで、大王の子クシャヤールシャン(クセルクセス)一世の碑文が発見されて、その困難さが大幅に減少した。なぜかというと、この新出の古代ペルシア語の石刻碑文(クシャヤールシャン一世のペルセポリス碑文1)は、父王のナクシェ・ロスタム碑文bの古代ペルシア語版を、ほとんどそのまま踏襲したもので、ダーラヤワウの名をクシャヤールシャンにかえたにすぎない——極言するなら、こういってもよいほど、両者は似ているからである。このことについてはまたあとで触れることにして、ここでは碑文bを見ることとしよう。訳文中〔 〕は削除すべきを示す。

ダーラヤワウ一世のナクシェ・ロスタム碑文b

偉大なる神はアウラマズダー——そは見らるるごとき、このすぐれたるものを授与し給い、そは平安を人の子に授与し給い、そは知慧と敢為を王ダーラヤワウの上にくだし給うた。(一—五)

王ダーラヤワウは告げる、アウラマズダーの御意によって余はかくのごときものである、すなわち、余は公正を愛好するものにして余は不正を愛好するものではない。また弱者が強者のゆえに不正を加えられることも余の欲するところでなく、また強者が弱者のゆえに不正を加えられること——かかることも余の欲するところではない。公正の(行なわれる)こと——それが余の欲するところ。虚偽なる人を余は愛好するものでない。(五—一三)

余は激しやすきものではない。余(の心のなか)において(怒りの)葛藤にあるとも、(それを)余はつよく抑止する。余はおのが心をつよく制御するものである。(一三—一五)

協力する人――かれを、協力に応じてそのように〔かれを〕余は賞し、加害するもの――かれを、加害に応じて、そのように余は罰する。人が加害することは余の欲するところでなく、加害しても罰せられぬということ――これも余の欲するところではない。人が人をそしって言うところのこと――それは、両者の発言を余が聞きおわるまでは、余には信憑されないのである。(一六―二四)

人がかれの諸能力に応じてなし、あるいは、もたらし来たもの――(それに)余は満足し、また(それは)余の大いに欲するところであり、かつ、(それに)余は好感するものにして、忠勤なる人々に余は厚く施すものである。(二四―二七)

余の判断と決断はかくのごときものでもある、すなわち、家にあってにせよ、戦場にあってにせよ、余によりてなされたることを汝が見、あるいは、聞くとき、それは、考察と判断にもとづく余の敢為さであるぞ。すなわち、これが余の敢為さである、いわく、余の身体が有能であること――戦士として余はすぐれた戦士であり、ひとたび戦場において、余は敵を見ているのかそれとも見ていないのかということが余の判断に委《ゆだ》ねられるとき、判断と決断とをもって、そのとき、余は、(相手方が)「はたして余は敵を見ているのか、それとも見ていないのか」と判じあぐねているのに(よく)機先を制して判断をくだす。余は心の活発に動くものである。(二七―四〇)

手をもってでも足をもってでも、騎者として余はすぐれた騎者である。歩者としても騎者としても、弓者として余はすぐれた弓者である。歩者としても騎者としても、余は槍者としてすぐれた槍者である。（四〇―四五）

アウラマズダーが余の上にくだし給うたこれらの練達さ――それを、アウラマズダーの御意によって、余は揮うことができた。余による所成は、アウラマズダーが余の上にくだし給うたこれらの練達さによりて、余はなしたのである。（四五―四九）

子弟よ、しっかと知らせよ、余がいかなるものであり、余の練達さがいかなるものであるかも、（そしてまた）余の超出さがいかなるものであるかも。（余以外のものによりて）汝の耳に言われる（?）ことが、なにかよりよきことのように汝にみえることなかれ。余によりて宣言されていること――それにこそ耳傾けよ。（五〇―五五）

子弟よ、他のなんぴともそれ（そのなすところ）を汝にたいして美化することなかれ。余によりてなされたること――それをこそ汝は見よ。（五五―五七）

子弟よ、命令（?）に汝は逆らうことなかれ。なんぴとも余に逆らう（?）ことなかれ。かれは心の活発に動かぬものとなるであろう。………なかれ………（五七―六〇）

クシャヤールシャン（クセルクセス）一世のペルセポリス碑文1は、だいたいにおいて、このダーラヤワウ一世の碑文b中の「ダーラヤワウ」を「クシャヤールシャン」に変え、末尾「子弟よ、しっかと知らせよ」以下の全文を削除して「余をアウラマズダーは守り給え、そして余の所成をも」とすればよい。

ダーラヤワウ一世の碑文にかぎらず、碑文はこれからも新しく発見される可能性が多い。これまでに知られている碑文も、いくつかの例で見てきたように、そしてこれからあとに挙げる例でも見られるように、その全部が完全に解読されているわけではない。楔形文字の読みかたは先人たちのおかげでわかっているが、機械的に読んでも、その語の意味がつかめない場合がある。楔形文字体系も古代ペルシア語を表記するのに用いられているものは、アルファベット化の傾向がひじょうに進んでいるが、それでも母音と子音を完全に切りはなして表記していないので、そんなに読みやすいものではない。また、母音文字もあるが、長母音を示す特別の文字もない。だから、例えば vi という音を示す場合には vi とかく。vi と写音される楔形文字(音節文字、シラビック)のあとに i を加えるわけだが、それでも、そのあらわす音は vi だけでなく、vi でもある。vi か vi かは読み手がきめる仕組みになっている(一一四ページ)。はなしがここまでくると、古代ペルシア語碑文がどんな苦心の果てに読みこなされるようになったか、いうならば、解読の歴史といったものにペンを向けるほうがよいかもしれない。しかし、そんなはなしは読者を興味本位に駆りたて、役にもたたない好奇心を満足させるだけで、学問の向上にはプラスにはなるまい。碑文そのものの研究に身を入

XII　エルヴァンド碑文

左上がダーラヤワウ一世の碑文，右下がクシャヤールシャン一世の碑文．

れるほうが、はるかにましである。そこで、ここでは、好奇心を満足させることは最小限度にとどめ、むしろ筆者による書きもらしを補うという方向に重点をおいて、ダーラヤワウ一世のエルヴァンド碑文のことを書いてみよう。

エルヴァンドというのはハマダーンの南西約十キロメートルにある山で、オロンテスともよばれていた(二三二ページ)。この山系の小丘ガンジュナーメの花崗岩の壁面に、下を流れる小川の上、二、三メートルの位置に二つの碑文がある(図版XII)。左(向かって)にあるのがダーラヤワウ一世のもので、それと密接しそのやや右下方にあるものがクシャヤールシャン(クセルクセス)一世のもの。両碑文とも横二メートル、縦三メートルの長方形で、いずれも三欄にわかれ、左(向かって)より古代ペルシア、エラム、アッカドの三語版となっている。

ダーラヤワウ一世のエルヴァンド碑文

偉大なる神はアウラマズダー――そはこれなる地界を創成し給い、そはあれなる天空を創成し給い、そは人の子を創成し給い、そは平安を人の子に創成し給い、そはダーラヤワウを王、多くのものどもの(ただ)一人《ひとり》の王、多くのものどもの(ただ)一人の命令者となし給うた。(一―一二)

余はダーラヤワウ、偉大なる王、諸王の王、多くの民を擁する諸邦の王、広大にして涯遙《はて》かなるこの地界の王、ウィシュタースパの子、ハカーマニシュの裔。(一一―二〇)

これはダーラヤワウ一世の在世中に造刻されたものではなく、その子クシャヤールシャン(クセルクセス)一世のとき、クシャヤールシャンの碑文と同時に作成されたもので、追刻である。クシャヤールシャンのものでは、「そはこれなる地界を……」の前に「そは諸神中の最大者、」なる句がはいり、「ダーラヤワウ」「ウィシュタースパの子」がそれぞれ「クシャヤールシャン」「王ダーラヤワウの子」となっているだけで、他は父王の碑文と同一。行数では父王の碑文の第二段落が(一一―

二〇)であるのにたいし、クシャヤールシャンでは(一一二―二〇)である。

さて、はなしは一八三五年、いまからかれこれ百四十年も前にさかのぼる。この年、英国のヘンリー・ローリンソン将軍はこの二碑文の写しを作成した。そして楔形文字の字画のもっともシンプルなものを選んで二碑文をくらべてみた。つまり、古代ペルシア語版をくらべてみたわけである。そして、両碑文で異なっている部分は人名だろうと、ねらいをつけた。さらに検討してみると、そうしたものが三つある、つまり三名いること、それから下方(クシャヤールシャン)の碑文で副次的な位置にあるところから推してその碑文にて主座を占めている王の父親にあたるらしいとみられる人物は、上方(ダーラヤワウ)の碑文で主座を占めている人物に相当するということも、わかってきた。ここまでくると、この二碑文を決定的にむすびつけることができ、ここに三代にわたる系譜のしるされていること、具体的にいえば、ウィシュタースパ(ヒュスタスペス)、ダーラヤワウ(ダレイオス)、クシャヤールシャン(クセルクセス)が浮かびあがってきたのである。

軍事顧問としての公職から、ローリンソンは楔形碑文のことにのみ専念することができなかったが、それから数年後、大冒険の末、ビーソトゥーン碑文の完全な拓本をとり、まず手はじめに、古代ペルシア語版の最初の二節を訳出することに成功した。この二節は、上記二二ページに示した訳文中、冒頭の「余はダーラヤワウ(ダレイオス)」から「チャイシュピ(テイスペス)の父はハカーマニシュ(アケメネス)」までで、まさに系譜を示している。これは、この大碑文解読の決定的な第一歩であった。もちろん、いくつかの音節文字《シラビック》の音価は、かれ以前にすでに学者によって解明されていた。ローリンソンはやがてそれらの知識を吸収すると、碑文解読の歩度は驚異的にすすみ、ビーソトゥーン碑文古代ペルシア語版の、ほとんど完全な訳文を英国王立アジア協会誌に発表した。その後、かれは、中世ペルシア語やアヴェスター語への理解を深め、この訳文はさらに完全な訳文へと仕上げられることになった。

一方、多くの学者によってぜんじ解明を進められていたエラム語版についても、ローリンソンの提供した拓本が決定的な助けとなった。また、アッカド語版についてもその解明が行きなやんでいたとき、ローリンソンは、その独創的才能をもって、この語版の表記法を看破し、一八五一年までにその百十二行を訳出している。こうしたかがやかしい業績への、そもそもの足掛かりとなったエルヴァンド碑文そのもの、それから、延《ひ》いてはその丘を、現地の人々は、前記したように、ガンジュナーメとよんでいる。これは「宝(ガンジュ)の文《ふみ》(ナーメ)」という意味で、この文字を読んだら秘宝の在りかがわかると信じられていた。それをローリンソンは読んだが、出てきたものは物欲をみたす財宝ではなくて、壮大な精神文化の燦然たる秘宝であった。オリエント学の確実な第一歩がここに印せられたといっても、いいすぎではない。

ダーラヤワウ一世の碑文を拾えばまだまだある。さしあたって、かれのハマダーン王宮造営碑文もその一つ。しかし、これは上にあげた大王のペルセポリス碑文h(七七ページ)と同文であるから、わざわざ訳出する必要もあるまい。行数の関係は、第一段落が(一—二)、第二段落が(三—八)である。

さて、ダーラヤワウ一世は、このようにみてくると、はなはだ精力的に碑文を作成したことがわかる。この大量生産のうらには、どんな事情が伏在していたのであろうか。まず問題となるのは、この楔形文字はだれの手に成ったかということ。これに答えてくれそうなのがかれのビーソトゥーン碑文古代ペルシア語版第四欄八八—九二行(四五ページ)。大王はビーソトゥーン碑文をアルヤ語で書いたと強調している。アルヤ語とは、ここでは、古代ペルシア語のことである。ところが、この部分のエラム語版が、ビーソトゥーン(小)碑文1(全文十行)として見いだされる。この碑文1の位置については図版Vを参照されたい。

ダーラヤワウ一世のビーソトゥーン(小)碑文1(エラム語)

王ダーラヤワウは告げる、アウラマズダーの恩寵によって、余は碑文を別様に、アルヤ語にて作成したが、そのことは以前にはなかったことである。(一—四)
そして泥板と皮革に(余は写しを作成し)、また名(hi-iš)と系譜を余は作成した。(四—六)
そしてそれは(記録の文に)書かれて余(の前)に読みあげられた。(六—八)

ついで、余はその碑文(の写し)をあらゆる邦々に送付した。その民たちはそれを会得した。
(八―一〇)

注　四六ページにあげたヒンツ教授の論文にはつぎのようにドイツ語訳されている。

1) Darius der König kündet: Durch die Mühe-
2) waltung von [Gott] Ahuramazdā habe ich eine
3) andersartige Schrift gemacht, auf iranisch,
4) was es vorher nicht gab. Und sowohl auf
5) Ton als auch auf Leder, und sowohl
6) Namen als auch Genealogie machte ich damit.
7) Und sie wurde geschrieben und mir
8) vorgelesen. Darauf habe ich selbige Schrift
9) in alle Lande
10) gesandt. Derer Leute erlernten sie.

この碑文は楔形文字をもってイラン語を表記する方法がだれによって始められたかを示唆するものとして、はやくから重視された。ダーラヤワウ一世をその創始者とする説、大王以前からすでに行われていたとする説、さらには、大王にいたって大規模に行われるようになったとする説などがあって、さかんに論争されている。筆者の理解するところでは、やはり、ダーラヤワウ一世の創始にかかるとみたい。かれは碑文(「文字」と解せずに)をこれまでとは別の様式で、そしてアルヤ語すなわち古代ペルシア語をもちいて、はじめて作成したといっている。「別の方法で、別の様式で(da-a-e-ik-ki)」とは磨崖に彫りつけることをさすのではなく、これまでになかった新様式の楔形文字を用いてということである――筆者はこのエラム語版の意味をそのように解したい。つまり、楔形文字をもちいて古代ペルシア語でビーソトゥーン碑文を作成したのがこの種の試みとしては最初のものだ、ということになる。

しかし、そういうことになると、そこから、また別の問題が出てくる。それは、ダーラヤワウ一世以前の碑文をどのようにみるかということである。では、かれ以前にいかなる碑文があるのか、それをまず見ておくことにしよう。(1)はアリヤーラムナのハマダーン碑文、(2)はアルシャーマのハマダーン碑文、それと、(3)大王クル(キュロス)二世のパサルガダイ(モルガーブ――九、一一ページ)碑文a、b、cである。(1)のアリヤーラムナと(2)のアルシャーマは、ビーソトゥーン碑文の書き出しのあたりに記されているように(二二ページ)、それぞれ、ダーラヤワウ一世の曾祖父と祖父である。訳文中、カッコ内にローマ字で示す語形は碑文にみえる文法的誤用で、∨印しのつぎに示すのが正しい形である。

アリヤーラムナのハマダーン碑文

アリヤーラムナ、偉大なる王、諸王の王、パールサの(Pārsā>Pārsaiy)王、王チャイシュピの子、ハカーマニシュの(Haxāmanišahyā>Haxāmanišā)孫。(一—四)

王アリヤーラムナは告げる、余が領有しているところの(t^{a}ya>t^{a}yām)、馬に富み人に富むところの(h^{a}ya>h^{a}yā)この邦パールサ(Pārsā>Pārsa)——(それをavām)、余に、偉大なる神アウラマズダーは授け給うた。アウラマズダーの御意によって、余はこの邦の(iyam dahyāuš>ahyāyā dahyauvā)王である。(四—九)

王アリヤーラムナは告げる、アウラマズダーは余に佑助を賜え。(九—一一)

この文中、筆者が補った(それをavām)は不可欠のもので、もしこれを補わないとすれば、その前の「この邦パールサ」を「この邦パールサを(iyam dahyāuš Pārsā>imām dahyāum Pārsam)」としなければならない。

アルシャーマのハマダーン碑文

アルシャーマ、偉大なる王、諸王の王、パールサの(Pārsa>Pārsaiy)王、王アリヤーラムナの

(Ariyāramna＞Ariyāramnahyā)子、ハカーマニシュの裔。(一―四)

王アルシャーマは告げる、諸神中の最大者なる、偉大なる神アウラマズダーは余を王となし給うた。かれは、民に富み馬に富むところの(t^{a}ya ukāram uvaspam＞h^{a}yā ukārā uvaspā または t^{a}yām ukārām uvaspām)邦パールサを余に授け給うた。アウラマズダーの御意によって、この邦を余は領有している。余をアウラマズダーは守り給え、そして余の王家をも。また、余が領有しているところの(*t^{a}ya*＞*t^{a}yām*)この邦を、かれは守り給え。(五―一四)

これらの二碑文は、いずれも、文法上の誤用が目立つ。碑文に慣用されている名詞であっても、その名詞の慣用されていない格の形を必要とするときは、ものの見事に誤りを犯している。また代名詞、ことに、関係代名詞にもひどい誤用が見られ、中世ペルシア語で ī を性・数・格にまったくこだわらずに関係代名詞として用いる行きかたに似ている。動詞は、これら二碑文に関するかぎり、ありきたりの形で用を弁じたので、ミスを犯さずにすんだ。いずれにせよ、このような文法上の誤用はハカーマニシュ朝晩期の碑文に多く見られるものであるから、この二碑文は、そのような時期、具体的にいえば、アルタクシャサ(アルタクセルクセス)二世のころに、追刻されたものとみるほかはない。一七三ページを参照ねがいたい。

では、のこる大王クル(キュロス)二世のパサルガダイ(モルガーブ)碑文a、b、cはどうであろうか。

クル(キュロス)二世のパサルガダイ碑文

(a) 余は王クル、ハカーマニシュの裔。(一―二)

(b) クル、偉大なる王、王カンブジヤの子、ハカーマニシュの裔は告げる、………がつくった……とき……。(一―四)

(c) クル、偉大なる王、ハカーマニシュの裔。

いずれも、きわめて短い文である。(b)は一本のみでなく、数本同じようなものが残っている。欠損している部分に「王家に」を示すように思われる語詞の一部が見えるものもある。この(b)は王宮の通用門の側柱《ジャンブ》にあるクル大王の像に造刻して、それを説明したものである。とにかく、三碑文とも短いので文法的誤用を露呈するスキがないように思われるが、シンタックスの上からみると、碑文(b)がどうもあやしい。このような文では「……ハカーマニシュの裔。」でいちおう切り、ついで「王クルは告げる、」として、あたらしい文をおこすのが常道で、(b)のような構文は、これもアルタクシャサ(アルタクセルクセス)二世の碑文にみられるものである(一六六ページ以下)。とすれば、クル(キュロス)二世の碑文も後代の追刻ということになる。

このようにして、ダーラヤワウ（ダレイオス）一世以前の古代ペルシア語碑文は後代の追刻ということになると、かれが古代ペルシア語碑文の創始者だと称していることは認めざるをえないであろう。その古代ペルシア式楔形文字の体系とは、巻末付表のようなものである。表意語詞は頻出する少数の語詞にかぎられ、文字はかなりアルファベット化されているが、音節文字としての制約から完全には解放されていない。このことについてはさきに（一〇三ページ）一部触れたが、その文字（音節文字、シラビック）はわが国の仮名のようなもの。仮名で「きゆう」とかいてもkyū（急、旧、灸など）かkiyū（杞憂、帰幽など）かは読みてがきめるように、楔形文字の表記法も読み手に選択の責を負わせている。そのほか、これからへの展望からすると、この表記法の欠陥がさらに大きくなるようにおもわれる。例をあげて示そう。

古代ペルシア語のutā「そして」（接続詞）、avaθā「このように」（副詞）をヴェーダ語やアヴェスター語と比較してみると、前者が末音を長くしているのは本来のものでなく、これに反して後者の末音は本来長いものとみることができる。古代ペルシア語文法書では語末母音-aは長く延ばされるとされている（*uta>utā のように）。しかし、『アヴェスター』の『ガーサー』のように詠唱されるテキストにおいては語末母音を一様に延ばすのは理由があるが、散文にすぎない碑文古代ペルシア語にこの現象をみとめるのは首肯しがたい。そうすると、utāはuta^a（utaʾ）と表記されていても、語末のa（ ）は長母音āを示す記号ではなくて衍字《えん》、虚字とみなければならない。それは、anu

「……に沿うて」が $an^{u}uv^{a}$ と書かれて anuv と写音され、rādi「……のゆえに」が $r^{a}\bar{a}d^{i}iy^{a}$ と書かれて rādiy と写音されていても、その末字 v^{a}(v)、y^{a}(y) が衍字とみられるのと同じである。したがって、utā はむしろ utaʼ と写音し、末字ʼを衍字として示す必要が生じる。そうなると、avaθā のように本来長い末音をもつものと衍字ʼ(a)をもつものとを区別する作業が、あらたに読み手に課せられることになる。

四　クシャヤールシャン(クセルクセス)一世

ダーラヤワウ(ダレイオス)一世の対ギリシア戦はマラトンの戦い(前四九〇)に敗れ、かれの晩年と、あとをついだその子クシャヤールシャン(クセルクセス)一世(在位 前四八六—前四六五)の初年は、敗戦の結果おこった小アジアやエジプトの叛乱を平定するのに費やされた。クシャヤールシャンの対ギリシア戦も、一時はアテナイにまで進撃するいきおいを示したが、サラミスの海戦(前四八〇年九月二十八日)とプラタイアイの戦い(前四七九)に敗北して西方への勢力拡張は挫折した。このような一連の戦績は西欧にとっては決定的な重要さをもつが、ペルシア側には、西欧ほどの重要さをもつものとはいえない。このような外患(?)にもかかわらず、クシャヤールシャン一世は父王についで造営工事をつづけ、必要に応じて碑文を造刻した。かれのペルセポリス碑文 a—k

にたいし、新出の碑文がペルセポリス碑文1として加わったことはさきに述べた(九九ページ)。手はじめに、かれのペルセポリス碑文を二、三示そう。それぞれの碑文の造刻場所をくわしく示すことは手数もかかるうえに、写真やイラストを用いなければならないし、また、たといそのような手のこんだことをしても、読者にはそっぽをむかれてしまいそうだし、また専門家にはまったく無用のことでもあるので、そのようなことは、ここでは、ほんの一、二の碑文にかぎることとしよう。

まず、クシャヤールシャン一世のペルセポリス碑文aをみる。これは、いわゆる「クセルクセスの万国の門」につけられているもので、例のごとく三語版がある。碑文の位置を詳記してみると、この「門」というのはペルセポリス大基壇の北西寄りにある階段をのぼりきったところに建っている建造物で、現在の遺構からでも往時の姿をほぼ推定することができる。建物は一辺(内径)が二四・七五メートルの正方形をなし、その周囲は厚さ五・二メートルの日干煉瓦の壁がとりまいていた。その内庭のなかには四本の石柱がたち、石柱の上部には踞牛をのせ、踞牛の鞍の部分を利用して木組みを組み、その上に梁《はり》をわたして屋根をのせた。梁の他端は周壁上に固定されたと思われる。石柱は一六・六六メートル(牛を含む)あるから、屋根はそれ以上の高さにあった。前記の階段をのぼってすすめば、この建物に入ることになるので、まずその部分に入口が周壁をきって設けられた。これが西通用口(図版XIII)。それから直線にすすむと四本柱——このうち、西通用口寄りの二本のみ現存——のあいだを抜けて、ふたたび周壁につきあたる。ここにも通用口ができていた。これが東

XIII　クシャヤールシャン一世の「万邦の高楼(ドゥワルティ＝ウィサダフユ)」(ペルセポリス)

巨牛を配した二基のジャンブの間が「万邦の高楼」の西通用口．その左の二石柱は四本柱のうちの二本．この間を通ってすすめば東通用口の二基のジャンブを経て未完の大門に到る．高い石柱群はアパダーナの遺構．

通用口。この東通用口に行きつかずに、西―東通路の中間で九〇度右折してすすむと、また周壁につきあたる。ここに設けられていたのが南通用口。この南通用口はアパダーナと通称される建物に向かってひらいている。この南通用口と相称の地点にあって「北通用口」をつくればつくられたはずのところには、実際には通用口はなくて、周壁が障壁となったままである。三通用口のうち、西・東二通用口には往時をしのばせる構造が残っているが、南通用口は基底部を残して崩壊した。それでこの部分は省いて、西・東両通用口について述べてみよう。

　両者とも同じ構造で、通用口の両側には切石を積んで巨大な側壁柱《ジャンブ》がたてられ、そのジャンブには、西通用口では巨牛が正面を向いて設けられ、この牛の体部はジャンブの内側(両ジャンブのたがいに向かい合っている面)に及んでいる。東通用口では頭部顔面が人間で体部は牛、それに大きな翼のついた、いわゆる有翼牛人がジャンブにつけられ、この場合も、その体部と、上方に向かってぴんとのびている巨大な片翼とはジャンブの内側に位置している。こうした牛を配置するモティーフについて、筆者はその考古学的背景にはきわめて暗いし、また、それを自身で追究してみたこともない。したがって、つぎにあげるような見解が行なわれているかどうか、また、それが正しいかどうか、筆者にはこれといった確信があるわけではないが、中世ペルシア語書『ザートスプラムの撰集』や『デーンカルド』に、これと関係のありそうな興味あるエピソードが伝えられているので、紹介しておきたい。ザートスプラム(九世紀末)はつぎのように伝えている。

ザルドゥシュト(ザラスシュトラ、ゾロアスター)の名は、(かれが神との)対話(にはいる)前に三百年間、この地上に喧伝されていた。(聖典に)啓示されているところによると、そのあいだのこと、ツランがイランから土地をとろうとし、それについてヘールベド(師僧)たちが論争して意見の一致を見ないときは、オフルマズド(アフラマズダー)は論争に終止符を打つために、巨大な一頭の牛を創出したが、イランとツランの境界はその蹄の上に書いて示された。その牛はある森のなかに駐《と》めておかれた。紛争がおきるといつもその牛によって国境が知らされたが、ついにカイ・ウス(二一六ページ)は慾ばってツランの地の一部をイランに取ろうと望んだ。かれはその牛がいては実行至難とみた、というのは、かれにはそれ(強奪)をすることができるが、その牛によって国境が示されるということを、かれは欲しなかったからである。(時、あたかも)七人兄弟がいた。その七番目がスリトで、七郎とよばれていた。身体は巨大で力は他を抜き、カイ・ウスには多くの点で助けとなり、かれは(カイ・ウスの)近侍となった。カイ・ウスはかれを呼んで命じて言うには「行ってあの牛を森のなかで殺せよ」と。スリトは(森に)行った。(牛を)殺そうと思ったら、牛は人間のことばでかれに反対して言った「わたしを殺してはいけぬ、というのは、おまえさんがもし殺したなら、〝死を攘《はら》うハオマのなかにフラワシをもつもの〟で、スピターマ家のザルドゥシュトなるものが世に出現しておまえさんの悪行を世に告げるでしょう。おまえさんの霊に苦しみの及ぶことは、あたかも聖典《デーン》に『その悪運が喧伝されるときのワダグのごとし』と啓示されているとおりになるでしょう。」(中略)
スリトは、そのことばを聞くと、引きかえしてカイ・ウスのところにもどった。そして、どんな状況だったかを報告してこう言った「牛は奇蹟をもってこう言いました『地上にあるものはみな正義を望んでいるのに、かれ(カイ・ウス)は牛を殺すことを命じている』と。」ところが、カイ・ウスは理性よりも欲望のほうに執着してこう言った「死を攘うハオマのなかにフラワシをもつかの者が、(果たして)自身存在するのかどうか明らかでない。またもし存在するにしても、生まれ出《い》で出現するかどうか」と。かれは厳命した「行ってかれ（牛）を殺せよ」と。

スリトは言った「わたしは殺すことができません、というのは、かれの訴えがなくても、あわれみが（わたしの）心にあるからです」と。カイ・ウスは言った「どこかパリーグ（妖女）のかしらがたくさんいる森に行くがよい、そうすればおまえの心から、あわれみを切りとってくれるだろう。」

スリトは森に行った。口をあけているパリーグがたくさん目にとまった。かの女らはほざいた「殺せ。あわれみなんかかけるな」と。すると、かれの心から、あわれみは去っていった。かれは森にもどり、拳をもって牛の背中を三個所打ちくだくと、牛は異様な叫び声をあげた。

スリトはこうして牛を殺してのち、かれが耳にしたあの（異）様（な光景）がなかったら、大きな平和がやってきたであろうに。かれはカイ・ウスのもとにもどってきて、どんな状況だったかを報告し、乞うて言うには「わたしを殺すように命じてください、というのも、わたしにとって生きることは甲斐のあることではなくなったのですから」と。カイ・ウスは言った「わしはおまえは殺さぬ、というのは、おまえなくてはすまぬからだ」と。スリトは言った「もしあなたがわたしを殺されないなら、わたしがあなたを殺しましょう」と。カイ・ウスは言った「おまえはわたしを殺してはならぬ。わたしは世界の帝王であるから」と。

スリトは終始不満だったが、ついにカイ・ウスは命じた「さる森にゆけよ、犬の姿をしたパリーグ女がそこにいるから。そうすれば、おまえをそれが殺すだろう」と。スリトはその森にいった。すると、犬の姿をしたパリーグが目にとまった。かれがそのパリーグを打つと、それは二頭になった。こうしてかれが打ちつづけると(そのたびごとに倍となり)、ついに一千頭になって、かれらはその場でスリトを殺して引きさいた。

『デーンカルド』のほうはやや簡単であるが、だいたいは同じである。境界守護の役割をもつ巨牛のイラン説話である。九世紀末の成立にかかる中世ペルシア語書であっても、このモティーフは古い。カイ・ウスの無軌道ぶりは有名だが、ここのスリトは『アヴェスター』にはスリタとしてみえる。本来は「三番目のもの」の意味であるが、『アヴェスター』ヤシュト諸書ではいくたりかの人名に、この名がついている。例えばスリタ・アースヴヤもそのひとり。これは『ヴェーダ』にみえるトリタ・アープトヤ、つまり「アープトヤ家のトリタ」に相当するから、スリトの背景はインド・イランにさかのぼる古さをほこる。この英雄の行蹟をここでのべることはさしひかえるが、『アヴェスター』のヤシュト書にみえるうえに、『ヴェーダ』にもみえるところから、イランとしては東イランの伝説圏に属するものと考えられる。しかし、東イランの伝承は前四世紀にはすでに西イランに浸透している事実がある(三二六ページ)。また、東イランの伝承は西イランのメディアのそれとも共通点を有する場合のあることも知られている。

このような事実を考えあわせると、「クセルクセスの万国の門」と通称されている建物の西通用口(西通用門)、それに東通用口の牛人をも含めて、そこに設けられている巨牛が境界守護に任ずるものであることが明らかとなり、このモティーフの背景をイランの古代文献に指摘しうることになる。歴史や考古学、美術史に暗い筆者の、これは、まとはずれな考えかたかもしれないが、本邦では多くのイラン美術史家、同考古学者がこの巨牛にタッチされながら、こうした文献に言及されたかたのないのをいぶかりつつ、あえて披露におよぶ次第である。

さて、この通用口(西も東も同様)を通ると、その両側にある切石積みの壁柱《ジャンブ》の、たがいに向かいあった面の上方に一連の楔形文字碑文のあるのが目につく。西通用口では巨牛の体部の上方、東通用口では有翼牛人のぴんと張った片翼の上方にあたる。これがクシャヤールシャン(クセルクセス)一世のペルセポリス碑文a。一々の碑文のありかや出土地点をしるすことは、これでもわかるように、ひどく手がかかる。この碑文も、例のごとく、エラム、古代ペルシア、アッカドの三語版から成り、各語版は水平に配置され、エラム語版はつねに外方に位し、古代ペルシア語版はつねに中央に位し、したがってアッカド語版はつねに内方に位している(図版XIV)。ジャンブのおのおのに同一碑文がしるされているから、結局、碑文aは四本現存していることになる。もし南通用口にもあったとすれば、六本となる。つぎにその古代ペルシア語版を示そう。

XIV　クシャヤールシャン一世の「万邦の高楼(ドゥワルティ＝ウィサダフユ)」(ペルセポリス)

図版XIIIで触れた東通用口を中心にすえたもの．有翼牛人の片翼の上方にクシャヤールシャン一世のペルセポリス碑文 a が図示されている．左端(向かって)が内方でアッカド語版，つぎ(中央)が古代ペルシア語版，右端(外方)がエラム語版．左端下方の人物は階段をのぼって大基壇上に立ち，巨牛の配してある両ジャンブのあいだ(西通用口)に進もうとしている．そこのジャンブにも巨牛の体部の上方に上記碑文 a の位置が図示されている．左端(外方)がエラム語版，つぎ(中央)が古代ペルシア語版，右端(内方)がアッカド語版である．

クシャヤールシャン一世のペルセポリス碑文 a

偉大なる神はアウラマズダー――そはこれなる地界を創成し給い、そはあれなる天空を創成し給い、そは人の子を創成し給い、そは平安を人の子に創成し給い、そはクシャヤールシャンを王、多くのものどもの(ただ)一人《ひとり》の王、多くのものどもの(ただ)一人の命令者となし給うた。(一―六)

余はクシャヤールシャン、偉大なる王、諸王の王、多くの民を擁する諸邦の王、広大にして涯《はて》遙かなるこの地界の王、王ダーラヤワウの子、ハ〔ー〕カーマニシュの裔。(六―一一)

王クシャヤールシャンは告げる、アウラマズダーの御意によって、この万邦の高楼を余は造営した。このパールサには、余が造営しまた余の父が造営した美しい造作が、ほかにも数多い。目にとまる美しい造作――それはみな、アウラマズダーの御意によって、われらが造営したのである。(一一―一七)

王クシャヤールシャンは告げる、余をアウラマズダーは守り給え、そして余の王国をも。また、余の所造と余の父の所造――それをも、アウラマズダーは守り給え。(一七―二〇)

この碑文 a では、この建造物はドゥワルティ・ウィサダフユ duvarti- visadahyu-「万邦の高楼」

といわれている。ドゥワルティとは「高屋根の建物」という意味で、「門」の意味はない。ところが、エラム語版では「門＝万邦」、アッカド語版では「その名を万邦という門」とあって、どちらも建物を「門」とよんでいる。そのうえ、詳細に検討してみると、この建物は単に「万邦の」と呼んで通じていたこともわかる。つまり「黒門町の」というようなものである。古代ペルシア語では構造に重点をおいて「高屋根の建物」と表現し、他の二語では用途に重きをおいて「門」と表現しているということになる。本邦では「クセルクセスの万国の門」とだれもが呼んでいるので、古代ペルシア語のほうは意識的に捨ててエラム語かアッカド語のほうを採用しているわけであるが、実をいうと、古代ペルシア語ドゥワルティというのは、どうも怪しいとは思われながら多分「柱廊」の意味だろうとされていて、これを「高屋根の建物」だと解明したのは筆者、それも一九七一年のことである。

クシャヤールシャン(クセルクセス)一世のペルセポリス碑文には、一一五ページにも記したように、a―kがあり、新しく1が加わった。かなりの数であるが千篇一律の感があって、あまり変わりばえのしないほど似かよったものばかりである。というのは、碑文aの一―一一行はbの一―二一行、cの一―九行、dの一―一四行、fの一―一五行、hの一―一二行に再現し、eはaの六―一一行から「余は」と「多くの民を擁する諸邦の王、広大にして涯遙《はて》かなるこの地界の王」を削除したものだからである。そこで、碑文b、c、d、f、hは、碑文a一―一一行に相当する書き出しの部分は省いて、それにつづく部分のみを掲げることにしよう。

クシャヤールシャン一世のペルセポリス碑文**b**二一—三〇行
（二一=a一—一二）

偉大なる王クシャヤールシャンは告げる、余のここなる造作、および、さらに離れたるところにおける余の造作——それは、ことごとく、アウラマズダーの御意によって余が造営したのである。余をアウラマズダーは、神々とともに、守り給え、そして余の王国と余の所造をも。

これは、いわゆるアパダーナと通称されている建物の造営碑文。アパダーナについては一六一ページを参照ねがいたい。

クシャヤールシャン一世のペルセポリス碑文**c**九—一五行
（一—九=a一—一二）

偉大なる王クシャヤールシャンは告げる、アウラ・マズダーの御意によって、この合成宮《ハンディシュ》は余の父なる王ダーラヤワウ（一世）が造営した。（九—一二）
余をアウラマズダーは、神々とともに、守り給え、そして余の所造をも。また、わが父、王ダ

ーラヤワウの所造――それをもアウラマズダーは、神々とともに、守り給え。(一二―一五)

この碑文cについて特記すべきは、この碑文が、七一ページにダーラヤワウ一世のペルセポリスの宝庫として指摘した建物やその基壇の南壁に付刻されていることである。この碑文はクシャヤールシャン一世が父王の宝庫に追刻したもので、父王が「宝庫」と銘打っている建物をかれは「合成宮」と呼んでいる。筆者が合成宮《こうじょうきゅう》と訳したものは古代ペルシア語ハンディシュ handiš- で、この語はダーラヤワウ一世のスーシャー碑文fにも見いだされる(八一ページ)。もっとも、筆者のように解読したものはなく、一般には、ながいあいだ、これをハディシュ hadiš- と読んで「王宮」の意味に解していた。それは「すわる」「止住する」という意味の動詞 had-(サンスクリットの sad-)に -iš を加えて構成されたものだから「座所」「住居」の意味になるというのであった。しかし「座所」とか「住居」などの意味には、インドでは『ヴェーダ』以来 sádas- を用いているし、他の印欧諸語でもこの種の語形が慣用されているので、そういう意味の古代ペルシア語なら*hadah- でなければならない、ということになった。そこで had- と結びつけることはやめて、アヴェスター語の hadiš- と結びつけ、さらに、インド側ではヴェーダ語の sádhis- と同一視するほうがよいとされるようになった。アヴェスター語のハディシュは土産神《うぶすながみ》の意味で、中世ペルシア語では「家の神」と説明がつけられており、ヴェーダ語のサディスは「場所」の意味、したがって、古代ペルシア語ハディシュも、もともとは、「場所」の意味だが、そこから「王宮」の意味になるというのである。

このような立論はハディシュを是が非でも王の住むところとしての王宮の意味に解しようとする、堂々めぐりの論法である。筆者はここから抜け出して、この語を handiš- とよみ、「合成宮《ごうじょうきゅう》」の意味に解した。古代ペルシア語碑文では、語頭以外の n はしばしば表記されない。ガンダーラもガダーラと書かれ、バンダカ「臣僕、しもべ」もバダカと書かれている。handiš- の語根は dā- で、イラン語では「置く」と「結ぶ」を意味する。インドでは「置く」は dhā-、「結ぶ」は dā- であるから語形に区別があるが、イランでは dhā- も dā- となるので「結ぶ」の dā- と区別がつかない。この dā- に ham- を前接すると、ham- は音便で han- となる。この前接辞は「いっしょに、合わせて」などを意味するから、イラン語 han-dā- は「いっしょにする」および「結びあわす」を意味することになる。このような語形から han-d(ā)-iš- のごとく展開すれば handiš- となり、「(いろいろな材料を)寄せあつめること」から、そのようにしてできたものを意味することになる。このような過程をもっともよく示すものが、ダーラヤワウ一世のスーシャー碑文 f (八〇ページ)である。それゆえにこそ、handiš- は「(七宝)合成《ごうじょう》の宮殿」であり「合成宮《ごうじょうきゅう》」である。パレスを指していても、この語は重点をもっぱら建物の仕様において表現したものである。

こうして、ダーラヤワウのペルセポリス大基壇上の一建造物がタチャラ(七〇ページ)、アルダスターナ(七一ページ)、ハンディシュと三様に呼ばれることになるが、それぞれ、「別宮」「宝庫」「合成宮」を意味するから、すこしも支障や矛盾はない。それをただ漫然と、タチャラも王宮、ハディシュ(ハンディシュでなしに)も王宮、アルダスターナにいたっては窓枠、敷居と解していたのでは、あまりに能がなさすぎる。ここのハンディシュはアッカド語版では bi-it、エラム語版では Ul. Hi. id または uelmannuid となって、ともに「家」を意味する。しかし、建物にたいする命名法がこれら両語版と古代ペルシア語版とでは一致しないことのあるのは、いわゆる「クセルクセスの万国の門」について見てきたばかりである。古代ペルシア語版は「高屋根の建物」とてその仕様に即して呼んでいるのに、他の二語版ではあっさり「門」とよんで片付けている。文字どおり「王宮」の意味には別の古代ペルシア語を引きあてるべきである。

クシャヤールシャン一世のペルセポリス碑文**d**一五—一九行
（一—一四＝a一—一二）

偉大なる王クシャヤールシャンは告げる、アウラマズダーの御意によって、この合成宮《ハンディシュ》を余は造営した。余をアウラマズダーは、神々とともに、守り給え、そして余の王国と余の所造をも。

ここで合成宮《ハンディシュ》といわれているのは、一般に「クセルクセスのハディシュ」と通称されている建物で、ダーラヤワウ一世の宝庫の南東にあり、構造も父王の宝庫を拡大したような観があるので、宝庫の性格を有していたものではないかと思われる。

クシャヤールシャン一世のペルセポリス碑文e

クシャヤールシャン、偉大なる王、諸王の王、王ダーラヤワウの子、ハカーマニシュの裔。（一―四）

クシャヤールシャン一世のペルセポリス碑文f一五―四八行

（一―一五＝a一―一二）

王クシャヤールシャンは告げる、余の父はダーラヤワウ、ダーラヤワウの父はウィシュタースパといった。ウィシュタースパの父はアルシャーマといった。そして、ウィシュタースパとアルシャーマがともに存命していたときに、アウラマズダーはこのように欲し給うて、余の父ダーラヤワウ――かれを、この地界の王となし給うた。ダーラヤワウが王となったとき、すぐれたる多くのものを、かれは造営した。（一五―二七）

王クシャヤールシャンは告げる、ダーラヤワウには子がほかにもあった。アウラマズダーはこのように欲し給うて、余の父ダーラヤワウが玉座に着座し給うときは、余の父ダーラヤワウは

御自身《ご》に次いで余を最大者となし給うた。(二七―三四)

アウラマズダーの御意によって、余は父の王座に王となった。余が王となったとき、すぐれたる多くのものを余は造営した。余の父によって造営されたもの――それを余は保護し、また、ほかにも建物を余は付加した(abijāvayam>abiyajāvayam)。余が造営したもの、および余の父が造営したもの――それはみな、アウラマズダーの御意によって、われらが造営したのである。(三四―四三)

王クシャヤールシャンは告げる、余をアウラマズダーは守り給え、そして余の王国をも。また、余の所造と余の父の所造――それをも、アウラマズダーは守り給え。(四三―四八)

この碑文は、「ダレイオスとクセルクセスのハーレム」と通称されている建築(ペルセポリス大基壇上の南西部に位置する)の南西隅を修復中に発見された。一九三一年のことである。この部分は基底から新しく築きなおす必要があるので、高さ一メートルばかりの日干煉瓦を取りのけた。その下は、いつものように、小石や砕石をしきつめて基盤の岩床の表面を地ならししてあった。この煉瓦積みの真下にあたり、この小石のあいだから、古代ペルシア語碑文を造刻した石灰質の石板(五二×五八cm、厚さ六ないし一一cm)が出土した。これがこの碑文f。石板は硫黄の小片をしいてその上に載せられていたが、香木らしいものの残片も発見された。このような状況からみて、この碑石が本来の位置において発見されたことは明らかで、この建物の造営碑文とみるべきかどうか筆者には不明であるが、この碑文がこの建物と関係のあることは確実である。

ところで、この碑文のなかで、原文で示すと三〇—三六行であるが、この部分は一般に

余の父ダーラヤワウは御《ご》自身に次いで余を最大者となし給うた。余の父ダーラヤワウが王座から退かれたとき、アウラマズダーの御意によって、余は父の王座に王となった。

と訳されている。筆者が「余の父ダーラヤワウが玉座に着座し給うときは、……余は父の王座に王となった。」と訳している部分である。一般に「余の父……が王座から退いたとき」と訳されている原文は yaθāmaiy pitā……gāθavā ašiyava である。エラム語訳はないが、アッカド語訳には ul-tu muḫ-ḫi šá abu-ú-a………ina ši-im-it il-li-i-ki「余の父……が玉座に赴いたとき」とあって、「余の父……が王座から退いたとき」とはなっていない。古代ペルシア語版も文法形態に忠実に訳すれば、このアッカド語訳のようにしか解されない。gāθavā は gāθu-「玉座」の単数所格に後置詞 -ā を付したものであり、ašiyava はサンスクリットに翻じれば acyavat (cyu-「動く、行く」の未完了過去三人称単数)で、この運動の行きつく先きが「玉座に」として示されている。これを「王座から退いた」というふうに解するのは、まったくの誤りである。

では、どうしてこのような誤訳が通用しているのかというと、それは「御自身に次いで余を最大者となし給うた」pasā tanūm mām maθištam akunauš (三一—三二行)の意義が把握されていない

からである。pasā tanūm は「身体ののちに」という意味であるが、ここの tanū-「身体」は「自身」の意味であるから、pasā tanūm maθišta- とは、王からみれば「自身ののちの最大者」、子クシャヤールシャンからみれば「御《ご》自身ののちの最大者」の意味となる。この「(王)自身につぐもの」というポストは、パルティア＝アルシャク朝期にはパシャー・グリーウ Pašāgrīw といった。パシャーは「のちに」、グリーウは「首」の意味から「自身」を意味するので、パシャー・グリーウ「(王)自身ののちのもの、(王)自身につぐもの」は古代ペルシア語のパサー・タヌーム「(王)自身につぐもの」、くわしくいえば、碑文にあるパサー・タヌーム・マスィシュタ「(王)自身につぐ最大者」と同じものである。

この、王について最高の位置にランクされているものは、サーサーン朝期にも、中世ペルシア語 Pasāgrīw パサー・グリーウで知られている。ソグド語(中世イラン語の一)では「第二の王」(dbtyq xšywny, δyβty γwt'w)という表現があるが、これはパルティアの影響をうけたものである。パルティアの影響をもっともよく示しているものはアルメニアである。アルメニアとイランとの関係は、記録にみえるだけでも、宿命的なものがあった。ハカーマニシュ朝期の碑文にいく度となくあらわれていることは、すでに見てきたとおりである。パルティア＝アルシャク朝時代でもこの関係は、もっとも迂余曲折はあったが、ローマ帝国とパルティアとの、アルメニアをめぐる争奪戦といえるものでもあった。

その一例であるが、西紀後五八年、ローマ軍はコルブルス・ドミティウスに率いられてアルメニアに進撃した。パルティアはゴルガーンに対アルメニア援軍を集結したが機を失し、六〇年までにアルメニア全土はローマ軍に席捲された。六三年に、アルメニアに関して、ローマ、パルティア間に新しい条約が成立した。アルメニアは、それに従って、アルシャク王家の縁族が西紀後六三―四二八年にわたって君臨することになった。このようないきさつもあって、サーサーン王朝の開祖アルダクシール(アルダシール)一世がアルメニアに兵を進めたときも、アルメニアははげしくペルシアに抵抗した。時のアルメニア王コスロウは、ペルシア軍を防ぐ手段を見つけたものを「おのが王国の第二の地位」(erkrordakan gah iwroy tērut'eann)につけようと約束した。パルティアの貴族アナクがこれに応じたので、王は約束を再確認し、ローマに復讐が成功したら、アナクのパルティアの世襲地を回復しパルティアの王位を授け称揚しよう、「そして御身は『余につぐ第二の者』(erkrord inj)とよばれるであろう」と言った。アナクには王刺殺の邪心があった。それを秘して近づいたアナクを王は引き挙げて王国の「第二の王座」(erkrord at'or)にすわらせた。これはのちに王にとって悲劇の因となるが、それはともかくとして、ここにみえる「おのが王国の第二の地位」とか「余につぐ第二の者」(いずれも王からいって)とか「第二の王座」とかいう表現は、パルティアのパシャー・グリーウ、サーサーン朝のパサー・グリーウと同じ概念である。アルメニアには、このほか、単に「第二位」(erkrordut'iwn)という表現もあり、王の「首座」(naxagahut'iwn)のすぐつぎに位する重要な地位である。サーサーン朝期のパサー・グリーウはラテン語では「王につぐ第二位」(secundum post regem)などと表現されている。

こうした「王につぐもの」のもっとも古い例証が、クシャヤールシャン一世のペルセポリス碑文fにみえるパサー・タヌーム・マスィシュタであるとÉ・バンヴニスト(Benveniste)は指摘する。右にあげた一連のどの場合でも、それは、次期の王位を約束されたものではない。アナクの場合でも、成功したとしても、パルティアの王となる約束で、アルメニアの王コスロウのあとをついでアルメニアの王となるのではなかった。ところが、クシャヤールシャンの場合は、かれはダーラヤワウ一世のあとをついで王位についたので、「王につぐもの」と「皇太子」とが同じものとなっている。これは、かれの場合、たまたま、二つの条件がかれの一身に集まったためで、「王につぐもの」とは皇太子とか、次期の王位の担い手などとは関係のない地位である。このようにして、碑文fをみると、クシャヤールシャンは「わたしの父(ダーラヤワウ一世)が玉座に着座するときは、いつもわたしを『王につぐもの、王のうしろにあって、すなわち、王についで、もっとも高い地位にあるもの』として、遇してくれた」といっていることがわかる。

これを表象したものこそ一連のレリーフである。例えば、ペルセポリスの宝庫「九十九柱の間」の東方の中庭で発掘された浮彫りのパネル(テヘラン博物館蔵、二枚)で、二基の聖火壇を中にはさんで、左(向かって)にはダーラヤワウ一世が椅子《いす》(玉座)に腰かけ、右には祭司が従者を従えて立って

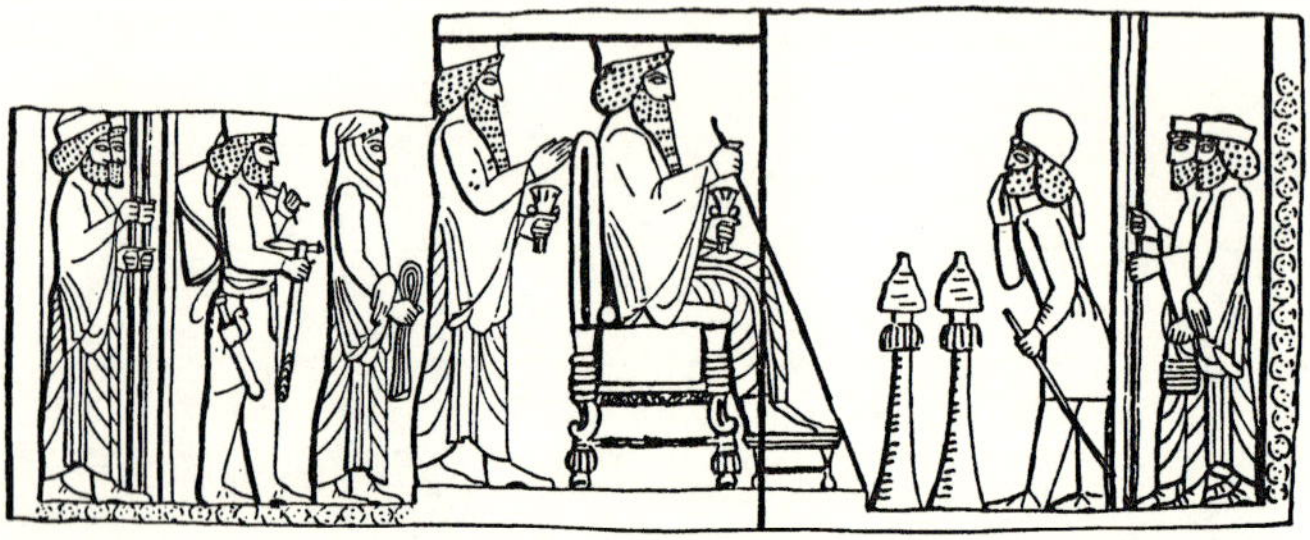

XV 「王につぐもの」としてのクシャヤールシャン一世と
玉座に倚るダーラヤワウ一世

いる(図版XV)。大王の背後には、椅子のすぐうしろにクシャヤールシャンが立ち、そのまたうしろに大王の従者がつづいている(中央の従者は有名なアキナケス剣をたずさえている)。クシャヤールシャンの頭頂は大王のそれと同じ高さであるが、従者は基壇も大王やクシャヤールシャンのそれとは一段低く、聖火壇や祭司およびその従者らのそれと同一水準にあるほか、身長も大王およびクシャヤールシャンの首のあたりにとどまっている。この浮彫りの出土位置は人目にもつきにくいところである。それは浮彫りの本来の位置ではなく、他所からそこに移されたものであろう。では、その「他所」とはどこか。筆者は碑文fの発見された建物であるとみたい。そうすると、「ダレイオスやクセルクセスのハーレム」と通称されている建物はむしろ、クシャヤールシャン(クセルクセス)一世が「王につぐもの」としてランクされていた時期に、この建物を建造使用していたものと解される。「ダレイオスのハーレム」となれば王妃アトッサの居室ということになるが、かの女は大王クル(キュロス)二世の娘、門閥や地位からいって当代最高の女性である。クシャヤールシャンが異腹の長兄や末弟をおしのけて王位継承者や「王につぐもの」とされたのも、その母アトッサの力によるものとみられる。それほどのかの女だったのである。そのような女性をあるじとして迎えるには、建物はあまりにも狭すぎる。この浮彫りと類似のモティーフは「三門宮」「中央宮」などとよばれている建物(七一ページ)の東ジャンブ(側壁柱)やアパダーナと通称されている建物(七一ページ)の北ジャンブにもみられる。R・ギルシュマンは、ダーラヤワウがおのが子クシャヤールシャンとおのが従者とを従えているから、これらの浮彫りはダーラヤワウの治世にさかのぼるといっているが、もっと詳細に掘りさげてみると、大王自身に帰すべきか、アトッサに帰すべきか、それとも「王につぐもの」としてのクシャヤールシャンに帰すべきか、断定することはなかなか困難である。

クシャヤールシャン一世のペルセポリス碑文h 一二―六〇行
(一一―一二‖a 一―一一)

パールサ人《ひと》、パールサ人の子、アルヤ人《ひと》、アルヤの苗裔。(一二―一三)
王クシャヤールシャンは告げる、アウラマズダーの御意によって、これらが、パールサのほかに、余が王となった(āhām>āham)邦々。余はそれらに君臨し、かれらは余に貢物をもたらした。かれらに余より言いわたされたこと――それを、かれらは実行した。余の律法――それがかれらを拘束した。マーダ(メディア)、ウージャ(エラム)、ハラウワティ(アラコシア)、アルミナ(アルメニア)、ズランカ(ドランギアナ)、パルサワ(パルティア)、ハライワ(アレイア)、バークトリ(バクトリア)、スグダ(ソグディアナ)、ウワーラズミ(コラスミア)、バービル(バビロニア)、アスラー(アッシリア)、サタグ(サッタギュディア)、スパルダ(サルディス)、ムドラーヤ(エジプト)、海浜に住んでいるところの(tᵃya>tᵃyaiy)ヤウナ(イオニア)人と海の向こうに住んでいるところの(かれら)、マカ人、アラバーヤ(アラビア)、ガンダーラ、ヒンドゥ、カトパトゥカ(カッパドキア)、ダハ族(ダハエ族)、ハウマ崇拝のサカ族、尖帽のサカ族、スクドラ(トラキア)人、アーカウファカ人、プト(リビア)族、カルカ(カリア)人、クーシャ(エチオピア)人。(一三―二八)

王クシャヤールシャンは告げる、余が王となったとき、上に記《しる》されたこれらの邦々のうちには動乱するものがあった。のちに、余にアウラマズダーは佑助を賜わった。アウラマズダーの御意によって、余はその(ava>avām)邦を討ってその所に安んぜしめた(nišādayam>niyašādayam)。(二八―三五)

また、これらの邦々のうちには、かつてダイワの崇められていたところがあった。そこで、アウラマズダーの御意によって、余はそのダイワ殿《でん》を破壊して禁令した(patiyazbayam)、ダイワは崇められてはならぬ、と。かつてダイワが崇められていたところ——そこにて余は、アウラマズダーを、天則に従いかつブラズマン(祭枝)をもってまつった。(三五—四一)また、そのほかにも、粗放な出来《でき》に造営されたものがあった——それを、余は美しくした。余が造営したこれは、みな、アウラマズダーの御意によって、余は造営したのである。アウラマズダーは、余が造営を成しとげるまで、余に佑助を賜わった。(四一—四六)

これからのち、汝がだれにせよ、もし汝が「わたしは生きては平安者となりたく、また死しては天則者となりたい」と思うならば、アウラマズダーが定め給うたかの律法を汝は尊べよ、アウラマズダーを汝は崇めよ。アウラマズダーが定め給うた(niŝtāya＞niyaŝtāya)かの律法を尊び、かつアウラマズダーを天則に従いかつブラズマンをもってまつるひと——かれは、生きては平安者となり、また死しては天則者となる。(四六—五六)

王クシャヤールシャンは告げる、余をアウラマズダーは不祥より守り給え、そして余の王家を、かつまたこの国《ダフユ》をも。これを余はアウラマズダーに乞い願う。これを余にアウラマズダーは許与し給え。(五六—六〇)

この碑文は、いわゆるダイワ崇拝禁止碑文として有名である。宗教史的に興味のあるのはその点ばかりでなく、アウラマズダーを「天則に従いかつ祭枝をもって」(artāčā brazmaniya)まつるとか、あるいは、そのように行動するものが現世と来世に福をうけることを、生きては「平安者」(šiyāta-)となり死しては「天則者」(artāvan-)となる、と言っているなど、注目すべきものがあるからである。筆者は、いちおう、このように訳しておいたが異論の余地があり、この訳で問題がすべて解決したわけではない。

「祭枝をもって」とは『アヴェスター』の「祭枝」(barəsman-とここのbrazmaniyaとを同一視したものである。バルスマンというのは、ザラスシュトラ(ゾロアスター)教の祭官が神をまつるときにたずさえる聖枝である。はなしが専門化して恐縮であるが、エラム語やアッカド語にみえる写音からすればbrazmaniyaとよむのが正しく、barzmaniyaとはよみにくい。barzmaniyaならbarəsman-に近づくが、brazmaniyaならサンスクリットのbráhman-「祈禱」と近くなる。そういう点からも、「天則に従いかつブラズマン(祭枝)をもってまつる」というところを「正しい時にかつ祭式に従ってまつる」と解すべきだとの説もある。

また、筆者が「天則者」と訳したことばはartāvan-である。この語はarta-「天則」に-vanを接尾したもので、もっとも普通なうけとりかたをすれば、天則にかなう者、天則に合致するもの、天則を身にそなえた者、などの意味であるが、至福者、聖なるもの、精霊、その他種々な意味にも解されている。そういう論議もゆるがせにできないが、筆者の重視したいのは、救済は死後、来世にのみ求められず、一定の条件をみたせばこの現世においてすでに死後の救いを約束されるとする考えかたが、この碑文に見られることである。この考えかたはダーラヤワウ一世のビーソトゥーン碑文第五欄一八―二〇行、三三―三六行（四九、五〇ページ）にも見いだされる。現当二世に救われたる者は、現世においてすでに「平安なるもの」（šiyāta-）である。シャータとは邪悪不祥なものとはなれ、静寂で歓喜に充ちた境地をさす。かかるものが死後、天則者になるとは、おそらく、アウラマズダーの天国にその陪神アルタ＝アシャ（『アヴェスター』ではアシャという）が臨在し、光明とともに見られるそのアルタ＝アシャの至福にあずかることであると考えられる。ダイワは人をあざむいてこの果報を奪い去るからこれをまつってはならない――この碑文の主旨は、おそらく、そのように理解してさしつかえないと思われる。そのようなダイワであるが、このダイワとはバビロニアの諸神だとする説も古くから行われているものの、われわれの知識では、ダイワとはかくかくしかじかの神といって一々その名を具体的に示すことはむずかしい。ただ、概論的にいえることは、ダイワとはザラスシュトラ（ゾロアストラ、ゾロアスター）の排斥した「神々」とも同一視することができる、ということである。

アルヤ人、すなわち、インド・イラン世界の神々は大別すると、アスラ*asura-とよばれるグループとダイワ*daiva-とよばれるグループにわかれる。アスラはイランではアフラahura-――古代ペルシア語ではアウラaura-――となり、ダイワはインドではデーヴァdeva-、イランでも『アヴェスター』ではダエーワdaēva-といっていた。アスラ神群に属するのは、インドではヴァルナ、ミトラなどがあり、またダイワ＝デーヴァ神群に属するのはインドではインドラ、ルドラ（シャルヴァともいう）、アシュヴィン（ナーサトヤともいう）双神、等々がある。これらの神々をカースト的に分類すると、アスラ神は祭司階級、デーヴァ神はインドラやルドラのように戦士階級とみられるものと、アシュヴィン双神のように庶民階級とみられるものの二群にわかたれる。もちろん、このように分類しても、神々の演じる役割がカースト的に決定されていて融通のきかないものでもないし、また、このような分類では分類しきれない神々、例えばヴァーユ神のごときものもまた存在するが、いまは、そのような点をくわしく追及する必要もないので、この程度で打ち切り、これらの神々がイランでどのように受けいれられているかを見ることにしたい。

イラン側の受けとりかたを知る資料は、ほとんど、『アヴェスター』にかぎられているといってもよいが、その『アヴェスター』ではアスラ神ヴァルナの名は見あたらず、アフラ・マズダーがこれにかわって登場する。マズダー mazdā- とは「知あるもの」という形容詞で、ヴァルナの形容詞メーディラ médhira-「知あるもの」と語根を共通にする。インドとイランに共通する語形として *mazdhā- を立ててみよう。インドでは z が消失し a が代償的に e（エー）となる。そうすると *medhā- ができる。これに音韻変化を加えて -i-ra を接尾すると medh(ā)-i-ra- となる。イランでは共通語形の dh を d にかえただけで事足りる（mazdā-）。さきにものべたように、インドのアスラはイランではアフラとなる。この語は神とか主の意味で用いられているから、アフラ・マズダーとは「全知にましますアフラ」「全知の神」の意味で、ヴァルナが「全知におわす主《アスラ》」であるのと、きわめて近い表現である。しかも、アフラ・マズダーの名はザラスシュトラ以前に知られていたという確証はないから、この神はかれの創唱したものと筆者は主張したい。他方、ヴァルナとならんでアスラ神群に属するミトラ神――これは、イランでは、ミスラ神として登場する。この神については、ダーラヤワウ一世が王位継承者として決定されたときの事情に関連して、すでに触れた(一七ページ)。

インドではミトラとヴァルナをならべてあらわすときはミトラー・ヴァルナーというが、イランではミスラー・アフラーといっていた(九八ページ)。

この神群にたいし、ダイワ＝デーヴァ神群のほうをみると、『アヴェスター』ではインドラ、ルドラ＝シャルヴァ、アシュヴィン＝ナーサトヤ双神はみな悪魔とされ、それぞれ、インドラ、サルワ、ノーンハスヤの形で登場する。イランでは一般に、ダイワ(『アヴェスター』ではダエーワという)は「悪魔」の意味で用いられ、これを「神」の意味で用いるインドとは反対の立場にある。これはインド・イラン的相反とよぶ現象である。だから、インドではアスラの語が時代を降るにつれて悪い意味で用いられるようになり、ついに「悪魔」となったり、仏教のように迷界六道(地獄・餓鬼・畜生・修羅・人間・天上)の一つとしての修羅になったのも理解できよう。修羅とはアスラ(阿修羅)の訛略である。このインド・イラン的相反がすべてザラスシュトラの創唱にもとづくものと筆者は主張するものではないが、クシャヤールシャンのダイワ崇拝禁止碑文（ペルセポリス碑文h）は、このようなインド・イラン的相反とザラスシュトラの教えと、この二つを考えあわせて解釈すれば、基本的な線は理解できるように思われる。

ザラスシュトラの教えとはアフラ・マズダーを最高神としてあがめ、それをとりまくいく柱かの陪神をみとめ、インド・イラン的には神であるダイワを魔として排斥する立場である。ザラスシュトラによれば、宇宙の森羅万象を統括する理法はアシャ「天則」で、アフラ・マズダーはこれを創成し、かつみずから創成したこの「天則」によって神自身をも律する。この天則にかなうものは天則者すなわち義者（ašăvan-）で、これに反するものは虚偽者すなわち不義者（drəgvant-）である。この天則はまた光寿無量のアフラ・マズダーの天国にある。だから、そこにある歓喜至福は「光明とともにみられるアシャの至福」とよばれる。善思善語善行してアフラ・マズダーの意にかなうものは「富者、福者」とされてこの天上の果報を約束されるが、まだその段階に至らないものは「貧者」として、「富者」となることを目標に努力する。このように重要な「天則」は、インドではリタ ṛta-、古代ペルシア語ではアルタ arta-、アヴェスター語では独特ななまりでアシャといっている。この天則と対立する「虚偽」（drug-）は擬人化されてもあらわれ、それに従うものは前述した「不義者」である。天則を愛し不義を悪《にく》むザラスシュトラの精神は、ダーラヤワウ一世の碑文にみえる精神ときわめて近い。かれの王名そのものにもこの精神がうかがわれる（三二六ページ以下）。すなおに解すれば、大王の碑文はザラスシュトラの精神がバックボーンとなっているとみられる。このことは大王の最初の碑文ビーソトゥーン第四欄六一—六九行(四三ページ)から最後の碑文とみるべきナクシェ・ロスタム碑文aの五六—六〇行(九六ページ)、同b五—一三行(一〇〇ページ)まで、首尾一貫してかわらない(なお、後説一八四ページをも参照のこと)。では、どのような経路によって東イランのザラスシュトラの教えが西イランに流入したのであろうか。

西紀前五二九年、クル(キュロス)二世がマッサゲタイ討伐のため東方に遠征して戦死したことは、さきに述べた(一〇ページ)。この遠征に、ダーラヤワウは二十歳だったので参加しなかったが、父のウィシュタースパは従軍した。ところが、後述するような事情があって(二七二ページ)ウィシュタースパはパールサに引きかえし、ダーラヤワウを監視することになった。この遠征でペルシア軍はアラクセス川をこえて進撃したが、この川が、じつは、現在の地理に比定することができないので残念である。この東方遠征にさいして、ウィシュタースパはザラスシュトラの教義に触れる機会をもったと考えることができる。ザラスシュトラの生没年は確定しにくいが、ザラスシュトラ教徒の伝承によると、かれは三十歳で啓示をうけ、四十二歳のときウィーシュタースパ王を入信させ、七十七歳で逝世したとされている。これをもとにして、かれの年譜を作成してみると、つぎのような四本を得ることができる(二一七ページ参照)。

(1) 前六六九、前六三九、前六二七、前五九二

(2) 前六六〇、前六三〇、前六一八、前五八三
(3) 前六三一、前六〇一、前五八九、前五五四
(4) 前六三〇、前六〇〇、前五八八、前五五三

数字は(1)(2)(3)(4)ともに上から順次にザラスシュトラの出世年次、啓示を受けた年次、ウィーシュタースパ王を改信させた年次(この王はダーラヤワウ一世の父とは別の人物)、および没年で、拠ったテキストは(1)は『ザートスプラムの撰集』、(2)は『アルダー・ウィーラーフ・ナーマグ』、(3)は『ダベスターン』、(4)は『ブンダヒシュン』で、(3)が近世ペルシア語(十七世紀)であるほかは中世ペルシア語書。筆者がこんな数字まで示すと、それが絶対確実な根拠に立っているものとか、あるいは、学界の一般趨勢がこれを認める方向にあるなどと思われるかもしれないが、そうではない。学者によってはそれよりもはるかに古い年代を主張する向きがあるし、また、どんな年次をも根拠薄弱として否定し去るものも多いのである。そうしたことをじゅうぶん承知しながらも、伝承をすべて否定し去ることがかならずしも学問的な態度ではないだろうし、また、このような数字を出すことができれば筆者の論議にもプラスになるだろう、と考えて、あえてこのような試みをするのである。

こうして、いま、この年譜をみると、西紀前五二九年は、ザラスシュトラの逝世後半世紀あまり。東イランにはかれの教えが生きていた時期と考えられる。ウィシュタースパはこれを導入して、子

ダーラヤワウの王権を固めるのに有力な支柱とした。かれらにとっては、大王とアウラマズダー（アフラ・マズダーの古代ペルシア語形）があればよいので、ザラスシュトラは無用であった（一九六ページ）。かれを大王と神とのあいだに介在させると、王権と神とのつながりを弱めるばかりである。ペルセポリスの人名録ともいうべきタブレットが発見されており、その人名にはザラスシュトラ教的要素を名前につけているものが、きわめて少ない。そういう事実から、大王の立てるアウラマズダーをザラスシュトラのそれとは別個のものと見る向きもあるが、大王をとりまく一群の人たち、このエリートたちがザラスシュトラ教的要素と無縁であっても、すこしもさしつかえはなかった。アウラマズダーは、いまや、ザラスシュトラのそれでなく、大王のそれであった。それによって王権が安定すれば、なにも言うことはない。これについて想起されるのはサーサーン朝期の大王やカルデールの碑文である。中でもカルデールはザラスシュトラ教を国教とすることに絶大な努力を払った人物として有名である（二〇一ページ）。かれはその碑文に「教え」の復興に挺身したことを述べながらもザラスシュトラの名をあげてはいないのである。

そのようなわけで、碑文にみえる大王の「アウラマズダー教」は、おおまかな方向においてザラスシュトラの教えに合致すれば、細部の相違は問題とする必要がなかった。クシャヤールシャンのペルセポリス碑文h五五―五六行によると「死後、天則者(artāvan-)となる」とあるが、ザラスシュトラはかれの教えに従うものを生前、すでに「天則者、義者」(ašāvan-)とよび、死後を待たないのである。しかし、このような相違は、大王にとっては、大したことではなかった。だから、このような相違から、大王のアウラマズダーとザラスシュトラのアフラ・マズダーを別個のものと主張するのは、筆者には賛成しがたいのである。

筆者はクシャヤールシャン（クセルクセス）のダイワ崇拝禁止碑文について、いくつかの問題をとりあげてみた。この碑文ばかりではない。同じかれのペルセポリス碑文fについても、ややくわしく取扱った。この大王の碑文には、内容からみると問題になることが少なくないが、形式的には父王のものを模倣し、かわりばえのしないものばかりである。取扱いの順序がペルセポリス碑文aを出発点にしたので、その冒頭の一―一一行がその他の碑文にいかに繰りかえして用いられているかを示し、この繰りかえしの部分はすべて省略して取りあげてきた。しかし、この冒頭の部分にしてもクシャヤールシャンの創作ではなく、父王ダーラヤワウ一世のナクシェ・ロスタム碑文a一―一三行に所要の変更を加えたり、一部を改めたりしたものにすぎない。一事が万事のたとえ、極言すれば、クシャヤールシャンの碑文は父王のそれの忠実な「まねび」で、小心翼々として前代のものに違《い》せざらんことをこれ求めた、とでもいうべきか。しかし、それでも、造営碑文などは、父王と同じ事業を企てたのだから碑文だって同じ調子で当然といいうるかもしれない。この弁護はみとめていいかもしれないが、すでに述べた新出の碑文1（クセルクセスのペルセポリス碑文1）（九九ページ）にいたっては、もはや弁護の余地もない。それは、父王のナクシェ・ロスタム碑文bをそっくり譲りうけたようなものであるが、困ったことに、この父王の碑文はダーラヤワウが自身の身心の特質を記したものである。これをそのまま襲用したようなクシャヤールシャンの碑文は、かれが身心においても父王とそっくり同一だとでもいうのか。当時はこういうようなことをしても問題にはならなかったらしい。

しかし、ギリシア側の資料から描き出されるクシャヤールシャンのイメージは、かれが碑文に謳っているものとは、かなり隔たりがある。アイスキュロスの『ペルシア人』では、かれは暗愚で思慮に欠ける人物として父王といちじるしい対照をなしている。もしこれが王の実像とすれば、まったく話しにならないが、ヘロドトスの描く王にしても決断力に欠け、よく言えばやさしい心情の持ち主であるから、断乎たる決断力を誇示する王の碑文とは一致していないのである。常套句やきまり文句を性懲りもなく繰りかえしている諸碑文をみて、読者は食傷気味になられたことと思うし、第一、この筆者のほうがすでに悲鳴をあげている。しかし辛抱は持ちつづけてこそ甲斐があるものと自分に言いきかせて、問題の碑文をつぎに訳載しよう。

クシャヤールシャン一世のペルセポリス碑文1

偉大なる神はアウラマズダー――そは見られるごとき、このすぐれたるものを創成し給い、そは平安を人の子に創成し給い、そは知慧と敢為を王クシャヤールシャンの上にくだし給うた。

(一―五)

王クシャヤールシャンは告げる、アウラマズダーの御意によって余はかくのごときものである、すなわち、余は公正を愛好するものにして余は不正を愛好するものではない。また弱者が強者のゆえに不正を加えられることも余の欲するところでなく、また強者が弱者のゆえに不正を加えられること――かかることも余の欲するところではない。公正の(行なわれる)こと――それが余の欲するところ。虚偽なる人を余は愛好するものでない。(五―一四)

余は激しやすきものではない。余(の心のなか)において(怒りの)葛藤にあるとも、(それを)余はつよく抑止する。余はおのが心をつよく制御するものである。(一四―一七)

協力する人――協力に応じてそのようにかれを余は賞し、加害するもの――かれを、加害に応じて余は罰する。人が加害することは余の欲するところでなく、加害しても罰せられぬということ――これも余の欲するところではない。人が人について(ざんげんして)言うところの($h^{a}ya>taya$)こと――それは、両者の発言を余が聞くまでは、余には信憑されないのである。

(一七―二六)

人がかれのその能力に応じてなし、あるいは、もたらし来たもの――(それに)余は満足をおぼえ、また(それは)余の大いに欲するところであり、かつ、(それに)余は好感するものにして、忠勤なる人々に余は厚く施すものである。(二六―三一)

余の判断と決断はかくのごときものでもある、すなわち、家にあってにせよ、戦場にあってにせよ、余によりてなされたることを汝が見、あるいは、聞くとき、それは、考察と判断にもとづく余の敢為さであるぞ。すなわち、これが余の敢為さである、いわく、余の身体が有能であること――戦士として余はすぐれた戦士であり、ひとたび戦場において、余は敵を見ているのかそれとも見ていないのかということが余の判断に委《ゆだ》ねられるとき、判断と決断とをもって、そのとき、余は、(相手方が)「はたして余は敵を見ているのか、それとも見ていないのか」と判じあぐねているのに(よく)機先を制して判断をくだす。余は心の活発に動くものである。(三一―四五)

手をもっても足をもっても、騎者として余はすぐれた騎者である。歩者としても騎者としても、弓者として余はすぐれた弓者である。歩者としても騎者としても、余は槍者としてすぐれた槍者である。(四五―五〇)

アウラマズダーが余の上にくだし給うたこれらの練達さ――それを、アウラマズダーの御意によって、余は揮うことができた。余による所成は、アウラマズダーが余の上にくだし給うたこれらの練達さによりて、余はなしたのである。(五〇―五五)

余をアウラマズダーは守り給え、そして余の所成をも。(五五―五六)

父王のナクシェ・ロスタム碑文bとくらべると、結びの部分が異なるだけといってもよいほど、両者は同一で、相違は微々たるものである。父王のように堂々たる告辞を末尾につけなかったのは、クシャヤールシャンの性格に出たものか、その辺のことは不明である。この碑文の功績といえば、父王のものに多くみえる欠損部分を復原する手助けになったことであろう。

クシャヤールシャン(クセルクセス)一世には、これまでに挙げたもののほかにも、いくつかの碑文があるが、引用しても変化にとぼしいものばかり。

クシャヤールシャン一世のペルセポリス碑文j

余はクシャヤールシャン、偉大なる王、諸王の王、諸邦の王、この地界の王、王ダーラヤワウの子、ハカーマニシュの裔。

王クシャヤールシャンは告げる、このタチャラを余は造営した。(全文一行)

ここでタチャラとよばれている建物は、同王ペルセポリス碑文dでハンディシュ(合成宮)といわれているものである(一二九ページ)。クシャヤールシャン一世のスーシャー碑文aは、かれのペルセポリス碑文c九—一二行から冒頭の「偉大なる」を削除したものにすぎないし、スーシャー碑文cもつぎのようなもので新味はなく、しかも、ほとんど全部が復原されたものである。

クシャヤールシャン一世のスーシャー碑文c

余はクシャヤールシャン、偉大なる王、諸王の王、諸邦の王、王ダーラヤワウの子、ハカーマニシュの裔。(一—二)

王クシャヤールシャンは告げる、この合成宮《ハンディシュ》は、余が王となってのちに、余が造営した(*akun-*ām>akunavam)。(三—四)

このことを余は恩典として、アウラマズダーに乞い願う。余をアウラマズダーは、神々とともに、守り給え、そして余の王国と余の所造をも。(四—五)

かれのエルヴァンド碑文については、父王ダーラヤワウ一世のそれをしるすさいに、父王の碑文との相違点もあげて、すでに述べた(一〇五ページ)。クシャヤールシャン一世のヴァン碑文というのは、かれのペルセポリス碑文a一—一一行につぎの文をつぎ足したものである(ヴァン碑文一—九行は同王ペルセポリス碑文a一—六行、ヴァン碑文九—一六行は同六—一一行にあたる)。

クシャヤールシャン一世のヴァン碑文一六—二七行

王クシャヤールシャンは告げる、余の父なる王ダーラヤワウ——かれは、アウラマズダーの御意によって、美しき多くのものを造営した。また、このスターナをかれは掘ることを命じたが、そこに碑文は書きつけさせなかった。のちに、余はこの碑文を書きつけることを命じた。(一六—二五)

余をアウラマズダーは、神々とともに、守り給え、そして余の王国と余の所造をも。(二五—二七)

文中にみえるスターナ stāna- とは「場所、個所」の意味であるが、碑文を彫りつけるために岩壁面にくぼみをつけた部分のことであろうとされ、一種のニッチ(壁龕)とみられている。

最後に、クシャヤールシャン一世のハマダーン碑文をみよう。これは銀製水瓶の刻文で

王クシャヤールシャンの王家にてつくられた………

という簡単なもの。「………」の部分には「水瓶」の語があったものと考えられている。

クシャヤールシャン(クセルクセス)も、かれなりに、多くの碑文を作成したといえる。しかし、前代、父王の碑文を、言いまわしや詞句においてそのまま踏用したもので、必要に応じて、文中の

一部をさしかえたにすぎず、創作ののみの跡はほとんど見いだすことができない。かれの時代には、ペルシア語は古代語としての特質を放棄しはじめていたようにおもわれる。代名詞形ではava(正しい形はavām――一三八ページ)、h^{a}ya(正 t^{a}ya――一五〇ページ)のような誤用がみえるが、動詞にはもっと注目すべきものがある。「余はあった」がāhām(正 āham――一三七ページ)、「余は造営した」がakunām(正 akunavam――一五三ページ)というふうに語末に -ām をつける現象もそうであるが、「余は付加した」がabijǎvayam(正 abiy-a-jǎvayam――一三一ページ)、「余は安んぜしめた」がnišādayam(正 niy-a-šādayam――一三八ページ)、「かれは定めた」がništāya(正 niy-a-štāya――一三九ページ)となって増辞(アウグメントともいう)a(ここではとくに -a- として示した)を失っている点が注目される。この増辞は過去の時制を示す標識として重要であり、もちろん、これをそなえた形もあるが、そうしたなかにまじって、それを失った語形がちらついているということである。このように増辞をもたない過去形(専門的にいうと未完了時制。動詞の現在幹に二次活用語尾を付してつくる)は西紀後三世紀末にはまだ指摘することができるが、現在時制と区別がつきにくいために廃用されたといわれている。中世語では、過去時制は過去分詞の崩れた形に助動詞を併用したりして受動表現で示されるようになった(他動詞の場合。自動詞の場合は能動表現)。また、はじめに示した代名詞形についてみると、avaは女性単数対格形avāmとあるべきを誤って中性単数対格とし、h^{a}yaは中性単数対格形t^{a}yaとあるべきを誤って男性単数主格形としたもので、代名詞のこのような乱用は、ハカーマニシュ朝晩期の碑文に多く指摘される現象である。一一二ページをも参照ねがいたい。読者は、この程度のミスなら大したものではないといわれるかもしれないが、「気をつけているんだが、つい尻っ尾を出してしまった」というふうに見たい現象である。古代語がくずれて中世語へのなだれが日用語でははじまっていた、それに抗して「正調」古代語でやろうとしたが調子がはずれてしまった――そう言いたい現象である。だから、一般論としては、ペルシア語の古代語層はダーラヤワウ一世の碑文までが「正調」といいうるのである。

五　アルタクシャサ(アルタクセルクセス)一世

クシャヤールシャン(クセルクセス)一世は子アルタクシャサ(アルタクセルクセス)一世(在位　前四六五―前四二四)によって暗殺された。アルタクシャサ一世の時代にペルセポリスの造営は大詰めを迎えた。かれのペルセポリス碑文aというのが残っているが、古代ペルシア語版は左辺をわずかにのこしたはなはだしい断簡で、これも同様なアッカド語版をたよりに、全文二十四行に復原されている。

アルタクシャサ一世のペルセポリス碑文**a**

偉大なる神はアウラマズダー――それはこれなる地界を創成し給い、それはあれなる天空を創成し給い、それは人の子を創成し給い、それは平安を人の子に創成し給い、それはアルタクシャサ(一世)を王、多くのものどもの(ただ)一人《ひとり》の王、多くのものどもの(ただ)一人の命令者となし給うた。(一―八)

余はアルタクシャサ、偉大なる王、諸王の王、多くの民を擁する諸邦の王、広大にして涯遙《はて》かなるこの地界の王、王クシャヤールシャンの子、ダーラヤワウ(一世)の孫、ハカーマニシュの裔。(九―一六)

偉大なる王アルタクシャサ(一世)は告げる、アウラマズダーの御意によって、この合成宮《ハンディシュ》は余の父なる王クシャヤールシャン(一世)が先きに(起工し、そして)、のちに、余が造営(を完了)した。余をアウラマズダーは、神々とともに、守り給え、そして余の王国と余の所造をも。(一七―二四)

これはクシャヤールシャン一世のペルセポリス碑文c一―一三行に所要の変更を加えたものにすぎない。しかし、前述のように、この碑文はほとんど全部復原されたといってもよいほどなので、ここには取りあげることをやめ、同じ大王のもので銀杯に彫られた碑文をみてみよう。

アルタクシャサ一世の銀杯碑文

この銀製のを酒杯は王家にて作成されたるところの、アルタクシャサ、偉大なる王、諸王の王、諸邦の王、王クシャヤールシャンの(Xšayāršahyā>Xšayāršāha)子——クシャヤールシャンの(Xšayāršahyā>Xšayāršāha)、王ダーラヤワウの(Dārayavaušahyā>Dārayavahauš)子——ハカーマニシュの裔。(全文一行)

文法に忠実に訳すと碑文はこのようにしかならない。これが完全な意味を打ち出すためには、原文が

この銀製の酒杯を王家にて作成したところの、アルタクシャサ、偉大なる王、諸王の王、諸邦の王、王クシャヤールシャンの子、王ダーラヤワウの孫、ハカーマニシュの裔。

と訳されうるようなものでなくてはならない。「正調」古代ペルシア語ならば Artaxša͜ssa xšāyaθiya vazarka xšāyaθiya xšāyaθiyānām xšāyaθiya dahyūnām Xšayāršāha xšāyaθiyahyā pu͜ssa Dārayavahauš xšāyaθiyahyā napā Haxāmanišiya hᵃya imam bātugaram siyamam viθiyā akunauš とあるべきであろう。それが実際には Artaxša͜ssā........dahyūnām Xšayāršahyā xšāyaθiyahyā pu͜ssa Xšayāršahyā Dārayavaušahyā xšāyaθiyahyā pu͜ssa Haxāmanišiya hᵃya imam bātugara siyamam viθiyā karta とある。名詞の曲用が乱れているほか、動詞も定動詞形を使用すべきに過去分詞が用いられている。それらの文法形態を一々論ずるよりも、ここではシンタックス的に、どうしてこのような構文が成立したか、それを明らかにするほうが、はるかに有益であろう。

この文をもっともよく理解する方法は、これを中世ペルシア語になおしてみることである。中世ペルシア語では Artaxšīr šāh wuzurg šāhān šāh šāh i dehān pus i *Xšayāršan šāh pus i Dārāy šāh i *Haxāmanišiyān kē-š (または i-š) kart im bādgar i asēm「この銀製の酒杯がその人によって作成されたところのアルタクシャサ、偉大なる王、諸王の王、諸邦の王、王ダーラヤワウの子なる王クシャヤールシャンの子、ハカーマニシュの裔」となる。関係代名詞に誘導された従節の部分は、中世ペルシア語文とのかかわりあいがとくに、ふかい。中世ペルシア語では過去時制が過去分詞のくずれた形(ここでは kart がそれ。古代ペルシア語の karta-「作成されたる」に由来する。その karta- は碑文にそのまま用いられている)で受動的に表現されることは、すでに述べたとおりである(一五五ページ)。ここでは、すでに中世語的に受動表現されている日用語に抗して「正調」古代ペルシア語でやろうとして kart を karta にしたが、それが大間違いで、「正調」なら未完了時制 akunauš「かれは作成した」でなければならなかった。つまり、もうはなしことばは中世語の段階にむかってなだれ込みつつあること、それに抗して古代語で作文してみたらとんでもないことになったということ――そういうことがわかっていただければ、それでよいのである。なお、ここで

「酒杯、杯」と訳した語は bātugara- で、本来は「飲みものをのむための器」の意味。

六　ダーラヤワウ(ダレイオス)二世

アルタクシャサ(アルタクセルクセス)一世の死後、その子クシャヤールシャン(クセルクセス)二世(四十五日間在位、前四二四—前四二三)、ソグディアノス(六か月半在位、前四二三)とつづき、ついでダーラヤワウ(ダレイオス)二世(前四二一—前四〇四)が王位についた。エレパンティネ・パピルス文書も、この王の時期のものがもっとも多い。王の碑文もハマダーンやスーシャーのものが残っている。スーシャー碑文 a、b を示そう。

ダーラヤワウ二世のスーシャー碑文 **a**

柱による石造りのこのアーパダーナ(「高閣」)は偉大なる王ダーラヤワウ(二世)が造営した。(一—二)

王ダーラヤワウをアウラマズダーは、神々とともに、守り給え。(二—三)

ダーラヤワウ二世のスーシャー碑文 **b**

余はダーラヤワウ、偉大なる王、諸王の王、諸邦の王、この地界の王、王アルタクシャサ(一世)の子、ハカーマニシュの裔。(一—二)

王ダーラヤワウは告げる、この合成宮《ハンディシュ》は余の父アルタクシャサ(一世)がさきに造営し(はじめた。この合成宮はのちに、アウラマズダーの御意によって、余が造営(を完了)した。(三—四)

碑文aではアーパダーナの語がはじめてみえる。一般にはアパダーナとよばれている語で、ペルセポリスの大基壇上にもそう呼ばれる建物がある(一一七、一二六ページ)が、これは碑文でそのように指称されているのではなく、一般の通称にすぎない。この語はイラン学の現状を代弁しているような観がある。ハカーマニシュ朝期の王宮建築に言及するときは、かならずといってよいほど、このことばが出てくる。それでは、いったい、どういう意味かと問われると答えることができない。考古学とか美術史とか、そんな方面ではこの語は愛用されながら、文献学的にはまったく解明されていない。それに、この語のよみかたも āpadāna-, āpadana-, appadan-, appa danna と一致していない。

ところで、筆者の見解であるが、筆者によると、ここにあげた碑文aがその意味を明示しているように思われる。「柱による石造りのこのアーパダーナを(文法的には対格)」は、原文では *imam āpadānam* stūnāya aθangainam とある(斜体は復原を示す)。stūnāya は stūnāyā のくずれた形。

その stūnāyā は stūnā-「柱」の単数具格、奪格、属格および所格であるが、ここでは具格以外の格は意味をなさない。これまでの解釈ではそれを所格とみて「柱において石造りのアパダーナ、柱が石でできているアパダーナ」というふうに受けとられているが、そのような表現には *aθangaina-stūnam「石造りの柱をもつ」を *āpadānam の形容詞として用いるはずで、ここの「石造りの」という形容詞は柱と関係はなく、直接アーパダーナにかかるものである。筆者はアパダーナでなくアーパダーナと読むが、これはシリア語 āpaḏnā や中世ペルシア語 ʾʾywn (āyiwān これから近世ペルシア・アラブ語 iwān, īwān ができ、イスラム建築において王宮の先のとがったドーム状天井の間《ま》をさすようになったことは周知のとおり) によったものである。シリア語形はパルティア語を借用したものであるから、パルティア語 ʾpdn も āpadān とよむべきもの。頭音が一個の ʾ (アーレフ) で示されていても長音 ā をあらわしうることは多くの例がこれを示している。パルティア語が āpa-dān とすれば、古代ペルシア語も āpadāna- とよむべきである。中世ペルシア語 āyiwān のように頭音を長くのばすのは後期の発展で、より古くは頭音は短母音 a であって、パルティア語 ʾpdn は apadān、したがって古代ペルシア語形も apadāna- であったとする論法は、筆者には首肯しがたい。しかし āpadāna- と読んでも *āpadāna- における動詞前接辞 apa- を āpa- としただけで、語源的には āpadāna- も *apadāna- も別のものではない。

ところで、一般には *āpadāna- と読んで apa-dā-na- と分解し、サンスクリット apadhā́-「かこむこと、囲み」、ギリシア語 apothḗkē「倉庫」と比較しようとする。apa- は「はなして、遠ざけて」を意味し、dhā- は「置く」であるから、apadhā́- は「外から隔離すること」であり、これに準じて apa-dā-na- は「外から隔離するもの、そのような施設」の意味から「宮殿」の意味になるというのである。しかし筆者は *apadāna- は apa-d-āna-（サンスクリットで示せば *apa-dh-āna-）と分解し、apa-dā-「はなしておく、遠ざける、隔離する」の語根アオリスト受動分詞「遠ざけられたる」とみたい。では、何が何によって遠ざけられ、引きはなされているのか。それは天と地、屋根（天井）と床《ゆか》が柱によって引きはなされているということである。apa-dā-na- と分解する立場に立って「屋根と床を柱によって引きはなしているもの、そのような建物」の意味には解せられないかという疑問も出てくるかもしれない。しかし、apa-dā-na- は *apa-dā-（サンスクリット apa-dhā́-）を -na で拡張したものであるから、外から隔離する建物の意味に用いられる可能性が大きい。そうすると、柱によって外から隔離する建物のような意味となり、実際の構造とは一致しない。実際の構造は建物の周囲を柱でかこんでいるのではなく、柱は建物の内部に多数配列されているのである。したがって、*apadāna- は apa-d-āna- と解して「柱によって引きはなされた屋根、天井をもつもの、柱によって屋根を引きはなされている建物」のごとき表現の中に組みこんで理解し、その中から「引きはなされたもの」という語、すなわち *apadāna- が抜き出して用いられ、二次的に頭音を延長して āpadāna- とされたのである。ダーラヤワウ二世のスーシャー碑文 a や後出のアルタクシャサ二世のハマダーン碑文b（一七〇ページ）にはかつての古い表現の名残りとして stūnāya「柱によって」がみられ、問題の語を解明する手掛りをのこしているが、アルタクシャサ二世のハマダーン碑文a（一七〇ページ）や同王のスーシャー碑文a（一六七ページ）ではその「柱によって」という制辞もなくなっているのみか、「アーパダーナを」が āpadānam とあるべきに、いずれも āpadāna となっている。日用語がすでに āpadān となっていることを思わせる。このようなハカーマニシュ朝晩期の碑文から問題の語を解明することは、きわめて困難である。いま、筆者の見解に従えば、上述したように、ことさら柱によって「引きはなされている」ことを強調するからには、高くなければ意味がない。低い建物では論外である。

そういうところから、アーパダーナは「高閣」ということになる。「高楼」でもよいが、「高楼」という表現は、いわゆる「クセルクセスの万国の門」の古代ペルシア語 duvarti-「高屋根の建物」にたいして筆者が用いた(「万邦の高楼」として)ので、ここでは避けたい。神が天地を離して支えるという思想はインド・イラン的で、ここにも、そのような世界像のあらわれがあるとみられる。いうならば、この建物を、マクロの宇宙にたいする、ミクロの宇宙とみる考えかたである。問題の部分を訳すれば「柱によって(屋根と床《ゆか》が)引きはなされているこの石造りの(建物)を」となる。アーパダーナを、なにか特別な役割りをもった建物を意味することばのように思っていた従来の解釈は、まったくの誤りであった。この解明によって筆者は、欧米のイラン学界で「不明」視されてきた、建築に関係する一連の古代ペルシア語詞を、全部、解明したことになる。建物相互の関係において規定する呼称タチャラ(別殿)、用途にちなんだ呼称アルダスターナ(宝庫)、仕様や工程に即した呼称ハンディシュ(合成宮)、ドゥワルティ(高楼)、それにこのアーパダーナ(高閣)である。

ダーラヤワウ(ダレイオス)二世の治世にはリュディア、エジプトに叛乱があり、前四〇五年にはカドゥシア人が叛乱した。かれらはアッシリア、メディア、アルメニアの間にある山岳地帯にすむ非アルヤ系の民族である(カスピ海とエルブルズの間にも住む)。かれらを討伐するために王はみずから出陣したが、途中バビロンに病死した。

七　アルタクシャサ(アルタクセルクセス)二世

ダーラヤワウ(ダレイオス)二世には三子があり、長子アルタクシャサ(アルタクセルクセス)二世(在位 前四〇四—前三五九)が王位をついだが、次子クル(キュロス)は王位を争い、ペルシア軍にギリシア人の援兵を加えてサルディスからバビロンに攻め上った。かれは、いわゆる少キュロス(キュロス・ホ・ネオテロス、サイラス・ザ・ヤンガー)と通称されている人物で戦況も有利に展開したが、バビロンの近くクナクサで敗死した(前四〇一)。

傭兵として参加したアテナイの軍人クセノポン(前四三〇—前三五四頃)は、多くのギリシア人将兵がペルシア側によって殺害された中を、敗兵一万を収拾指揮して山岳地帯をぬけ黒海にたどりつき、舟艇をもってスパルタに帰投した。黒海への行程はかれの作品『アナバシス』に詳しい。この退却はいわゆる「一万人の退却」として知られ、かれの手腕を高く評価させているもの。かれのペルシアに関する豊富な知識は、大王クル（キュロス）二世を主要なモデルとした『キュルパイデイア』（キュロスの〔うけた〕教育）に遺憾なく発揮されている（二〇九ページ）。この戦役に演じたスパルタの役割がアルタクシャサ二世とスパルタとの間を離間させた。スパルタはペロポネソス戦役後、ギリシア人の主導勢力となっていた。ペルシアに仕えていたアテナイの軍人コノンは、このスパルタ軍をクニドス（カリアのポリス）に破っている（前三九四）。アンタルキダスの和約はペルシア側に有利となり、小アジアのギリシア人都市やキュプロス島はふたたびペルシアに入貢することになったが、アルタクシャサ二世のエジプト制圧は失敗し国内では宮廷の陰謀にさいなまれた。かれの碑文はかなり残存している。スーシャー碑文a、b、c、d、ハマダーン碑文a、b、cなどがそれである。

アルタクシャサ二世のスーシャー碑文a

アルタクシャサ（二世）、偉大なる王、諸王の王、諸邦の王、この地界の王、王ダーラヤワウ（二世）の子――ダーラヤワウ（二世）は王アルタクシャサ（一世）の子、アルタクシャサ（一世）は王クシャヤールシャン(一世)の子、クシャヤールシャン(一世)は王ダーラヤワウ(一世)の子、ダーラヤワウ(一世)はウィシュタースパの子――、ハカーマニシュの裔は告げる。(一―三)このアーパダーナは余の高祖ダーラヤワウ(一世)が造営した。のち、余の祖父アルタクシャサ(一世)のとき、それは焼けた。アウラマズダー、アナーヒターおよびミスラの御意によって、このアーパダーナを余は造営した。(三―四)

アウラマズダー、アナーヒター($Anah^ata$>Anāhitā)およびミスラは余をあらゆる不祥より守り給え、そして余が造営したところのこれ(アーパダーナ)を、かれらが打ち倒し給うことなかれ、毀ち給うことなかれ。(四―五)

この碑文には復原した部分がはなはだ多いので、文法形態がどうの、シンタックスがどうのということは、ここではさしひかえたい。

アルタクシャサ二世のスーシャー碑文 **b**

余はアルタクシャサ、偉大なる王、諸王の(xšāyaθiyānā>xšāyaθiyānām)王、〔王〕王ダーラヤワウ(二世)の(Dārayavauš>Dārayavahauš)子。(全文一行)

「諸王の王」のつぎの「王」は削除さるべきもの。

アルタクシャサ二世のスーシャー碑文**c**

アルタクシャサ(二世)、偉大なる王、諸王の王、諸邦の王、この地界の王は告げる、この(imām>ima)合成宮《ハンディシュ》と石造りなるところの(t^{a}ya>t^{a}yām)この階段を……欠……(一―七)

アウラマズダーは……欠……(七―八)

この碑文の冒頭は復原されたもの。その前には、前記碑文aの二―三行「王ダーラヤワウ(一世)の子、ダーラヤワウ(一世)はウィシュタースパの子――、ハカーマニシュの裔」なる一節を前書きのように記《しる》していたらしい(もっとも、この一節のはじめには、さらに、欠損部分のあることが推定される)。右の碑文はそのあとにつづくものとみられる。これにも問題とすべきものは多いが見送って、つぎへ移ろう。

アルタクシャサ二世のスーシャー碑文**d**

余はアルタクシャサ(二世)、偉大なる王、諸王の王、諸邦の王、この地界の王、王ダーラヤワウ(二世)の(Dārayava^{u}š>Dārayavaha^{u}š)子、ハカーマニシュの裔。(一―二)

王アルタクシャサは告げる、アウラマズダーの御意によって、……遊園(paradayadām>paridaidam)たるこの(imām>ima)合成宮を余は造営した(akunavām>akunavam)。(二—三)

アウラマズダー、アナーヒター(Anahita>Anāhitā)およびミトラは余をあらゆる不祥より守り給え、そして余の所造をも。(三—四)

この碑文中、……として訳出を保留したものはǰivadiyであるが、筆者には不明なため、文脈もこの訳文でよいのか確信がない。筆者はこの語が、そのつぎに来るparadayadām「遊園」と合して一語をなし、合成宮と同格(アポジション)をなすものと解した。

アルタクシャサ二世のハマダーン碑文 **a**

アルタクシャサ(二世)、偉大なる王、諸王の王、諸邦の王、この地界の王、王ダーラヤワウ(二世)の(Dārayavašahyā>Dārayavahauš)子——ダーラヤワウ(二世)は王アルタクシャスラ(一世)の子、アルタクシャスラ(一世)は王クシャヤールシャン(一世)の子、クシャヤールシャン(一世)は王ダーラヤワウ(一世)の(Dārayavašahyā>Dārayavahauš)子、ダーラヤワウ(一世)はウィシュタースパの子——、ハカーマニシュの裔は告げる。(一—五)

このアーパダーナを(āpadāna>āpadānam)、アウラマズダー、アナーヒターおよびミトラの御意によって、余は造営した(akunām>akunavam)。(五―六)アウラマズダー、アナーヒター(Anah^{a}ta>Anāhitā)およびミトラは余をあらゆる不祥より守り給え、そして余が造営した(akunā>akunavam)ところの(t^{a}ya>t^{a}yam)これ(アーパダーナ)を、かれらが打ち倒し給うことなかれ、毀ち給うことなかれ。(六―七)

この碑文は前記スーシャー碑文aにくらべると破損が少ない。アルタクシャスラ(アルタクシャサにたいして)という王名のメディア語形がみえるのも、ハマダーンというメディアの土地柄によったものであろうか。この碑文ばかりでないが、筆者が文法上の誤りをただしたのは、すべて、残存しているものについてで、復原されたものには触れないことにした。

アルタクシャサ二世のハマダーン碑文b

柱による石造りの(この)アーパダーナは王ダーラヤワウ(二世)の子(Dārayavauš xšāyaθiya pussā>Dārayavahauš xšāyaθiyahyā pussa)なるアルタクシャサ(二世)、偉大なる王、ハカーマニシュの裔が造営した。ミトラが余を守り給え。(全文一行)

アルタクシャサ二世のハマダーン碑文c

偉大なる神はアウラマズダー——そは諸神中の最大者、そはこれなる地界を創成し給い、そはあれなる天空を創成し給い、そは人の子を創成し給い、そは平安を人の子に創成し給い、そはアルタクシャサ（二世）を王、多くのものどもの（ただ）一人《ひとり》の王、多くのものどもの（ただ）一人の命令者となし給うた。（一—七）

アルタクシャサ（二世）、偉大なる王、諸王の王、諸邦の王、この地界の王は告げる、余は王ダーラヤワウ（二世）の（Dārayavaušahyā>Dārayavahauš）子——ダーラヤワウ（二世）は王アルタクシャサ（一世）の子、アルタクシャサ（一世）は王クシャヤールシャン（一世）の（Xšayāršāhyā>Xšayāršāha）子、クシャヤールシャン（一世）は王ダーラヤワウ（一世）の（Dārayavaušahyā>Dārayavahauš）子、ダーラヤワウ（一世）はウィシュタースパという方《かた》の子——、ハカーマニシュの裔。（七—一五）

王アルタクシャサ（二世）は告げる、アウラマズダーの（Auramazdāhā>Auramazdāha）御意によって、余は広大にして涯《はて》遙かなるこの地界の王である。アウラマズダーは王国を余に授け給うた。余をアウラマズダーは守り給え、そして余に授け給うた王国と、余の王家をも。（一五—二〇）

アルタクシャサ二世のスーシャー碑文a、ハマダーン碑文aにみえる「アーパダーナ」、同ハマダーン碑文bにみえる「柱による……アーパダーナ」については一六三ページを参照ねがいたい。

アルタクシャサ二世の碑文で目につくのは代名詞や名詞の曲用が崩壊していることである。前代のものを正しく踏襲したものや欠損部分を復原したものには触れないが、現存部分にみえる大きな誤形は、前記のように、訂正しておいた。「遊園を」(スーシャー碑文d)は paridaidam とあるべきものが paradayadām となっている。これは通用形が *paridaid か *paridēd となって曲用しないのを、強いて曲用させて犯したミスである。同様に、「アーパダーナを」はスーシャー碑文a、ハマダーン碑文bには正《ただ》しく āpadānam とあるのに、ハマダーン碑文aには āpadāna とあるのも、通用形が āpadān として曲用されていないことを示唆する。煩をおそれて指摘しなかったが、碑文に繰りかえしてみえる「アルタクシャサ(二世)は王ダーラヤワウ(二世)の子――ダーラヤワウ(二世)は王アルタクシャサ(一世)の子、アルタクシャサ(一世)は王クシャヤールシャン(一世)の子、クシャヤールシャン(一世)は王ダーラヤワウ(一世)の子、ダーラヤワウ(一世)はウィシュタースパ……の子――、ハカーマニシュの裔」なる表現のうちで、子とマークしたものは単数属格であるべきに、いずれも単数主格 pussa となっている。ここにも、通用語で曲用のなくなっていることがうかがわれる。代名詞(指示、関係)形の誤用とともに、これらの現象は、アリヤーラムナやアルシャーマの碑文に筆者が指摘した文法的誤用と、本質的に共通のもの(二一一ページ以下)。そういうところからも、この二碑文はアルタクシャサ二世時代に追刻されたものとみられるのである。要するに、この時代には、あやしげな「古代」ペルシア語が碑文を横行しているということになる。

さて、はなしが少々余談になるが、読者は前記したパリダイダ paridaida- にパラダイスを感得されたかもしれないので、そのことをすこし書いておくことにしよう。実をいうと、この語形は古代ペルシア語で、パラダイスのほうは、そのメディア語形パリダイザ *paridaiza- から来ている。この語の本来の意味は「まわりに pari- 積み上げたもの daiza-/daida- をもつもの」ということで、周壁をそなえて、王侯貴族の狩り場となった遊園である(もっとも、ハカーマニシュ朝期には「御料地」として、農産物も生産貯蔵されていた)。この施設はよほど有名だったらしく、その語はオリエントに広く借用され、ついにはパラダイスになるのである。ギリシア語 parádaisos「苑林、パラダイス」、ヒブル語 pardēs、アルメニア語 partēz、近世ペルシア語 pālēz「苑林、庭」など、借用語として見いだされるのが、それである。しかもこれらの借用形はみなメディア(=パルティア)語系で、五四ページでも述べたように、メディア語の影響はきわめて大きい。

碑文に繰りかえして出てくる「王」(xšāyaθiya-)という語もその一つ。古代ペルシア語なら *xšāyašiya- となったはずで、メディア語形は中世や近世で šāh となったが、古代ペルシア語形では

*šāš にしかならないし、事実、*šāš という形は存在しない。この「王」を形容する vazarka-「偉大なる」、諸邦を形容する vispa-zana-「万民を擁する」、王の禁令を示す pati-zbay-「禁令する」(patiy-a-zbayam「余は禁令した」として在証される――一三八ページ)、ganza-bara-「財務官」、zūra-kara-「行詐者」などもみなメディア語で、ペルシア語では z>d, zb>z となるはずである。また碑文にしばしばパールサを uvaspa- umartiya-「馬に富み人に富む(あるいは、よき馬よき人を産する)」邦とよぶことがあるが、このときもメディア語的表現が用いられている。このように人畜をならべて出すときは、動物のほうを先きにし人のほうは二の次ぎで、この方式はサンスクリットをつかって、アルファ・ベータにならって、アシュヴァ・ヴィーラ aśva-vīra という。aśva- は「馬」でメディア語では aspa-(古代ペルシア語では asa-)、vīra- は「人」でメディア語にもあったはずであるが、martiya- がふつうは使われていた。インド・イラン時代からうけつがれたこのような表現も、その古形により忠実なメディア語のほうが、ハカーマニシュ朝期にも慣用されていたわけ。aspa-「馬」が sp を保持してペルシア語のように s とならぬ点をメディア語の特色とすれば、spāda-「軍隊」もメディア語であることはいうまでもない。ここに引用したものはわずかであるが、行政、司法、軍事などにかかわりのある語詞がメディア語であることは注目に値いする。

考えてみれば、なるほどハカーマニシュ王家はメディア王朝を倒した。しかしメディア王朝はすでにはやくメソポタミア文化にふれ、メディアはメディアなりにオリエントに覇をとなえていた。

パールサに蹈蹐していたにすぎないハカーマニシュ王家がこれに代わったとしても、前代の遺産を継承せずには諸制度の運営も円滑にはいかなかったに相違ない。その遺制が用語を伴なったことは当然である。ところが、碑文にはメディア語版は、ついに姿をみせなかった。三語併用のときは、いつも古代ペルシア、エラム、アッカドの三語でしるされた。サーサーン王朝の最初期(三世紀)には中世ペルシア、パルティア、ギリシア三語版の碑文を大王たちはのこしており、ギリシア語を用いないときでも、前王朝アルシャク朝代の公用語たるパルティア語は用いられた。それにくらべて、ハカーマニシュ(アケメネス)王朝の楔形文字碑文には前代メディア王国のメディア語は使用されずに終わった。メディア語版を作成しても、古代ペルシア語にその語彙が多数借用されている関係もあって、古代ペルシア語版にくらべて、それほど多くの差はなかったであろうからといって、その理由を説明することもできるが、これが理由となるのなら、サーサーン朝初期にパルティア語版の併用された理由を説明することがむずかしくなるかもしれない。そうすると、エラム語版をおしのけてメディア語版を登場させるには、エラムとハカーマニシュ王朝とのむすびつきが強すぎたからだ、ということになろう。エラムとこの王朝との関係についてはさきにも触れた(六ページ)。ペルセポリスから発見された多くのエラム語タブレットは、この関係の密接さを浮彫りにしている。

さて、アルタクシャサ二世のあとはその子アルタクシャサ三世(在位　前三五九—前三三八)が王位をついだ。二世の項を終えるにあたり、同王時代には文学史を語るうえに、クセノポンとならんで、もうひとり特記すべき人物のいたことを記しておかねばならない。それはクテシアス。クニドス産のかれはペルシアの捕虜となったが、医術の才を買われてアルタクシャサ二世の侍医となりその宮廷にとどまること十七年、その間、みずから見聞したところをつづって『ペルシカ(ペルシア誌)』を草した。ヘロドトスがエジプト、南ロシア、バビロンなどに旅して多くの伝承を集めたのにたいし、クテシアスは、パールサ(ペルシア)という限られた場所で伝承を集めた点において、いちじるしい対照をなすが、『ペルシア誌』はそれなりに貴重な文献である。ただ、残念なことに原本は佚して伝わらず、わずかに諸書に引用されているにとどまるのみか、その引用も、かれのことばをそのまま引用したものは皆無なのである。その『ペルシア誌』についてであるが、シチリアのディオドロス(ユリウス・カエサル時代の史家)の『歴史文庫』(前六〇―前三〇年頃の作)第二巻はこの『ペルシア誌』にもっとも多く依存しているが、その第三十二章第四節に、クテシアスのことばとして「自分はペルシア人が昔の出来事を、一定の順序に従って書きとめている王の書から(ek tōn basilikōn diphtherōn)一々熱心に研究し、その歴史を編んでギリシア人にもたらした」という意味のことをしるしている。ディプテラー diphtherā とは本来は「皮革」の意味であるが、「記録、文書」の意味をも有するようになった。クテシアスのこのことばについては、もっとのちに(二二六ページ)くわしく取扱うことにしたい(九二ページをも参照のこと)。

八　アルタクシャサ(アルタクセルクセス)三世とダーラヤワウ(ダレイオス)三世

アルタクシャサ(アルタクセルクセス)三世(在位　前三五九―前三三八)は即位後九か月も父王同二世の喪を秘していた。これは、そのあいだに王位の安定をはかるためであった。エジプト、フェニキア、キュプロスの反ペルシア同盟を盾《たて》にフェニキアは公然と反旗をひるがえした(前三五一―前三五〇)。王は軍を率いてバビロニアを出発した。シドン市(フェニキア)は焦土作戦に出て抵抗を示したが、けっきょく、フェニキアはペルシアの軍門に降り、キュプロスもこれにならわざるをえなかった。小アジアやエルサレムもサトラプに鎮圧または制圧された。これを利してアルタクシャサ三世はエジプトに軍をすすめ、ふたたびこれを支配下においた(前三四三)。王家の勢威は昔日に復したかの観さえあるが、マケドニアのピリッポス(在位　前三五九―前三三六)は陽にかれと結びつつも陰にこれが打倒を策し、事実においてハカーマニシュ王家は安泰でなかった。やがてアルタクシャサ三世は将軍バガオスに毒殺され、これを継いだ子アルセスもまた父王と同じ運命をたどった。そのまた後継者がダーラヤワウ(ダレイオス)三世(在位　前三三五―前三三〇)。かれはこのバガオスを先制毒殺して辛うじて難をまぬがれたものの、やがてハカーマニシュ(アケメネス)王朝終焉の日が訪れるのである。

ピリッポスの子アレクサンドロスは将兵四万を率いてヘレスポントスを渡り(前三三四)、ほとんど無抵抗裡に小アジアのギリシア植民都市を解放し、カッパドキアを経てキリキアの平原にすすんだ。この無抵抗裡の解放の例としてカレスをあげることができる。かれはもともとアテナイの軍人で、前三五九年以来各種の軍事行動に指揮をとったが、当時(前三三二)はダーラヤワウ三世に仕え、レスボス島のポリス、ミュティレネ(ミチュレネともいう)のペルシア軍を指揮していた。かれは、マケドニア海軍が進撃してくると、協定をむすんでこれに投降したのである。が、それはそれとして、このカレスはペルシアの文学を語るうえにも貴重な存在。というのは、アテナイオスの『食卓の論』(西紀後二〇〇年頃の成立)に引用されているそのことばによって、カレスはペルシア文学に関する情報提供者となっているからである。

キリキアに進んだアレクサンドロスと、これを迎えうつために西進したダーラヤワウ三世とのあいだにイッソスで会戦があり、西紀前三三三年ペルシア側は敗北して三世はスーシャー(スサ)に逃れた。しかし、アレクサンドロスはエジプトに転進したので、その期間を利用して三世は軍を再編、みずから指揮してガウガメラ(ニニヴェの東南)にアレクサンドロスと相見《まみ》えた。時に西紀前三三一年十月一日。ペルシア軍は殲滅的打撃をうけ、ダーラヤワウ三世は身をもってハグマターナ(エクバタナ、ハマダーン)に奔った。アレクサンドロスはアジアの王となり、ハカーマニシュ(アケメネス)王朝は事実上崩壊した。ダーラヤワウ三世はカスピ海の東方に逃れたが、縁族のサトラペス＝ベッソスに殺害された。ベッソスは東イランの貴族によって大王として認められ、アルタクシャサ(アルタクセルクセス)(四世)を名乗った。アレクサンドロスはダーラヤワウ三世の遺体をペルセポリスに葬り、ベッソスに報復するため、これを追うて東イランに進んだ(前三三〇)。前三二七年、ようやくベッソスを倒して東イランを手中に収めた。内陸アジアにヘレニズム時代が幕明けする前夜となるのである。

アルタクシャサ三世にも碑文の残存しているものがある。同王のペルセポリス碑文aがそれで、古代ペルシア語版のみであるが、a、b、c、dの四本がある。b本はダーラヤワウ一世の「宝庫」の西階段の傍らにあって、この階段がアルタクシャサ三世によって付設されたことをもの語っている。a、c、d本はアルタクシャサ一世の王宮「小百柱の間」(広場を中にして「未完の大門」と向かいあっている建物)の基壇の北壁上にある。

アルタクシャサ三世のペルセポリス碑文**a**

偉大なる神はアウラマズダー――そはこれなる地界を(būmām>būmim)創成し給い、そはあれなる天空を(asmānām>asmānam)創成し給い、そは人の子を創成し給い、そは平安を(šā-yatām>šiyātim)人の子に(martihyā>martiyahyā)創成し給い、そは余アルタクシャサを

(Artaxšas̮sā>Artaxšas̮sām)王(xšāyaθiya>xšāyaθiyam)、多くのものども(ただ)一人《ひとり》の王、多くのものども(ただ)一人の命令者と(framatāram>framātāram)なし給うた。(一—八)

アルタクシャサ(三世)、偉大なる王、諸王の(xšāyaθiyanām>xšāyaθiyānām)王、諸邦の王、この地界の王、は告げる、余は王アルタクシャサ(二世)の子——アルタクシャサ(二世)は王ダーラヤワウ(二世)の子、ダーラヤワウ(二世)は王アルタクシャサ(一世)の子、アルタクシャサ(一世)は王クシャヤールシャン(一世)の子、クシャヤールシャンは王ダーラヤワウ(一世)の子、ダーラヤワウはウィシュタースパという方《かた》の子、ウィシュタースパはアルシャーマという方《かた》の子——、ハカーマニシュの裔。(八—二一)

王アルタクシャサ(三世)は告げる、この(imam>imām(?))石の階段を余の存命中に造られたる。(二一—二三)

王アルタクシャサは告げる、余をアウラマズダーと神ミスラは守り給え、そしてこの国《ダフユ》を(dahyaum>dahyāum)、また余を所造をも。(二三—二六)

この碑文の末尾は「この石の階段は余の存命中に余が造った。余をアウラマズダーと神ミスラは守り給え、そしてこの国と余の所造をも」というのであろうが、原文を文法形態にこだわって訳すと右のようにしかならない。また、「余は王アルタクシャサの子」(これをも含めて)以下「アルシャーマ」(これをも含む)までにみえる「王何某」「何某」「子」(ただし最初の、右に引用した「子」は除く)はすべて属格であるべきに、主格のままで、わずかに「ウィシュタースパ」のみが属格であるにすぎない。このような現象が中世ペルシア語文として解釈すれば理解できることは、すでに述べた(一七二ページ)。「地界を」「天空を」「平安を」がそれぞれ būmām、asmānām、šāyatām となっているが、būmī̆-, asman-, šiyāti- の対格であるから būmī̆m、asmānam、šiyātim とあるべきである。これも、日用語ではそれぞれ中世語形 būm、asmān、šā̆t となっているのを古代語形になおそうとして犯したミスである。

このような事実をみると、そこにあるのが古代ペルシア語かどうか、うたがわしいことになる。クシャヤールシャン一世時代にすでに中世語層のはしりが亀裂のように露頂しているのをみてきたが(一五五ページ)、いまや古代語層は中世ペルシア語という地平線にむかって、なだれをうって地すべり現象をおこしている。ペルシア語が碑文において古代語の性格をなお保持しているのは、厳密にいえば、ダーラヤワウ一世の時代といってよい。かれの碑文のペルシア語は、古代語としてのペルシア語の最新層というべきである。

このように言語面において大きく崩壊現象をおこしてはいても、末期碑文にも、それなりの意義はある。たとえば、アルタクシャサ二世の碑文にはアウラマズダーとならんでアナーヒター女神とミスラ神(スーシャー碑文a。同碑文bやハマダーン碑文a、bではミトラと書かれている)が王家の守護神としてあらわれ、アルタクシャサ三世の碑文ではアウラマズダーとミスラ神が同様な役割を演じている。二世の碑文ではミスラとのみ見えているが、三世の碑文ではミスラは baga-「神」とよばれている。

アナーヒターはインドの女神サラスヴァティーに対応する地母神とされているが、この女神の位置づけはむずかしい。『アヴェスター』ではアルドウィー・スーラー・アナーヒター(Arədvī Sūrā Anāhitā)ともよばれており、そのアルドウィーとは「湿潤なる」の意味とされているが、筆者は「豊饒なる」の意味に解したい。語根 ard- は「富む、栄える」で、その派生詞 ardu-「富める、豊かな」の女性形が arədvī である。ardu- は人名アルドゥマニシュ(Ardumaniš-)「豊かな心の持ち主」にも見いだされる(四五ページ)。この語根は古代ペルシア語 ardastāna-「宝庫」にも指摘される。それは arda-「宝物」の stāna-「ある場所」である(七一ページ)。そうすると、アルドウィー・スーラー・アナーヒターとは「豊饒なる・強き・無垢なる(女神)」の意味となる。この表現のなかにはアルヤ社会を構成していた三階級「庶民」「戦士(貴族)」「祭司」がそれぞれ含意されており、この女神が三階級の所願を満たすものとされ、それに応ずるいろいろな役割りを負荷してあらわれるのも首肯できる。

また、これを神々の世界についてみると、インド・イラン的な神々(一四一ページ以下参照)はそれぞれ女性神を同伴する傾向を有している。そのさい、このアルドウィー・スーラー・アナーヒターは、その名称からすると、どのような男性神にも同伴しうるものであり、また、どのような男性神に同伴する女性神の神徳をもすべて自身のなかに兼ねそなえているものとみることができる。三階級観がハカーマニシュ朝期に存していたことはダーラヤワウ一世のペルセポリス碑文dに明らかで、大王はアウラマズダーがパールサを敵軍、凶年、虚偽から守ってくれるように祈願している(七五ページ)。これはパールサが安泰で、戦士にも農耕者にも祭司にも凶事のなからんことを求めたものである。しかも、碑文の末尾で大王はこの恩典を、アウラマズダーが「すべての神々とともに」許与せんことを願っている。「すべての神々」のなかにはアナーヒターも含まれていたに相違ない。アナーヒターはこのような性格の女神であった。パールサでは、おそらく、アナーヒターはエラムの大母神ナヒティと同一視されたであろうが、ナヒティとアナーヒターとはたまたま語音が似ているというだけで、ナヒティは太陽神ナッフンテの変形にすぎないから、本来、両者は別のものである。大王らはダーラヤワウ一世以来、アウラマズダーが「神々とともに」(bagaibiš)守り給うようにと訴願し、ことにダーラヤワウ一世は「すべての神々とともに」(visaibiš bagaibiš)ともいっている(ペルセポリス碑文dに三個所――viθaibiš と写音するのは誤り)。

古代ペルシア語には、「神」をあらわす語は「バガ」しかない。「バガ」とは恩典の「頒与者」という意味である。ここの「神々」「すべての神々」とは、具体的にいえばミスラとアナーヒターを含むものである。古代ペルシア語ではアウラマズダーも「バガ」といわれる。『アヴェスター』では「バガ」はミスラ、マーフ(月神)およびアフラマズダーにも用いられる。しかし『アヴェスター』には神を示す「アフラ」という語がある。ザラスシュトラ(ゾロアストラ)は『アヴェスター』の『ガーサー』において「アフラたち」ということばを用い、そのなかにアフラマズダーをとりまく陪神を含意させている。もっとも、陪神といっても、善思・天則・王国・施心・完璧・不死のような抽象概念ばかりで、インド・イラン的な神名は一つも出て来ない。そのため、これらの概念はアフラマズダーのアスペクトを示すものだとする説もあるほどであるが、それはともかくとして、神名をあげられているものはアフラマズダーだけで、ミスラもアナーヒターも出て来ない。

他方、ダーラヤワウ一世の碑文(クシャヤールシャン一世のも同様であるが)ではアウラマズダーの名だけをあげ、他を「臨在しましますその他の神々《バガ》」(四三ページ)というだけで、それがどんな神々か、具体的な神名はなにも示していない。このような取扱いかたにも、ザラスシュトラとダーラヤワウ一世のあいだにパラレリズムが見られる。小異をすてて大同につけば、これも、大王の王権を基礎固めするためにザラスシュトラの教えからアウラマズダーが導入されたとする筆者の論議を肯定する事実となる。この問題については上記一四五ページ以下をも参照ねがいたい。

古代ペルシア語碑文の紹介をも兼ねた第一部はこれでおわった。「ハカーマニシュ王朝とその碑文」を第一部の題名にしたが、筆者は碑文をとおして歴史をえがこうとしたのでもなく、碑文を作成年代順に配列しようと考えたのでもない。このようなことは、碑文作成の史的背景を明らかにすることとともに、イラン古代史や同考古学を専攻される方々の仕事であって、筆者のように言語を取扱うものには及びもつかぬ作業である。古代ペルシア語が読めると、ペルシアのことならなんでもわかる、などと思っていただいてはこまる。わかっているのは九牛の一毛で、わからないことのほうがずっと多い。欧米では、イラン学といえば、見方によっては二七〇年も前からはじまっている。それでいて、欧米でも、古代や中世のイラン語はもっとも難解なものとされている。この学問に歴史の浅い日本に早急の成果を期待するよりも、その前にもっとなすべきことがあるように思われる。筆者は、この長たらしく、倦怠感を催させる第一部を、いわば一種の序曲、まえがきとして第二部にはいりたい——そういう目的のために、第一部を草したにすぎない。第二部は「古代ペルシアの文学」——その文学を取扱うさいに、くどくどと前置きや随伴状況にペンを走らせるわずらわしさをできるだけ省く、そういうねらいが第一部にはあるのである。だから、その前置きや随伴状況といったようなものは、できるだけ、第一部に編込んだ。碑文を紹介するにしては直接関係がありそうにもみえない事柄を書いたり、わき道にそれるようにみえる場面があったりしたのも、そのためであった。

もっとも、碑文を紹介するからには、正確はもちろん飽くまで追求しなければならない。だから、筆者はできるだけ碑文の逐語訳を試みた。しかし、それにもかかわらず、注釈らしいものはほとんどつけなかった。これは、史学や考古学畑の本邦の学者でも、「古代」を手がけるかたは碑文は読まれているはずだから、そのようなものは不用と考えたからであるが、また、一般読者には興味もうすいと考えたからでもある。問題となる点は別の場で、論文などの形をとって発表する機会もあるかと、筆者はひそかに期待している。そして、それとともに、改新のはげしいイラン学の現状にかんがみ、碑文その他の解明にも不断の注意をはらい、改訂すべきものは改訂する機会をもちたいと考えている。

第二部　古代ペルシアの文学

一　古代ペルシアの文学とは

「古代ペルシアの文学」とは、第一部に記したような言語状況から選んだ表現である。時代と地域についていえば、ハカーマニシュ（アケメネス）王朝治下の西イランで営まれた文学活動をとり上げるのがねらいである。言語について表現すれば「古代ペルシア語による文学」といいうるかもしれないが、一五五、一五八、一七二、一八一ページに述べたような言語状況からすれば、古代ペルシア語といってよいかどうか、問題がある。そのうえ、ここでとりあげる文学は、文学史的立場から、サーサーン王朝時代（三世紀―七世紀）やそれに直結したり、それを継承したりした、近世ペルシア語による文学（十一世紀）にもまたがる場合がある。イランの歴史を世界史との関連においてとりあげる場合には、ハカーマニシュ王朝からセレウコス、アルシャク（アルサケス）、サーサーン（ササン）の諸王朝を含めて「古代」下に取扱うのが一つの常識となっている。このような取扱いかたからすれば、「古代ペルシア」の「古代」は本書の内容とかならずしも矛盾しない。また、上に記したように、本書は西イランを取扱いの対象とする。

パールサ（パールス、ファールス）に興起したハカーマニシュ王朝、それと、けんらんたる文化の花を咲かせたサーサーン王朝もそのパールスから興起して、ともに世界帝国を築きあげた。この本拠地を中心とした西イランは、東イランとは別個に取扱ってもよい文学を展開した。ペルシアということばは「パールサ」ということばから発展して拡大使用され、ながく国号のように用いられていた。アフガーニスターンやソ連領の接壌地域を含めた大イラン——これをイランと考えれば、ペルシアとは、そんなに大きな領域をさすよりも、小イランとしてのイランをあらわすのに、なじみ深い表現である。要するに、大イランの西方部分——今日の「イラン」の、どちらかといえば西寄りの部分を中心とした地域、それをペルシアとよぶことにする。このペルシアが今日の「イラン」の領域外にもまたがることはいうまでもない。「古代ペルシアの文学」とはそういう枠のなかでの文学、わかりやすくいえば、ハカーマニシュ朝期に西イランで営まれた文学を主たる対象にし、場合によってはサーサーン朝期から十一世紀の作品にも言及するということになる。

十一世紀の作品というのは主として、民族叙事詩『シャーナーメ』をさす。この作品はダキーキーがザラスシュトラ(ゾロアストラ)のことを取扱ったあとをうけて、フェルドウシーが大成したもので、成立年代は一〇一〇年とも一〇二〇年ともいわれ、その年ガズナ王朝のスルターン＝マフムードに献呈された。しかし、実際の述作活動はボカーラーに拠ったサーマーン王朝治下で行われた。とすると、これは東イランということになる。しかし、この作品にはタネ本があった。それは『クワダーイナーマグ』とよばれる中世ペルシア語書で、サーサーン王朝のフスラウ二世アバルウェーズ(このニックネームは「勝利者」の意味。近世ペルシア語コスロウ＝パルヴィーズ——在位 五九一―六二八）の治世までを取扱っていた。『シャーナーメ』でもそうだが、『クワダーイナーマグ』でも世界の創成から説きおこすのがならわしで、それというのも、広い意味での人間の歴史はそこからはじまるからというのである。「クワダーイ」とは「シャー」と同じく「支配者、王」を意味し、「ナーマグ」は「ナーメ」と同じく「書」を意味するから、この中世語書も『シャーナーメ』と同じく『王書』の意味になるが、筆者は区別して中世語書を『クワダーイナーマグ』または『第二王書』、近世語書を『シャーナーメ』または『第三王書』とよぶことにする。『第二王書』『第三王書』とよぶのは『第一王書』の存在を肯定するからであるが、これについては二三一ページを参照ねがいたい。この『クワダーイナーマグ』はアラブ語に訳出され、この訳本が多くの作家に素材を提供したが、残念なことに、この訳本も原本とともに散逸して今は伝わらない。『シャーナーメ』をフェルドウシーが完成するには、かれみずからが拾集付加した要素も少なくないが、『クワダーイナーマグ』に大きく依存していることも事実である。このような事情からすれば、東イランで成立した『シャーナーメ』であっても、そこに西イランが大きなウエイトを占めていることが知られるであろう。

それでは、そのような「古代ペルシアの文学」――そこでは、どんな種類の文学が、そして、どのように、展開したのであろうか、それをこれから見ていくことにしよう。

ハカーマニシュ朝諸王の碑文の言語は、すでに指摘したように、ダーラヤワウ（ダレイオス）一世の場合が古代語――屈折語としての古代語がまだ命脈を保っていた時期で、それ以後になると、その屈折性が失われはじめ、中世語にむかってなだれ現象をみせるようになる。したがって、このなだれ現象に抗して古代語で碑文を草しようとすると、どうしても古い碑文をまねるようになる。その「まねび」のもっとも極端なケースはクシャヤールシャン(クセルクセス)一世で、そのペルセポリス碑文1は父王ダーラヤワウ(ダレイオス)一世のテスタメントをまる写しにしたものである。テスタメントというのはナクシェ・ロスタムの王墓に記されている碑文bである(一四九、九九ページ)。ダーラヤワウ一世のすぐつぎの時代からして、はやこのありさまであるから、それ以後になれば模倣模倣に明け暮れし、すこし新機軸を出したものは、目もあてられぬような「古代」ペルシア語をデッチ上げた。そのような「古代」ペルシア語は、その背後に中世ペルシア語の文法やシンタックスを考えてはじめて納得がいく。「古代ペルシア語」だか、中世ペルシア語だか、わからなくなっている。わかっているのは日用語が中世語層にはいっていたということである。しかし、それにもかかわらず、ハカーマニシュ王朝を古代ペルシア帝国とよびうるから、このような碑文も「古代ペルシア」語碑文といえるかもしれない。

ハカーマニシュ朝期全般を通じて、このような「碑文の言語」のそとで行われたであろうペルシア語の形態やその史的変遷は把握することがむずかしい。ナクシェ・ロスタムのダーラヤワウ一世の王墓の入口右側のパネル、筆者のいう第4欄(九三ページ)の下半に二十五行にわたってアラム文字で記されている碑文が、この問題に光りを投げかけそうである。というのは、この碑文の作成を西紀前三一二―前三〇六／五年のあいだにおく説があるからである。しかし、破損があまりにもひどくて、いくつかの単語を孤立的に拾い集めるのがやっとのことで、一個の文章として理解することはまったく不可能であること、それに、アラム文字で表記する場合には語末の長音 -ā は文字では示されない場合のあること――このような事情のために、いちおう古代ペルシア語として作成されているのか、それとも中世ペルシア語として作成されているのか、決定しにくいのである。はなしが抽象的になって理解されにくいかと思われるので、二、三、例をあげて説明してみよう。

たとえば、一六行と二四行に 'wt と書かれているのがある。これは uta「そして」、avaθā「このように」という二様の古代ペルシア語によみとれる(一一四ページ)が、また ut「そして」という中世ペルシア語でもある。また、一九行にある m'hy は māhyā「月(一月、二月などの月)の」という古代ペルシア語(単数属格。ただし、単数所格 māhiy に後置詞をつけたもので「月に」とみる説もある)によみとれるが、また māh「月(暦月の)、太陰」という中世ペルシア語にもよみとれる(中世ペルシア語では語末に衍《えん》字、虚字 y を書くことがしばしばある)、といったような状況である。

このような解決困難な問題もあるが、これから取扱おうとする文学――その活動が、碑文の言語にみられる語彙やシンタックスを包み、しかもそれを越えた領域に展開されたであろうことは推察するにかたくない。したがって、その文学活動の成果も、碑文の言語を包越した「古代ペルシア語」で書かれた資料に求めなくてはならないが、実際には、そのような資料は伝存しないから、それ以外の資料、すなわち、古代ペルシア語によらない資料からこれをさぐり出すほかはない。古代ペルシア語によらない資料とは、具体的にいえば、ギリシア語資料、エレパンティネのパピルス文書(アラム語)その他のセム語資料(『旧約聖書』)、あるいは『アヴェスター』などがそれである。筆者は、第一部において、時には記述の本筋からはずれることもいとわずに、また時には叙述の細粗が均分にならない危険をも犯しながら、さまざまな状況や資料にして、読者には比較的なじみが少ないと思われるものを取りあげたが、それも、この第二部においてかかる非ペルシア語資料や非ペルシア的状況にくどくどしく言及するのを避けるためであった。もっとも、このように言ったからとて、古代ペルシア語碑文が「古代ペルシアの文学」を再構復原するのに少しも寄与しないというのではない。

では、その手はじめに、われわれはまず古代ペルシア語碑文から出発して「古代ペルシアの文学」の発掘旅行に出かけることとしよう。

二　教訓の文学

古代ペルシア語碑文が、その一部でなしに、一個の碑文全体として教訓を垂れている場合となれば、ダーラヤワウ(ダレイオス)一世のナクシェ・ロスタム碑文a(九三ページ)、ことに同b(一〇〇ページ)を挙げるにだれしも躊躇しないであろう。大王は碑文aにおいてもその末尾で、アウラマズダーの命にはよろこんで従い、至直の道をふみはずすなと戒めている。「公正なる道をふみはずすことなかれ」(paθim tyām rāstām mā avarada)には同じ語根 rad- から出た形容詞 rāsta-「公正なる」と動詞 rada「直行せよ」(avarada「はずれよ」)が用いられて美しい諧調をみせている。それのみか、この碑文aの冒頭は、同じ表現を繰りかえしながらゆっくり前進する語法に、叙事文学的な香りさえただよわせている。「偉大なる神はアウラマズダー——そはこれなる地界を創成し給い、そはあれなる天空を創成し給い、そは人の子を創成し給い、そは平安を人の子に創成し給い……」といって、「偉大なる神はアウラマズダー——そはこれなる地界、あれなる天空、人の子、人の子の平安を創成し給い……」などとはいわないのである。この一節はすでにスエズ碑文c(五五ページ)において「天空」を先きにし「地界」をあとにする形でみえ、スーシャー碑文e(八六ページ)では「創成」のかわりに「授与」を用い、同碑文t(八九ページ)では節尾を簡略にした形でみえているが、同f(八〇ページ)では固定して一種の辞式、フォーミュラとなっている。そこに詩形をみとめようとする説は賛成しがたいが、それが大王ダーラヤワウ一代の総括たる王墓にきざまれてかれの遺告となっていることは意義がふかい。

これなる地界、あれなる天空を創成したという神徳、つまり、天と地をはなして支える神の徳を讃えることは、『ヴェーダ』ではヴァルナ神（一四二ページ）について述べられているところであり、『アヴェスター』においてはザラスシュトラがアフラマズダーについて述べているところでもある（ヤスナ四四・四）。アーパダーナという語にも、天地をこのように理解する世界観がひそんでいると思われる（一六四ページ）。とすれば、アーパダーナの柱は、ヴァルナ神が天則の支柱をもって天と地をわかち支えているとされる、その支柱にもなぞらえることができる。その天則の道は、ナクシェ・ロスタム碑文aでは「公正なる道」(paθi- rāstā-)といわれている。これをふみはずすなという戒しめは、同碑文bにおいてダーラヤワウ一世自身の倫理性を公示するという形で、さらにくわしく説かれている。かれは公正(rāsta-)を愛し不正(miθa-)、虚偽者(drauǰana-)を悪むものであること、自身をもこの法によって律するが、弱者強者もその法の前には平等たるべきを謳っている。しかもこの態度は、かれが王位についてから終始一貫して堅持したもので、そのことはビーソトゥーン碑文、ことにその第四欄に明らかである。かれは虚偽(drauga-)、虚偽者(drauǰana-)を悪み公正を愛することを力強く勧奨している。これは、自身がこのように行動しうる特質をアウラマズダーから許与されたとする前提に立つものである。その意味において、公正なるものとはまたかかるかれに忠誠なるもの、不正とは虚偽《ドラウガ》すなわち不忠《アリーカ》であり、虚偽の徒は虚偽者(drauǰana-。drauga-に従うもの)と称される。大王のいう drauǰana- とはザラスシュトラ(ゾロアストラ)のいう drəg-vant-「不義者」に対応する古代ペルシア語的表現である。しかし、大王は、ザラスシュトラの教えを導入しながらも、自身と神とのあいだにこの預言者を介在させなかった。かれは神と自身とを直結する立場をとった(一四七ページ)。

このようなかれの態度にもかかわらず、ナクシェ・ロスタム碑文が一個の教訓文学であり、かつそれが王墓に刻されているために一個のテスタメントであること、両者を結びつければ訓戒を遺訓として表現するという表現形式が、ここには見られることになる。それに帝王という人物を点景として添在させれば、さらに興味のあるものとなる。

そういう方向での先例を求めるなら、大王クル(キュロス)二世のパサルガダイの葬廟を、まず挙げねばなるまい(一一ページ)。石造りの葬廟には今は碑文は残っていないが、かつてはこれに二碑文があったとされている。これはアレクサンドロス大王が実地検分したときの状況を伝えたもので、その情報源はアリストブロスとオネシクリトスの二人。小アジア出身の史家アリアノス(九五―一七五頃)(『アナバシス』六・二八・四―一八)と有名な地理家ストラボン(前六三―後一九)(『地誌』一五・七三〇)は、アリストブロスによるものとして、つぎのような碑文があったと伝えている。

人よ、余はカンビュセスの子キュロス、ペルシア人のためにこの帝国をたてたものにしてアジアの王である。それゆえに、余にこの墓を吝《おし》んではならぬ。(一部取意)

もちろん、この報告はギリシア語で伝えたものである。したがって「アジアの王」というような、ギリシア的に改訳されたものもあるが、これを「この地界の王」と改めれば、ほとんど逐語訳的に古代ペルシア語にもどすことができる。語順も古代ペルシア語のそれを忠実にふまえている。ストラボンには「カンビュセスの子」という表現は欠けているが、他は、アリアノスもストラボンもほとんど同一の表現を用いているので、碑文があったということは、おそらく事実であろう。

この碑文のほかに、碑文がもう一つあった。それはストラボン(前掲個所)だけがオネシクリトスの情報によって伝えているもので、それによると

諸王の王キュロスここに横たわる

という、きわめて短いもの。これは、そのまま古代ペルシア語に復原できるもので、原碑文の存在を疑う余地がない。この短い碑文には二語版があって、ともにペルシア文字であるが一本はギリシア語、もう一本はペルシア語であるとも伝えているが、ペルシア文字というのは楔形文字のことで、ギリシア語というのはエラム語のあやまりであろう。いずれにしても、クル(キュロス)二世の葬廟にあったとされるこれら碑文の造刻年代については、一一三ページに、これらの碑文に関してではないが、クル二世の碑文について述べたところを参照ねがいたい。

クル大王の場合は直接訓戒を垂れているとはいえないが、葬廟に記されるということは一つの遺告であり、また自分がペルシア人のために尽した業績にたいしてこの廟宇を吝むなと告げているところには、訓戒めいたものがある。訓戒はサーサーン朝期になって「教訓文学」というジャンルを形成して大いに愛好された。中世ペルシア語では訓戒はハンダルズまたはアンダルズ(handarz,

andarz)、時にはパンド pand という。中世ペルシア語であるといったが、厳密にいえば、これらはみなパルティア語で、ペルシア語なら、それぞれ、ハンダール *handāl、パン *pann となるはず。このような語音から察すると、この教訓文学というのはハカーマニシュ朝以前、つまりメディア王朝時代にまで溯《さかのぼ》りうるのではないかと思われる。中世ペルシア語で今日伝存しているハンダルズ文学をみると、教訓を垂れている人物は歴史上の存在から伝説上のそれに及び、階層も帝王・長老・聖職・高識・賢者などから子にたいする「父」一般のようなものまであって多種多様である。したがって、教訓の内容も宗教・倫理・政治・経済と多岐にわたっているが、ザラスシュトラ教的立場からする処世哲学を骨子としたものが多い。また、教訓の提示される場も臨終にさいしてとは限らず、特定の場を限定せずにも訓戒は与えられている。もし帝王の臨終にさいしての訓戒というふうに限定すれば、『カワードの子フスラウの教訓』(Handarz i Husraw i Kawādān) のごときものを挙げることができる。

サーサーン朝の明主フスラウ一世(在位　五三一―五七九)はカワード一世の子で、綽称アノーシャグ・ルワーン(Anōšag-ruwān「永霊王」――近世ペルシア語ノーシーラヴァーン Nōšīravān)で一般にはよく知られている。かれは貴族や祭司階級への支配権を確立し、税制兵制法制に大改革を加えて治績大いにあがったが、外患には憂慮すべきものがあり、南はヤマン(イェメン)をエチオピアから奪取してアラビアを手中に収めたが、西方ビザンツとの争いには決定的勝利が得られず、東

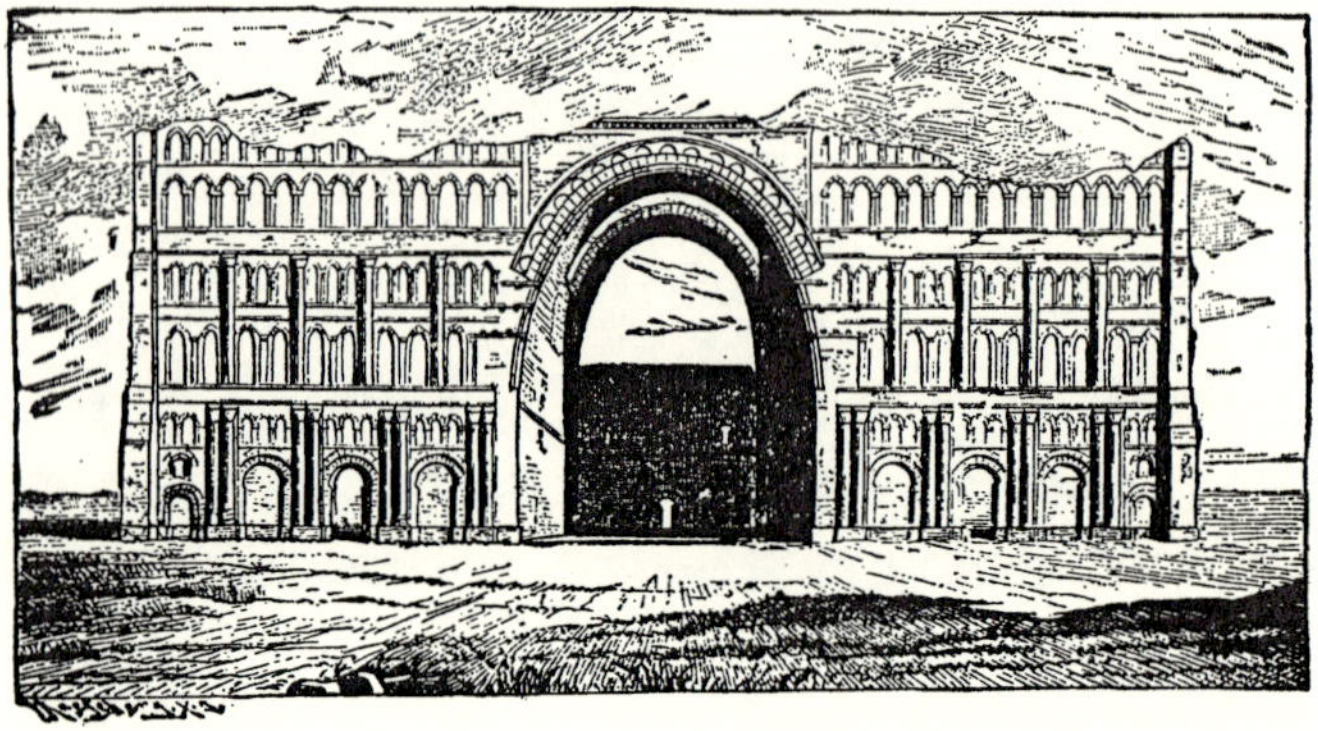

XVI　ターケ・ケスラー(「フスラウのアーチ」)

図は19世紀の景観．この王宮は大半がくずれ現在はその南翼(向かって左)を残こすのみ．北翼は1909年ティグリス川の大洪水で崩壊した．先のとがったアーチ型の円蓋(ドーム天井)はいわゆるイワンとよばれる建築様式．イワン(イーワーン)とはアーパダーナのくずれた形である．

方でも白匈奴は倒したがトルコ民族の脅威に直面しなければならなくなった。

しかし、そのような政治や軍事の面のほかに、文化の面では大いに見るべきものがあった。首都クテシフォン(テーシボーン)は旧都セレウケイアなどの数都市で構成され、その豪華けんらんさはティグリス河畔に現存してターケ・ケスラー「ケスラー(フスラウ)のアーチ」とよばれる壮大な王宮の遺構に、これを偲ぶことができる(図版XVI)。モザイックやストゥッコで装飾され、大きな庭園をそなえた王宮がいくつもあった。ここへインドやビザンツから多くの文物が将来された。医学や天文学の発達もその結果である。インドからは多くの梵本(サンスクリット書)が将来されて中世ペルシア語に訳出された。これらの訳本は、のちにアラブ語に翻訳されて、イスラム世界に流される。『千夜一夜物語』のなかにインド起源のモティーフの多いのはこのためである。

『千夜一夜物語』のみでなく、イスラム世界はこのルートを通じて多くのインド要素を受容した。その受容のしかたにはコスモポリタン・イランの面がみえて、ザラスシュトラ教の場合とは大きな相違がある。たとえば仏陀にたいしても、ザラスシュトラ教では「シナは地大物博なるも仏《ぶつ》を崇めるがゆえに、かれらは死しては魔徒となる」といい、史実としてもザラスシュトラ教の聖職カルデールによって沙門(仏僧)の追放が行われている(一四七ページ)のにたいし、これとは反対の立場で仏陀伝が受容され、いくつかあった仏陀伝の一つ『菩薩の書』(Būdāsaf-Nāmag)のごときは歴史的仏陀を架空的なアルシャク朝王ファラクワーンなるものの王子に仕立て、この王子「菩薩」が出家隠遁の決心をするが説得されて一王女と婚し、父王の没後王位をつぎ、儲けた一子が王朝最後の王アルダワーンであるとなしている。

このような取扱いかたの相違はアレクサンドロス大王の場合にも見いだされる。ザラスシュトラ教伝承によると、大王は聖典を焼却したというので三大魔の一人とされている(二二二ページ)が、別の伝承では、かれはイランの正統の帝王とされ、没後ミスラ神として崇めようとされている。異国文化に胸襟をひらいたペルシア、なかでもフスラウ一世の治世は、そういう方面で記すべきものが少なくない。医師ブルゾーイがインドに赴いて梵本『パンチャタントラ』をペルシアに将来し、それを中世ペルシア語に訳出するとともに、みずから創作したものをも加えて『カリーラグとダムナグ』を著わしたのも王の治世である(カリーラグとダムナグは梵本で主役を演じる豺カラタカとダマナカである)。インドから将来されたのは書物ばかりではなくて将棋のようなゲームもそうであった。将棋の移入をめぐってペルシア側とインド側のやりとりをおもしろく取扱った作品も、中世ペルシア語で伝存している。書名は『将棋の解き明かしとネーウ・アルダクシールの案出』(Wizārišn i čatrang ud nihišn i Nēw-Ardaxšīr)というが、これについてはあとでくわしく取扱うことにする(二五六ページ)。このような治世に君臨したフスラウ一世は、自身は哲学を愛好したが、一般民衆にはハンダルズ文学が人気を博した。かれの、前記した教訓(ハンダルズ)というのはつぎのごときものである。

カワードの子フスラウの教訓

このように言い伝えている——カワード(一世)の子、永霊王フスラウ(一世)は、臨終にさいし、生命が肉体から分離するに先き立ち、世の人々に教訓を垂れて言った「この生命が余の肉体からはなれたら、余のこの王冠は脱《ぬ》がせて墓にもってゆき墓に置けよ。そして世の人々の心に呼びかけよ『人々よ、罪業を犯すことをつつしみ善行をなすことに努めよ。そして現世の財貨を取るに足らぬものとみよ、というのは、昨日はこの肉体のなかったこの者に(今日は)この肉体があるからである。ここなる人々は、所と時を問わず、天則に三歩、より近づくこと(が必要)である。(余の)現世の財貨は山をなすとも、今日、手を(死せる余の)上におく者はだれも、不浄が付着するために、バルシュヌーム(の祓浄法)によって洗藻する必要があり、あるいは、神のまつりや、善き人々との対話を許されないのである。また、昨日王者の威光を笠にきて人に(助けの)手をさしのべなかった者は、今日は、不浄が付着するために、だれも手をおいてはくれないのである。

世の人々よ、平安であれ。政治は正しい心と抱擁することによって行わるべきである。務めに世の人々は努力精進せよ。作法と節度を実践せよ。そして実践と判断は寛大にして公正、かつ公正なる人々と一致するものであれよ。教訓を与えてくれる人々の賢明な教訓は傾聴して行動と節度への指針とせよ。

おのが持ち分に満足し他人の持ち分を盗んではならぬ。貧しい人々への施しには猶予遅滞せずにこういうことを考えてみよ、すなわち、已むなきときは財産の所有権は去りゆき、大きな、大切な財貨も不幸と貧困に転じるということを。

ここでの寿命はわずかで、かしこへの道は遠く、また、おそるべき告発者と公正な法官は負債(となっている悪行)のなかに善行を見いだしてはくれぬ。巧言と賄賂を用いてはならぬし、身体と霊のためには(それを)受取ってはならぬ。善行のほうが多くなされたのでなければ、チンワド橋を渡(って天国ガロードマーンにはい)ることはできない。かしこ(橋頭)には(神)ミフルやラシュヌのごとき公正な法官が(いて死者の霊をさばくのである)。

ガロードマーン行きとなるためには善き人となれよ。至福者となるためには嘲笑をしてはならぬ、なんとなれば、(他人の)美点をみとめることは、あらゆる所とあらゆる人にとって、なくてはならぬことだからである。

現世を宿《やど》と思え、そして身体を、平安で健全に保つように働かせよ。

罪は努めて棄てて天国的なるものをおのがものとせよ。

また、こうも言われている、人はみな、私はどこから来たのか、また私はここでいかなるものであり、また私はどこに帰っていかねばならぬのか、また私にいかなることが求められているのかを知らねばならない。それについて、余はこういうことを知っている、余は主オフルマズドの前から来たということ、そしてドルズ(大魔)を敗亡させるために余はここにあるということ、また主オフルマズドの前に帰っていかねばならぬこと、そして余には天則(と合致すること)が求められているということ、を。』」

賢者たちの義務は知慧のことばを教えることと品性を陶冶することである。

この教訓《ハンダルズ》をつくりこの命令を下し給うた、カワードの子・諸王の王フスラウが永霊者にてましまさんことを。このようにましまさんことを。

安息と歓喜をもって(これを書き)終えた。

これは、史上の帝王が臨終にさいして述べたハンダルズであるから、形式上は、ダーラヤワウ一世の大王墓におけるナクシェ・ロスタム碑文に相当する。散失して伝存しないが、サーサーン朝の開祖アルダクシール一世(在位 二二四—二四〇)には子シャーブフル一世(在位 二四〇—二七二)に与えた教訓の書があって、アラブ語で『子サーブールへのアルダシール・バーバカーン(バーバグの子アルダクシール)の教訓の書』といっている。臨終の語かどうか不明であるが、このように既存今欠の作品を知るには、アン・ナディーム(九三五頃—九九〇)の『キターブ・ル・フィフリスト』(Kitābu 'l-fihrist)が貴重な手引きとなる。アン・ナディームは書店を経営していた父親を助けるために、書物やその著者について資料を集めたが、おもにバグダードを中心に活動し、やがてそれらをまとめて書物に仕上げた。これが前記の書で、成立年代は九八七—九八八年の間とみられる。余白を残し他日の補充を期していたが、かれはそれを果たさずに逝った。イスラム学はもとより、歴史、地理、比較宗教学からギリシアの科学にまで通じたかれのこの書は、中世文明の諸相をさぐるうえに不可欠の文献となった。

アルダクシール一世やフスラウ一世のものは帝王のハンダルズであるが、帝王でないものの例をあげれば『ボークタグの子ワズルグミフルの回想』(Ayādgār i Wazurgmihr i Bōxtagān)もその一つ。ワズルグミフルはフスラウ一世の宰相といわれているが、この名で実在していたかは疑問であり、先述したブルゾーイと同一視する人もあるが、これも決め手はない。この『回想』において、ワズルグミフルは先ず、大王フスラウ一世の委嘱をうけてこれを作成し王の宝庫に納めた旨をのべ(第一節)、ついで、地上のものはみな滅び変化し時間は一切を忘却のなかに葬ってしまうが、総審判後の再建世界は永遠に存続し、善行の滅びぬことを説いて自己の信条を告白し、おのが名をこの世に残すために以下のごとき語録を草することとした(二―四)として、まず一連の問いをかかげ、問いにたいする答えはつぎの問いへの導火線となるように配列されている。罪なき人は幸福な人であるが(五―六)、罪なき人とは神の法を守り悪魔の法を斥《しりぞ》ける人のことである(七―八)。神の法は善思善語善行から成り、悪魔の法は悪思悪語悪行から成るとし(九―一〇)、ついで、それらが順次に説明されている(一一―二二)。五節へだてててつぎには、人間が戦うべき邪悪としての十ドルズ(魔)に関説し、これを説明する(二八―四一)。オフルマズド(アフラマズダー)が知慧、品性、希望、満足、デーン(教法)、高識の教示をつくり出したのもそのためだとし、一々説明する(四二―五六)。……運と行動については肉体と生命の関係だとし、両者が結合してこそ大利あるものとし、運はものを取得するの因にして行動は手段であるという(一〇五―一〇九)。その他の諸節(一一〇―二六四)の問答は倫理格言の設定にあてられている。たとえば、慈善者の手はもっとも広く(二二〇)、吝嗇家の手はもっとも狭く(二二二)、またもっとも空虚(二四〇)とか、感謝せぬ人への施しと不義の人との交わりはもっとも不生産的である(二三七)、等々である。

筆者がこれから書こうと考えている諸項目では、このワズルグミフルがしばしば姿をあらわす。霊感や霊能を必要とするときは、かれが引き出されるからである。右にあげた『回想』がハンダルズであるように、『シャーナーメ』にも「ブーズルジュミフル(ワズルグミフルに対応する近世ペルシア語)がノーシーラヴァーン(アノーシャグ・ルワーン「永霊王」に対応する近世ペルシア語)に諫告《パンド》を与えるのこと、および善行と善語についてかれが陳述するのこと」という一節があって、ブーズルジュミフルは永霊王に、つぎのように言っている。

王室の羊皮と紙葉の上に数語をパフラヴィー語(中世ペルシア語)でわたしはしたため
庫官に托した、それというのも時が来て王が読み給うやもしれぬため。
見ますところ、ゆるゆる動くこの穹窿は秘密にたいし唇《くち》を開かぬでありましょう。
たとい人が祭りの場をはなれ、おのが手中の命《いのち》を戦さにもってゆき
世界を敵から解放し諸魔の障害から自由となり
くまなく世界に君臨し随所におのが綸言を実現し
豪勇よく広大な世界を掌握し花圃と庭園、馬場と宮邸をつくり
財宝を貯《たくわ》え児孫を集め多くの日数を恣欲のなかにすごし

軍勢と財貨をよせあつめ、その宮邸とイワン(一六二ページ)は飾りたてられ
貧民が苦難にありながら、みずからは四方八方から名声と財宝をよせあつめ
金銀をおびただしく集めても、かれが百歳以上になることはないでしょう。

かれの辛苦は塵となって結実せず、かれの財宝はことごとく敵(の手)に残るでしょう。

(かれには)児孫も残らず、玉座も王冠も残らず、王者のイワンも、財宝も軍勢も残らぬでしょう。

かれの息吹きがやむとき、世界にはだれひとり、かれの回想をもつことはないでしょう。

ここでの営みの上に日がすぎ去りゆけば、よき名のみがかれの記念《かたみ》となるでしょう。

地上のもののうち、永遠なのは二つのもの、そしてただそれのみです。他はすべて、だれとともにも残らぬでしょう。

立派な言詮とよき行動は、世のあるかぎり、残るでしょう。おお、幸いなる(王)よ。

太陽によっても、また水によっても、はた風や塵によっても、浄《きよ》き名と言辞は破壊されぬでしょう。

月日のめぐりはこのようにあるでしょう「幸いなるは謙譲と節度とともにある人」と。

王よ、罪業を犯し給うな、罪業は霊をして、ためにはずかしめをうけさすことができるのです。

被害なく利あることを選び給え、これがディーン(聖教)の教えと法だからです。いくつかのことばが私の記念《かたみ》となります。それはけっして朽ちるものでないと私は考えています。

ブーズルジュミフル(中世ペルシア語ワズルグミフル)はこういって、このあとに、栄光ある人とは、とフスラウ王が問うのに答えて、それは(大魔)アーハルマンが道からはずれさせない、罪業なき人のことですと言上する、等々のごとき問答がつづくのである。中世ペルシア語書『ボークタグの子ワズルグミフルの回想』から近世ペルシアの叙事詩『シャーナーメ』へとうけつがれたこの教訓(ハンダルズ)文学は、それがいかにイラン民族の好みに投じたものであったかを裏書きするものである。だから、クセノポンが『キュロスの教育』にこの文学の一面をみせているのも理由のないことではない。

ペルシア人は、ギリシア人にとっては、いわば不倶戴天の敵でもあった。そのような敵国の王者キュロス(古代ペルシア語クル)が、クセノポンの『キュロスの教育』では、理想像として描《えが》かれている。この作品のキュロスとは、いうまでもなく、大王クル二世であるが、作品中の状況描写にはクル一世の時代も含まれているように思われる。しかし、それはともかくとして、大王クル二世がこのような取扱いをうけるには、それだけの理由があった。かれのすぐれた軍事的政治的手腕だけでは、クセノポンをとらえることはできなかったはずである。ユダヤ人にたいする態度(一〇ページ)を単なる政策に帰してよいであろうか。捕われの敵人にたいする寛容も(一〇ページ)そうである。クセノポンはこのような大王の臨終の前後を、つぎのように描いている。――キュロスが高齢になったとき超人がヴィジョンのなかにあらわれ、かれに神々のもとへ旅立つ用意をととのえるように告げる。そこで、かれは、しきたりに従って、神々に恒例の祭儀を行い感謝の祈りをささげ、妻子、友人・祖国のために祝福を祈願するとともに、神々が自分に授けた生涯が美しかったように、臨終もまた美しからんことを祈った。三日めに王は二子カンビュセス(古代ペルシア語カンブジャ二世)とタナオクサレス(クテシアスではタニュオクサルケス。「巨軀者」の意味。古代ペルシア語バルディヤにあたるが、この語を「巨大な」の意味に解したもの)、友人、宰相らをよんで一場の告論を発し、カンビュセスを後継者、タナオクサレスをメディア、アルメニア、カドゥシア(カスピ海の南西地方)のサトラペスに指名し、和合と兄弟愛を保てよと子らを戒しめている。その告論というのは大要つぎのようなものである。

わが子らよ、そしてここに侍る友なるすべてのものたちよ。わたしの命《いのち》の終わりはすでに近づいている。わたしは、多くの徴《しるし》により、このことを確実に知っている。わたしが死んだら、御身たちはつねに、幸いなる人についてそうするように、わたしについて語り、またふるまってほしい。というのは、わたしは少年としては少年のあいだで、また青年としては青年のあいだで、また成人男子となっては成人のあいだで最良と思われるものを享受したと考えるからである。時の経つにつれ、わたしは自分の力が齢《とし》とともにつねに増してゆくのを覚えたので、老齢のために青春よりわたしがさらに弱ってゆくことはなかったし、また企てあるいは望みながら、わたしの得なかったものをわたしは知らないのである。そのうえ、わたしは生きながらえて友たちがわたしによって幸福にされ、また仇敵どもがわたしの断役に服するのを見た。そして、さきにはアジアに跼蹐していたわが祖国を、わたしはいま、栄光冠絶したものとして、あとに残して逝《ゆ》くのである。わたしが略取したもののうちで、わたしの保持しおおせなかったものは一つもない。過ぎ去った日々に、わたしはわたしの所望したように日を送った。しかし、来たらんとする日に不幸を見、聞き、あるいは、蒙るのではないかとの惧《おそ》れがわたしに纏絡《てんらく》して、慢心したり有頂天になることを、わたしにゆるさなかった。しかし、いまでは、わたしが死んでも、わが子らよ、わたしは、神々の授けてくれた御身たちをあとにのこしてゆくことではあり、また、あとには祖国と友たちを幸福裡にのこしてゆくのである。それゆえに、わたしは祝福されたものとして永遠に記憶されてどうしてよくないのであろうか。

二子への戒しめにはつぎのようなことばがあるが、そのまえにある霊魂と肉体に関する考察にはクセノポン好みによるソクラテス的見解がうかがわれる。

神々のつぎには、御身たちは、つづいて出てくるすべての人の子をもおそれよ。というのは、神々は御身たちを暗黒のなかに隠し給わず、御身たちのもろもろのわざは万人にあらわに、つねに生きてゆかねばならぬからである。もしも、それが浄《きよ》くて、もろもろの不正から離れていることがあらわとなれば、それは御身たちに力のあることを万人のあいだに顕示するだろう。しかし、もし御身たちが相互にたいしてなんらか正しくないことを想うならば、御身たちは、信をおかれる資格を万人に失うだろう。

以上はクセノポンの『キュロスの教育』八・七のなかから適宜に取意して引用したものであるが、フェルドウシーの『シャーナーメ』にもこれと類似の場面がいくつもあるところから、われわれは、クセノポンのよった典拠にペルシアのものが含まれていたと推定することができる。この間の事情を明らかにするためには、この両書の対応個所を状況構成や内容の面から比較対照してみる必要があるが、読者にはまったくなじみのない多くの人名を、必要だからとて、雑然と断片的に引用することも、いささかはばかられる。そこで、そのような比較対照にはいる前に、それらの人名が伝説をまじえたイラン史においてどのような地位を占めているか、まず、そのことから明らかにしていこう。ただし、人名といっても、当面のテーマに必要なものと、これから本書において機会あるごとに登場する人名——だいたい、そういう範囲のものを系譜的に取りあげて中世ペルシア語形で登場させ、必要な場合は近世ペルシア語形、その他をカッコ内に付記するなどの方法をとることにしたい。

中世ペルシア語の諸書を綜合して「イランの歴史」を伝えると、つぎのようになるかと思われる。オフルマズド(アフラマズダー)の創成した「人間の原型」ともみるべきガョーマルトが悪霊アフレマンの攻撃をうけて死ぬと、そのとき放出した精液は地中に保存され、これから大黄が芽ばえ、やがてそれが男女の形となる。マシュヤグ(異形マルディヤグ)、マシュヤーナグ(異形マルディヤーナグ)のふたりで、この兄妹は夫婦の交わりをして男女が七人ずつ生まれ、かれらがそれぞれ一組ずつの夫婦となり、世界を構成する七洲の主となった。そのうちの一組であるスヤーマグとナシャーグからフラワーグ、フラワーギーなる兄妹夫婦が生まれ、この夫婦からさらにホーシュヤング(ホーシャングともいう)とゴーザグなる兄妹が生まれる。この最後の二人からウィーワング兄妹が生まれ、このウィーワング夫婦の五子がタクモールブ、ナレサフ、スピドユル、ジャム(ヤムともいう)とジャマグ(ヤマグともいう)。人類の直接の始祖は、したがって、マシュヤグとマシュヤーナグ、意味はいずれも「死すべきもの(男・女)」。

その子孫のホーシュヤングというのは『アヴェスター』ではハオシュヤンハ Haošyaŋha といい、これに綽称パラザータ Paraδāta がついてハオシュヤンハ・パラザータとよばれるが、中世ペルシア語書ではパラザータをペーシュダード Pēšdād「さきに創成されたもの」と訳し、そこからペーシュダード王朝なるものをつくりあげた。かれについで世界を支配したものはタクモールブ。また、ウィーワングとは『ヴェーダ』のヴィヴァスヴァント、『アヴェスター』のウィーワフワントで、ヴェーダ流にいえばヤマとヤミーなる兄妹の父、アヴェスター流にいえばユィマとその妹(名は示されていない)、中世ペルシア語でいえば、前記のように、ジャムとジャマグなる兄妹の父である。

『ヴェーダ』とは異なり、イラン側ではユィマ=ジャムは「黄金の時代」の地上に君臨した帝王としてユィマ・クシャエータ＝ジャム・シェード（「ジャム王」）とよばれ、この呼称はジャムシードとして、いまも語りつがれている。かれの王国は不寒不暑、不老不死、六百十六年六か月におよぶ長い治世は燦然たる栄光につつまれ、かれは人天を支配して七洲の全世界をよく掌握した。しかしかれは忘恩の言辞を弄して光輪と王位を失い、百年間蒙塵流浪の生活を送るが、ついに弟スピドユルにのこぎりで切断された。いわゆる「ジャムの千年紀」はこれで終わり、ついで「ダハーグの千年紀」がはじまる。もっとも、「千年紀」といっても、いずれも千年を完全に満了するわけではなく、年数も長短さまざまである。

ダハーグ(近世ペルシア語ズッハーク)は『アヴェスター』にアジ・ダハーカ「竜ダハーカ」(中世ペルシア語アズダハーグ、近世ペルシア語アジュダハー)として登場する怪物で、三口六眼千術をそなえ残忍暴虐の限りをつくした。スピドユルをそそのかしてジャムを殺させたのもかれの仕業《しわざ》であった。この恐怖の千年紀がまさに終わろうとする前にフレードーン(近世ペルシア語フィレードゥーン、アヴェスター語スラエータオナ)が来てジャムの仇をうつためにこのダハーグを捕えドゥンバーワンド(いわゆるデマヴェンド。テヘラン東方の高峯)に縛《しば》りつける。ダハーグの千年紀はこれで終わり、第三の千年紀がこれにつづいてはじまる。

フレードーンは治世五百年、マーザンダラーン人(カスピ海南?の蛮族)を討伐し善政を布くが、やがてその世界帝国を三子、サルム、トーズ、エーラジュにわかち与える。中華ともいうべきイランなどを受けた末弟エーラジュをねたんで長兄ふたりはかれのみか、かれの子どもらを一人残らず殺害するが、ただひとり少女ウェーザグ(ゴーザグともいう)のみ難をまぬがれた。かの女は祖父フレードーンによって山中にかくまわれて成人し、三百三十年のあいだに、かれとの間に三千人の子を儲けた。フレードーンからエーラジュへと受けつがれたイランの王位は、エーラジュの後裔とされるマーヌシュチフル(近世ペルシア語マノーチフル)がうけ百二十年統治するがトゥーラーンの英雄フラースヤーブ(アフラースヤーブともいう。アヴェスター語フランラスヤン)と争って敗れ、子ノーダル(近世ペルシア語ノーザル)とともに倒れ、フラースヤーブはイランの僭主となる。しかし、タクマースプの子ウザウがかれを逐《お》い、五年間イランを統治した。その間、かれは捨て児とされていたカワードを見つけて養育し、やがて王位はこのカワードに移ることになる。

これまでに述べたところは、はじめにも記したように、中世ペルシア語の諸書によったものである。しかし、それらの諸書はほとんどザラスシュトラ教系のものであるから、取扱いも民族伝承にもとづくものとは若干、相違する。『クワダーイナーマグ』や『シャーナーメ』によると、原始巨人、あるいは、人間の原型ともいうべきガョーマルトが最初の人間にして最初の帝王となり、ホーシュヤングがその後継者となる。そしてそれ以降、ウザウにいたるまでの原王らを、すべて、ペーシュダード王朝とみなしている。したがって、ダハーグも、この王朝を一時僭奪した人間僭主とみなされている。もっとも、怪物としての面を完全に払拭してはいないが、「ダハーグの千年紀」に君臨する支配者としては取扱われていない。

ところで、ウザウにみつけられたカワードから、新しいカイ王朝がはじまる。カイとはアヴェスター語ではカウィ、もっと正確にいえばカワイという。中世ペルシア語ではプリンスとか王の意味で用いられているが、もともとは東イランに君臨した一連の支配者のことで、この語を冠《かぶ》せた人名が八人、『アヴェスター』では伝えられている。(1)カウィ・カワータ、(2)同アピウォフ、(3)同ウサザン(ウサンともいう)、(4)同アルシャン、(5)同ピシナフ、(6)同ブヤルシャン、(7)同スヤーワルシャン、(8)同ハオスラワフがそれで、後期の伝承によると(1)は(2)の父、(2)は(3)(4)(5)(6)の父、(3)は(7)の父、(7)は(8)の父とされ、この八人が五累代を形成している。かれらのなかには空名を擁するにすぎないものもあり、ここではさしあたって、(1)(3)(8)のみを取りあげておきたい。

中世ペルシア語では、それぞれ、(1)カイ・カワード、(3)カイ・ウス(カイ・カョースともいう)、(8)カイ・フスラウという。カワードは素姓不明の捨て児として登場することは前述のとおりであるが、じつは、かれはマーヌシュチフルの子ノーダルの血をひいてマーヌシュチフルの後裔にあたるとされている。かれは治世百年、カイ・ウスは同百五十年、カイ・フスラウはその治世六十年をツランのフラースヤーブとの抗争に終始し、ついに訪れた平和にも世を厭い、ロフラースプ(前記(5)の後裔とされる)に譲位して姿を消す。ロフラースプはバルク(バルフ)に居城を構え在位百二十年ののち、子ウィシュタースプ(近世ペルシア語グシュタースプ、アヴェスター語ウィーシュタースパ)が王位を継ぎ、その治世三十年をもってフレードーンにはじまる第三の千年紀は終わりを告げ、ついではじまるのがザラスシュトラ(中世ペルシア語ザルドゥシュト)の千年紀。かれがアフラマズダー(中世ペルシア語オフルマズド)の啓示をうけて世に布きこのウィーシュタースパ王を入信させることになるが(一四五ページ)、王位のほうは王の没後、孫ワフマン(近世ペルシア語バフマン)がついだ。このワフマンには世継ぎがなかったので、フマーイなる女性が創作される。かの女はウィーシュタースパ王の王女にして妃であるフマーヤー(アヴェスター語形)からつくり出されたもので、ワフマンの娘とされ、かの女とワフマンが通婚することになる。ワフマンはみごもったかの女の子を王位継承者に指定して逝去した。しかし、フマーイには親政の意志があり、生まれた子を箱に入れて川に流した。カイ・カワードの場合と同じモティーフである。かれは職人に見つけて育てられ、ダーラーイ(古代ペルシア語ダーラヤワウ)と命名され、長じて対ギリシア戦に武功をたて、母后に認められて王冠を授けられる。これがダーラヤワウ=ダーラーイ一世で、カイ王朝とハカーマニシュ王朝とは、このような方法で、むすびつけられている。以上のことも、主として中世ペルシア語書によったが、民族伝承においても大筋ではこれと大差はない。ここで、はなしを、もとにもどそう。

『キュロスの教育』における、大王に死期の近づいた前後の様子は、『シャーナーメ』におけるカイ・コスロウ(中世ペルシア語フスラウ)を想起させる。かれが七日間祈願をささげると天使サローシュ(中世ペルシア語スローシュ)がかれにあらわれ、かれの逝世の近いことを警告する。そこでコスロウは遺言を人々に伝え、貴族たちに采地を授け、ロフラースプを後継者に指定して妻妾に別れを告げている。臨終をめぐる状況構成はキュロスの場合と同一である。イランの帝王をめぐる叙事文学の構成方式に一定のパターンがあったことを物語るものというべきである。また、臨終にさいしての告諭や遺訓の場合をみてみよう。

キュロスの臨終の告諭が未来への展望を含みながらも過去への回顧をもって貫かれていると同じように、『シャーナーメ』におけるマノーチフルも臨終にさいして子ノーザルに心構えを説くにも回顧をもってはじめている。かれは「余は労苦と苦難の百二十余年を経験したが、その間に多くの愉悦と心願をも果たし敵を戦さにいどんだ。フィレードゥーンの光輪(一六ページ)と教訓《バンド》に助けられて時運を有利にひらき、祖エーラジュの仇をも報ずることができた。こうして世界を魔障から解放し多くの城市城壁をきずいて王業を完遂したが、いまや、わたしは、すぎた歳月は幽冥の中に没して、世を見たこともない人のよう」という意味のことばをのべ、ノーザルを戒しめてこういっている。

そなたのあとにつねに残る徴《しる》し(回想)は、ながい年月をこえていくであろう。

それが祝福されぬものであるということは、あるべきことでない、というのは清浄な生まれのものは清浄なみ教え《ディーン》を奉ずるからである。

心せよ、神のみ教えから、そなたの離れぬように。なんとなれば、神のみ教えは清浄なこころをもたらすからである。

また、グシュタースプ(中世ペルシア語ウィシュタースプ)王の場合をみよう。王位継承者を定め、この新王やそれを補佐する人々にこう戒しめている。これは、内容からみて、キュロスの、二子への戒しめを想起させる。

余ののちにはバフマンが王となれよ、バシュータンが、そのかれのほかならぬ腹心となれよ。御身たちはかれの命令に頭《こうべ》をそむけるな、御身たちはかれへの忠節から遠ざかることなかれ。めいめい御身たちはかれが道の指示者となれよ、なんとなれば、かれは玉座と王冠にふさわしいからである。

そなた（バフマン）はつねに正しきを行えよ、なんとなれば、正しきよりわざわいが、なにをするにも、そのなかにはいって来ることはないからである。

……………………………………………………

バシュータンは中世ペルシア語ピショータンを経てアヴェスター語ピシシュャオスナにさかのぼり、グシュタースプ＝ウィシュタースプ＝ウィーシュタースパ王の子である。

このように比較観察してみると、クセノポンの描くキュロスの像が実録であると否とにかかわらず、それが、メディアを含めた古代ペルシアの資料、すなわち、いくつかあったキュロス伝のどれかによったものであることを首肯させる。したがって、クセノポンの伝える大王臨終の遺訓も古代ペルシアのハンダルズ文学の一つとみることができる。

さて、キュロスの告諭も終わりのほうになると、遺体の取扱いかたを指令して、つぎのようにいっている。

さて、わたしの遺体のことであるが、わが子らよ、わたしが死んだら、御身たちはそれを黄金のなかにも、白銀のなかにも、ないし、その他いかなるもののなかにもおかず、できるだけすみやかに大地に托せよ。というのは、美しいすべてのものと佳きすべてのものを生んで育てる大地と一つにされることよりも、なにものか、よく、より幸いとされるであろうか。わたしは、つねに、人類の友であった。それゆえに、いま、わたしは、この人類を利益《りやく》するものと、よろこんで抱合しようと思うのである。

ところが、パサルガダイの大王の葬廟は、この遺言とは、およそかけ離れた施設であった。この廟宇は前後二回、アレクサンドロス大王が実地に検分している。二回めに、インドよりひき返して検分したときは、内部は掠奪されていたが、一回めの実況はアリアノス(『アナバシス』六・二九・四以下)とストラボン(『地誌』一五・七三〇)が、アリストブロスによって伝えているので、きわめて明白である(一九七ページ)。それによると、大王の葬廟は水の流れる園庭の中にあり、墓室には棺架がおかれて大王の遺体をのせていたが、その棺架はバビロンの絨緞と紫染めの毛皮でかざり、純金の脚がつき、棺架の上には、また、バビロン製の王帽その他の衣裳が、メディアのズボン、鎖、短剣ならびに宝石をちりばめた黄金の耳環とともに、ならべられていた。この豪華な施設は、クセノポンが大王に遺言させている指令とは、はなはだしい差がある。差があるといっても、この報告を疑うわけにはいかない。『シャーナーメ』によると、このような豪華な取扱いこそイラン古来のしきたりで、それは、アレクサンドロス大王やフスラウ一世(サーサーン朝)にもみられるものである。アレクサンドロスにたいする見方が民族伝承とザラスシュトラ教の伝承とでは大差のあることは、さきにも一言した(二〇一ページ)。ザラスシュトラ教徒の伝承ではかれは、アジ・ダハーカ(二一四ページ)、トゥーラーンのフランラスヤン(前述)とならんで三大罪悪者の一人とされている。かれがエジプトからイランに攻めのぼったという史実もザラスシュトラ教徒には特異な解釈を加えられた。

だいたい、エジプトは反イラン的巣窟とされ、しだいに発展して魔域とされた。マニ教でも、エジプトは悪の世界たる物質界になぞらえられている。中世ペルシア語書でイラン侵攻前のアレクサンドロス(中世ペルシア語アレクサンダル、ほか)を形容して「エジプトに駐留していた(やつ)」(Muzrāyīg-mānišn)と称するのも、特別な意味がこめられている。このような扱いをされるのは、ザラスシュトラ教徒の伝承によると、かれがペルセポリスを焼いたさい、そこに収蔵されていた聖典も烏有に帰したとするからであるが、これにたいし、民族伝承は、このかれをも、ペルシアの正統の帝王とみなすのである。かれは、ハカーマニシュ朝の大王たちと同じく、諸王の王にして神々の裔、ミスラ神と同位にして太陽と同等なるものとされている。かれの没後、ペルシア人はかれをペルシアに葬り神ミスラとして崇めたいと望み、遺体を手に入れようとしてマケドニア人と争ってさえいる。

このことはプセウド・カリステネスの『アレクサンドロス譚』にみえるもので、本書は七世紀のはじめに中世ペルシア語で改作され、それがさらにシリア語に訳出されて伝存している。このようなアレクサンドロス大王が、『シャーナーメ』において、「イランの帝王」と同じような遺体の取扱いかたを命じているのも、もっともなことである。大王は母あての書簡につぎのようにしるしている。


まず、こうです、黄金の柩をつくり、わたしの遺体の上なる屍衣は竜涎香でみたしてください。

それ(屍衣)は、わたしにふさわしいシナの金襴です。だれもわたしへの配慮から頭《こうべ》をそらせてはならぬ。

わたしの柩の裂け目はみな、瀝青でふさいでください、また、樟脳と麝香とアロエもつかってです。

まず、そのなかに蜜を注いでください、(そして)蜜の上と下にシナの錦《にしき》を(おいてください)。

そのあとで、わたしの遺体をそのなかにいれてください。(わたしの)顔を蔽うてくだされば、

(これでわたしの)言葉はおわるのです。


フスラウ一世の指令はさらに詳細かつ豪華で、大王生前の情景を再現することを意図していた。それによると、人煙を遠ざけたところに葬廟を建て壁画にかれの宮廷、貴族、軍隊を描き床には絨緞をしきつめて香水をまく。遺体には香油をぬり、新しい五枚の金襴衣をきせる。王冠は象牙の王座

にのせ、遺体の右と左には生前常用した皿と杯のほかに、大杯二十個にバラ水、酒、サフランをつぎ、二百個の大杯に樟脳と竜涎香をつめておくようにとある。『シャーナーメ』にみえる、アレクサンドロスやフスラウ一世の、遺体の取扱いや葬廟に関する指令、それに、クル（キュロス）二世の王墓に関する実録、そういうものをつきあわせてみると、それがイランの帝王の常道であることがわかる。クル二世は、実際は、クセノポンが伝えているように、簡素な取扱いを指示したのに、その指示に反した取扱いをされた、などと考えることは、むしろ誤りである。クル（キュロス）伝にはいくつかの版があった。この英傑には当然のことであるが、どの版においても、大王は帝王としての遺体の取扱いかたを指示していたに相違ない。しかし、そのような大王は、ソクラテス的賢者としての大王を描こうとするクセノポンの立場からは、受けいれにくいものであった。

筆者は「教訓の文学」としてダーラヤワウ（ダレイオス）一世のナクシェ・ロスタム碑文を手はじめに、クル（キュロス）二世、くだってはサーサーン朝期の帝王をめぐるいくつかの場合をとりあげ、臨終にさいしてのテスタメントの形をとる例を主として取扱ってきた。しかし、そうした展望のなかにおいても、教訓の提示される場や提示する人物も多種多様であることを指摘し、この文学の形式が古くからイラン民族に愛好されたことをものべた。最後に、そうした一つの例として、中世ペルシア語の小篇『満足という薬』(Dārūg i hunsandīh) を投与してこの項を終わりたい。諧謔《かいぎゃく》をまじえたこの処方箋、効果もありそうだ。

満足という薬

対策の処方されていない事柄《もの》にたいしては、満足という薬がある。そして、その対策を与えるのがこの安静剤である。その一服は分量一ドラフム(drahm)。(内訳はつぎのとおり。)

満足を心でこねまわす、すなわち、それをわきまえて知ること――分量、一ダーング(dāng)。

これを私がしないときは、なにを私はしようか――分量、一ダーング。

今日より明日へと、よりよくならねばならぬ――分量、一ダーング。

これより、よりわるくなることのありえぬように――分量、一ダーング。

(すでに)起こったこのことに満足すること、すなわち、私がより平安となること――分量、一ダーング。

私が満足しないときは、仕事をしても、より幸いとはなるまい。すなわち、私がより不安であるということ――分量、一ダーング。

これらの薬を忍耐(škēbāgīh)の臼にいれ、敬虔の杵でつき、少欲(nidwarīh)の絹漉しでこし、そして毎日、未明に二服、神々への帰依という匙《さじ》で口にほうりこみ、「行なってさしつかえない」という水をも、そのあとでのみ、ついで疑心をすてて満足することだ。というのは、肉体にも霊にも、いちばんためになるからである。

満足(hunsandīh)というのは、少欲、忍耐、忍従(bārestānih)などとともに、ザラスシュトラ教徒が処世のかなめとして勧奨された徳目であった。

三　説話の文学

筆者は前項において大王ダーラヤワウ(ダレイオス)一世の王墓碑文から出発して「教訓の文学」を掘りおこしたが、こんどは同じ大王の、最初の碑文ビーソトゥーン碑文から出発して「説話の文学」を掘りおこしてみよう。

ビーソトゥーン碑文については、そこに彫られている人物の群像や、碑文そのものの内容は一七ページ以下において、くわしく取扱った。この碑文の造刻年次は前五一九年である。ところが、クテシアスによると、人物の群像はアッシリアの女王セミラミスとかの女をめぐる親衛兵、碑文は、同女王が駱駝《らくだ》の荷をつみかさねてこの山に登った旨をシリア文字でしるしたもの、とのことである。クテシアスはアルタクシャサ(アルタクセルクセス)二世に侍医として十七年間奉仕していたので、ビーソトゥーン碑文ができてから一世紀半にもみたないころである(一七六ページ)。クテシアスはこの十七年間に参照した「王の書から」『ペルシア誌』を述作したといっている(一七六ページ)。筆者が「書」と訳したことばはギリシア語 diphtherai(diphtherā の複数)で、本来は「なめし皮」である。

羊や小牛の皮は古くから紙のかわりに使われた。いわゆる、羊皮紙や犢皮紙である。エジプトの知事だったアルシャーマ(六六、二三五ページ)が下僚にあてた書簡が十通、下僚から下僚にあてたものが三通、いずれも羊皮紙にアラム語でしたためたものが伝存しており、内容からみてみな公用文書である。『旧約聖書』にも羊皮紙の使用されたことを裏書きする記載がある。『エズラ記』五―六章によると、バビロンからパレスチナに帰ったユダヤ人(クル〔キュロス〕二世によって解放された第一次帰還者)がエルサレムの神殿を再建しつつあるのを阻止しようとして反ユダヤ勢力からダリヨス(ダーラヤワウ一世)に上表書が提出された。それによると、かれらユダヤ人は「バビロンの王クロス(クル＝キュロス二世)の元年にクロス王が再建許可の命令を出されたので、われらはそれにもとづいて再建中である」と申していますが、これが真実かどうか、バビロンの王の宝庫をしらべてください、というのである。前五一七年のことである。そこでダリヨス王は命をくだして、文書がおさめてある宝庫をしらべさせたところ、メディア州の都エクバタナ(古代ペルシア語ハグマターナ、現ハマダーン)で一つの巻物を見いだし、調べたところ、ユダヤ人の言いぶんの正しいことがわかった云々ということである。ここにみえる「巻物」というのは原語(アラム語)ではムギッラー(m^egillā)という。この語は語源的には皮革を意味するものではないが、ここでは羊皮紙の類を意味するとみなければならない。

　こうした風習、つまり、紙のかわりに獣皮を使うことはヘロドトス(『歴史』五・五八)も伝えている。山羊や羊の皮を、バルバロイ(ギリシア人以外の異邦人)は今でも紙のかわりに使っているといっている。ペルシア人とはいっていないが、ペルシア人も含めて理解してさしつかえない。パピルス紙はエジプトでこそ豊富かつ廉価だったが、まだこの時代には多量に輸出されなかった。このため、高価な羊皮紙が、価格を心配する必要のない公用文書などには、ずっとのちの時代にまで、引きつづいて用いられた。パルティア語で書かれている『アスールの木』(Draxt Asūrīg)のなかで、山羊がいかに世のため人のためになっているかを、アスールの木すなわち棕梠の木と言い争っている一節に

巻書《かんじょ》をわれより人はつくり
文《ふみ》したたむる書記たちも
文書とはたまた証書とを
われが上にぞ書きつくる

というのがあって、山羊は自分の皮が紙のかわりに使われることを自慢している。ここでは「巻

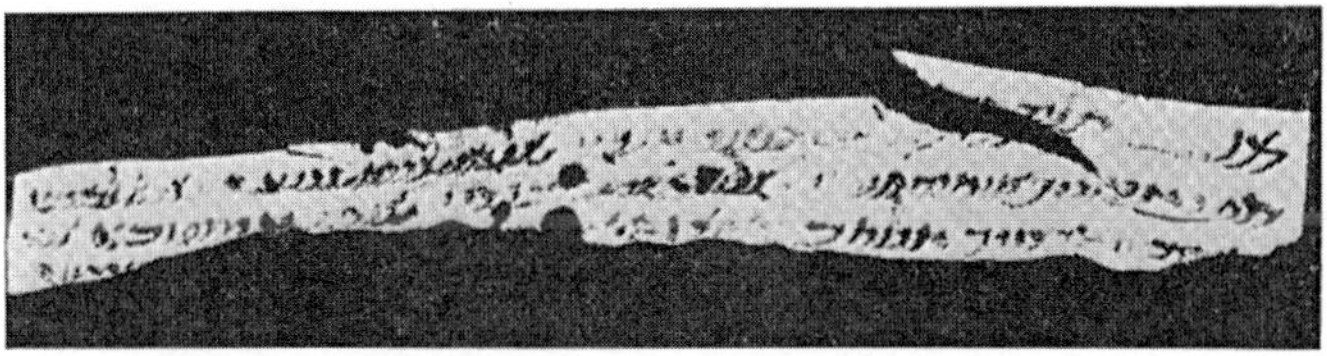

XVII　ドゥーラ・エウローポスの書簡

ドゥーラ・エウローポスはユウフラテス川左岸の都市．セレウコス・ニーカートールによって創設され(西紀前280年頃)，のち，一世紀初頭にパルティアに占領されたが，サーサーン朝シャーブフル一世によって破壊された(251年)．この地にあったシナゴーグ(ユダヤ教会堂)その他から多くの文献が発見された．この書簡もそのなかの一つで，「ドゥーラ・エウローポス書簡」第十二とよばれているもの．エール大学所蔵．見られるごとき状態で解読は至難．

第1行——XよりYへ．私をごらんください，(そして)仰せつけてください．そして私はご健勝をいくえにも私の主人(たるあなたさま)にお贈りいたします．

第2行——あなたに，まさしくいつまでも，平安がありますように．そしてそれ(平安)が，あなたがみずから望んでおられるごとく，そのとおりに(ありますように)．

X, Yともに人名であるが，Xは語首のほかは不明．YはRašn(ラシュン)あたりか，これもはっきりしない．第2行に繰り上げて訳した「望んでおられる」(yisbē)は第3行の首語．第3行は，そのほか，四個の語詞がよみとれるが，他は欠損して復原は困難．

書」と訳したことばにはアラム語のムギッルサー m^{e}gīlleṭā という語が用いられ、それをパルティア語でナーマグ nāmag と訓読したものであるが、このアラム語は、さきに引用した『エズラ記』の「巻物」(m^{e}gīllā)と同じものである。

また、筆者が「文書」と訳したことばはダフタル daftar で、これもさきにあげたギリシア語 diphtherā(「皮」→「文書、書」)を借用したものである。パルティア＝アルシャク朝時代の獣皮使用については張騫の報告がある。かれが漢の使節として西域に使し、伝聞した安息(アルシャク)国の風習を帰国(前一二六)後、武帝に報告したところによると、安息国ではなめし皮に文字を横書きにして記録を作成する、とある(『史記大宛列伝』)。事実、アルシャク朝時代の羊皮紙文書で、今日伝存しているものが、いくつかある(アヴローマーンの近くやドゥーラ・エウローポスで発見された文書など。前者は葡萄畑売買の契約書で前一世紀—後一世紀のもの、後者は書簡の断片で後三世紀のもの(図版XVII))。

このような獣皮と文字とのむすびつきは、イランの一特色といってもよい。そのことはビーソトゥーン碑文をみてもわかる(四五ページ)。その第四欄八八—九二行において、ダーラヤワウ一世は碑文のコピーを、泥板のほかに、皮革にも作成して各地に送付したといっている。その「皮革(čarman-)」は『ヴェーダ』ではヴァルナ神(一四二ページ)が大地を打ってひろげるのを、製革業者が皮を打ってひろげるのにたとえており、イランでも『アヴェスター』ではアナーヒター女神(一八二ページ)の衣裳となったり、馬につける革紐となっているが、碑文では文字とむすびつき、紙の代役を演じている。また *pavastā- は碑文からは否定された(四六ページ)が、中世ペルシア語 pōst の用いられかたから溯って推察すると、古代ペルシア語 *pavasta-(*pavastā- よりもむしろ)も紙代りに使われた羊皮や犢皮の類であったと思われる。ヴェーダ語 pavásta-「蔽い、屋根」の用いられかたとは大差がある。文字と結びついて「本、書物」の意味に用いられるサンスクリット pustaka- や pustikā- はこのヴェーダ語からの派生ではなくて、イラン語 *pavasta-/pōst に由来するものである。余談であるが、紙の代りに使う樹皮は東トルケスターンから移入された樺皮で、tōz といわれている。イランには木簡は知られていない。

このように検討してみると、クテシアスの「バシリカイ・ディプテライ」とは王室にあった羊皮紙文書の類と、いちおうは解釈できる。これは皮革という材質に重点をおいた見かたであるが、内容からみるとディプテライとは記録の意味であるばかりでなく、もっとすすんで、バシリカイ・ディプテライとは「王の書」、ハカーマニシュ(アケメネス)朝期の『シャーナーメ』であり『クワダーイナーマグ』であるとする見かたが可能となる。そうすると、『バシリカイ・ディプテライ』が『第一王書』ということになる(一九一ページ)。そこで、この「王書」説を裏付けるために、ディオドロスの『歴史文庫』にみえるクテシアスの『ペルシア誌』とセミラミス女王の問題をもう少し追及してみることにしよう。

ディオドロスは『歴史文庫』第二巻においてクテシアスにもっとも多く依存しているがその第一章の終わりで、かれは、クテシアスによって諸民族の歴史を概観しようといい、つづいて、まもなく、セミラミスの伝説を記している(二・二・四以下)ので、これもクテシアスによったものであることは明らかである。それによると、アッシリアの女王たるかの女は、もともと羊飼いに見つけられた捨て児であった。東方に遠征してバクトリアやインダスの諸国で戦功をたて、それが終わるとメディアに赴き、バギスタン山の近くで幕営を張った。そこの平原に広大な園庭を設けたが、大きな泉があってまわりの耕地を全部うるおした。この山はゼウスにささげられたものであるが、その、園庭に面した側に、けわしい高い岩があり、その下部に女王は、百人の槍持ちに取りまかれた自分の像を彫らせ、セミラミスは駄獣の荷を一つ一つ積んで下から山頂まで登ったということを、シリア文字で、造刻した。女王はさらにザグロス山脈に道をつけ、オロンテス山(一〇四ページ)の麓に隧道をつくって山向こうの湖水から王宮のあるエクバタナ(現ハマダーン)に水を引いた。

以上はディオドロスの伝えたクテシアスの場合であるが、コンスタンティノポリスの史家ゲオルギオス・シュンケロス(八世紀末から九世紀のはじめ)の『年代誌』(アーダムからディオクレティアヌス帝〔後二八五〕までを取扱う)の伝えるクテシアスによると、女王のつくらせた堤防は、氾濫防止は表て向きの名目で、その実は自分の愛人たちを生き埋めにした墓だったとのことである。

このはなしに、どれだけの史的真実性があるか。この女王をアッシリアのシャマシュ・アダド五世の妃で夫王の没後親政した(前八〇九—前八〇六)サムムラマトに比定するとしても、伝承上のかの女はあまりにも多くの奇譚的要素にとりまかれ、オリエント諸所の地名にまでその名をとどめているほどである。では、このセミラミス譚というのはまったくのおとぎ話かというと、そうでもない。史実もある。史実というのは、ビーソトゥーン碑文をアラム文字の碑文だとする報告のなかにひそんでいる事情である。「シリア文字で」(Syriois grammasi) 碑文を記したといっているが、シリア文字とはアラム文字のことである。では、アラム文字で碑文を記すということに、どのような真実性があるのか。これに答えるには、アラム語やアラム文字の歴史をすこしく概観しておく必要がある。

そもそもアラム語とは北西セム語の一派。これを母語とするアラム人は西紀前十一―十世紀にかけて、アッシリア勢力の衰退に乗じ北メソポタミアに進出してビート・アディニ(ボルシッパを中心とする)、ビート・バクヤニ(グザナ、現テル・ハラーフを中心とする)を建設、海国地方(ティグリス、ユウフラテスの河口デルタ地帯。むかしはこの二河は合流せず、別々にペルシア湾に注いでいた)にはビート・ヤキニその他の小王国、キリキアにはサムアル王国(ゼンジルリが首都)、シリアにはビート・アグシ(アルパドが中心)、パレスチナにはソーバー公国、ハマト(ハマテ)にはダマスク(ダメセク)王国をたてた。いずれも都市国家的規模のもので、かれらは終始同族相食《は》むことをくりかえして大同団結することができなかった。アッシリアが勢力をもりかえすと九―八世紀にかけてアッシリアのため各個撃破の憂き目にあい、前八世紀の終わりにはアラム人の独立勢力は一掃され、かれらはそれ以後ふたたび独立を獲得することはできなくなった。しかし、それとともに、アラム語とアラム文字は、このアッシリア大帝国の領内にひろくふかく浸透し、商用語、公用語、外交語としてアラム語は、アッシリア語(アッカド語)とならんで、重要な役割を果たした。商用語としての役割を示すものはライオン型の分銅で、前七二五年以来、シャルマナサル五世(在位 前七二七―前七二二)、サルゴン二世(前七二二―前七〇五)、センナヘリブ(前七〇五―前六八一)などのアッシリア王名を付したものでアラム文字をもそなえたものが、ニムルード(現カラク、カラフ)で出土し、ニニヴェではアッシリアの秤ばかりでなくアラムの秤も用いられている。

公用語としてのアラム語の役割を示すものにはベル・エティルのアラム語書簡がある。かれはアッシリア人官吏であるが、同じくアッシリア人官吏ピル・アウルにあてた政治上の書簡を美しいオストラコン(陶片)にインキで書いている。これはアッシリア王アッシュルバニパル(前六六八―前六二六)の治世であるから、前七世紀の中頃である。アッシリアの官房にはアッシリア人書記官のほかに、アラム人書記官のいたことも知られている。書記といえば「かばん持ち」みたいに思われるかもしれないが、オリエントではそうではなかった。複雑な文字体系をもつ楔形文字による文書は、かれらによらねば、読み書きともに不可能であった。かれらを無視しては政治行政はありえなかった。「書記官の長」といえば宰相を意味することもある(二九二ページ)。

このような状況からみると、『旧約聖書列王記』下一八・二六(『イザヤ書』三六・一一と同じ)の記載もうなずける。これは、前記アッシリア王センナヘリブの軍がエルサレムを攻囲していたときのことで(前七〇一)、ユダの王ヒズキヤは三人の代表を、攻囲軍を指揮していたアッシリアの掌酒長(ラブ・シャケ rab-šāqē)のもとに送って、ヒブル語でなしに、アラム語を使って交渉し、エルサレム城壁上にいる民に交渉の内容がもれないようにしてほしいと申しいれている。軍事に関係のない文官が軍を指揮するのはオリエント古来の風習であるが、それはともかくとして、ここではアラム語が外交用語としてすでに役割を果たしていたことを知ることができる。同じような例はアドンの書簡にもみられる。かれの身分はアシドドかガザの王だったようであるが、ファラオ(エジプトの王)にあてて、アフェクまで進撃してきたバビロニア軍を防ぐために援軍を出してくれるように要請したものである。エジプトの王がだれか、かならずしも明らかでないが、書簡の作成年次は前六〇九年以降、二〇—三〇年間の某年だったとみられる。この書簡は、フェニキア語その他のカナアン語を母語とするはずのアドンが、アラム語をもって、しかもエジプト王あてに送ったもので、アラム語の外交語的、あるいは国際語的役割をいかんなく示している。この書簡はパピルス紙にかかれた残簡で、エジプトのサッカーラ(古メンピス)の発掘に伴出したものである。

アラム語のこの役割をそのまま継承し発展させたものこそ、ハカーマニシュ(アケメネス)王朝である。その大王たちの碑文にしばしばいうように、その大帝国は「多くの民を擁する」もの、「万民を擁する」ものであった。多くの民を擁する大帝国は「異邦語の邦々」を多数擁した(七八ページ以下)。そういう状況下にアラム語を用いれば、統治にしても交易にしても、やりとりをかなりシンプルなものにすることができる。アラム語が唯一の公用語ではなかったにしても、少なくとも、この王朝と西方とのあいだにはアラム語が公用語として大いに機能を発揮した。これはダーラヤワウ(ダレイオス)一世が権力でおしつけたものではなく、前代からの遺産である。エレパンティネのパピルス文書(一二、五六ページ)はいうまでもないし、アルシャーマ(六六ページ)の書簡も、そうしたアラム語の役割を示す例である。この書簡のなかの数通は大王家の一員たるかれが、これも同じくペルシア人たる下僚にあてた指令である。この王朝時代にはアラム語で要約を付したアッカド語契約書がきわめて多いし、エレパンティネ・パピルス文書中にあるビーソトゥーン碑文のアラム語訳残簡(五六ページ)も、公用語としてのアラム語の一面を明示している。ここでは、一般に知られている『旧約聖書』中から一節を引用しよう。

『エズラ記』四・七―一八によると、西紀前四五八年エズラに率いられてバビロニアからエルサレムに帰ったユダヤ人、すなわち、第二次帰還のユダヤ人らをざんげんしてアルタシャスタ(古代ペルシア語アルタクシャサ、アルタクセルクセス)一世に提出されたアラム語書簡を、大王は書記官に古代ペルシア語で訓読させている。その部分は「さて、そなたたちがわれらに送った文書は、わたしの前で訓じて読まれた」とあり(四・一七―一八)、大王はまずこういって、そのつぎに返事を書きつづっている(四・二二まで)。このことから、アラム語で上表書が提出され、それが名宛て人のことばに訓じられて報告されたことがわかるが、同時に、アラム語が公用語として重要な位置を占めていたことも理解されるであろう。

このようにアラム語が伝播すると、それにともなってアラム文字もひろく流布していった。アラム文字といっても、アラム人がフェニキア文字を受けいれ、それを多少変様したものであるが、なにしろ、あの煩瑣《はんさ》な楔形文字の体系になやまされていたオリエントのことであるから、たちまちの

XVIII　アラム文字とその変様(右から左へ横書きするのが原則)

文字名	音価	アラム文字	パルティア文字(楷書体)	中世ペルシア文字(楷書体)	中世ペルシア文字(後期走行体)
'ālæp̄	'				
bēṯ	b,ḇ				
gīmæl	g,ḡ				
dālæṯ	d,ḏ				
hē	h				
wāw	w				
zayin	z				
ḥēṯ	ḥ				
ṭēṯ	ṭ				
yōḏ	y				
kap̄	k,ḵ				
lāmæḏ	l				
mēm	m				
nūn	n				
sāmæḵ	s				
ʿayin	ʿ				
pē	p,p̄				
ṣāḏē	ṣ				
qōp̄	q				
rēš	r				
šīn	š				
tāw	t, ṯ				

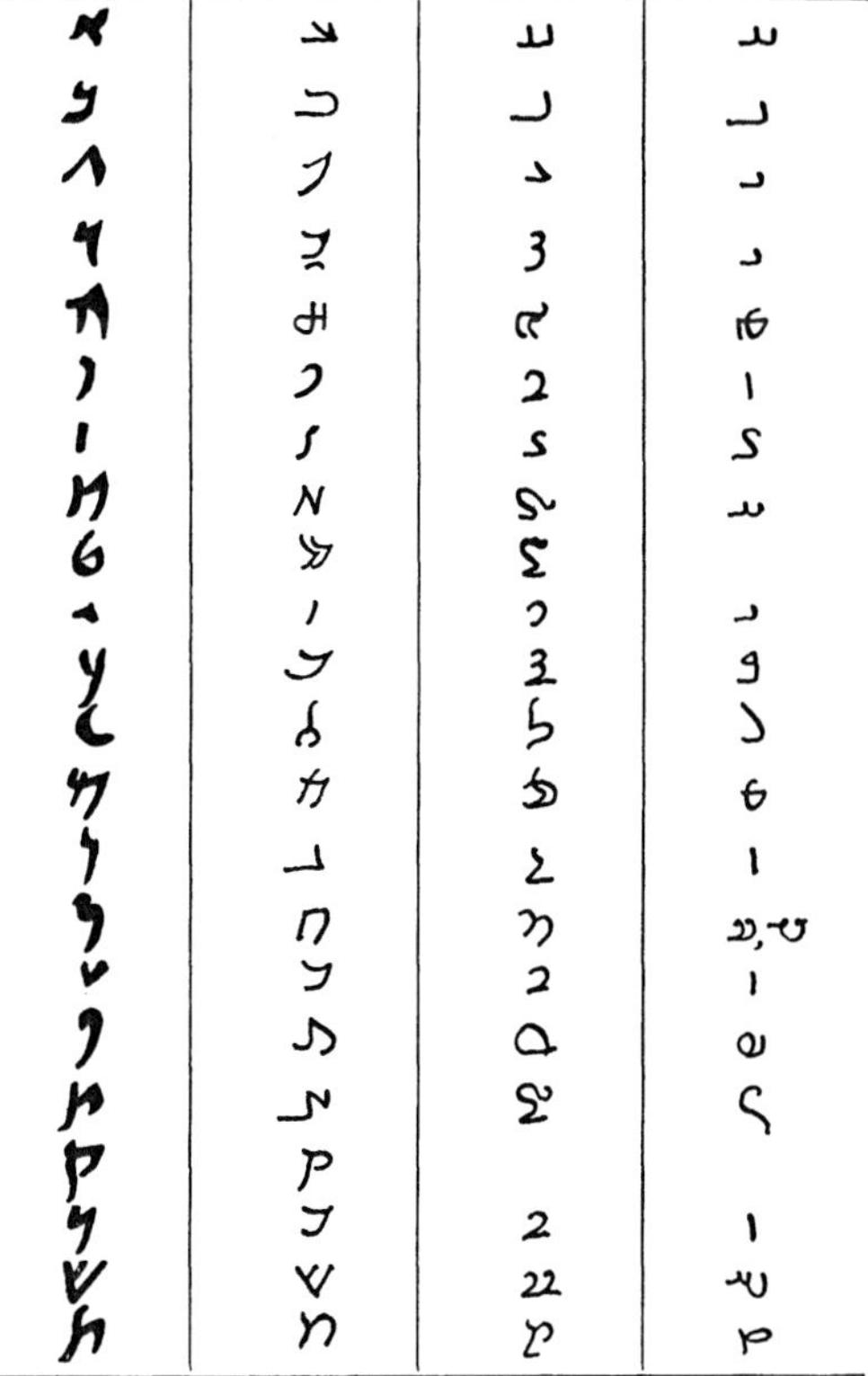

*　音価はアラム語音の場合．上や下に線を施したものは擦音，例えば ḏ は英語 this の th の音．ただし，ḇ，や p̄ は英語 v や f と異なり両唇摩擦音．

**　アラム文字はエレパンティネのパピルス文書に用いられているもの．

***　中世ペルシア文字(後期走行体)は図版 XIX のゼンドにもみえる．

うちにひろまった。原則として、アラム文字は子音文字ばかりであるが、𐡉や𐡀、𐡅などを適当に母音文字に代用すれば、けっこう、他国語でも書きあらわすことができる。古代ペルシア語もこの文字を用いて表記されていたことがわかっているし、だんだんと字形が変様されてパルティア語や中世ペルシア語をも表記し、十一世紀の初頭にまでも及んでいる（図版XVIII）。アラム文字は、ハカーマニシュ（アケメネス）朝のインダス流域進出にともなってインドにまでも進出し、これを母胎として作成されたカローシュティー文字は、前三世紀中頃の阿育王の碑文にはじめてあらわれ、中央アジアにも移出されてながく使用されるようになる。一方、アラム語のほうも、ハカーマニシュ王朝後も引きつづき公用語としての地位を保持し、阿育王はカローシュティー文字による中世インド・アルヤ語碑文のほかに、アラム文字による前記アルヤ語碑文やアラム文字によるアラム語碑文をも作成した。仏教を西方に伝えようとするには、ギリシア語とともに、アラム語にも依存する必要があった。

このようにとうとうたるアラム語アラム文字の広域流布をみて、もう一度セミラミス女王譚にたちかえってみると、ビーソトゥーン碑文が女王の登山行《こう》をアラム文字で記したものだというはなしは理解できる。筆者は、碑文がアラム文字で書いてあるという口碑のうらに、このような事実のあることを指摘したいのである。碑面は一八メートルほどの高さにあり、細部を肉眼で見わけることは容易でない。それに、「シリア＝アラム文字で」書くということは、アラム語で書くということを意味するのが普通である。ディオドロスの『歴史文庫』一九・二三・三(前三一七年の出来事)や同一九・九三・一にも同じような表現があり、やはりアラム語で書かれたものと理解してよい。もちろん、これに異論をとなえるために、アラム文字を用いて古代(?)ペルシア語で記されたナクシェ・ロスタム碑文(一九三ページ)の例を持ち出すこともできるが、いまはとらない。

「シリア=アラム文字で」書くという場合には一般に、「アラム語で」書くことを意味している。そうすると、ビーソトゥーンにまつわるセミラミス譚は、アラム語アラム文字の流布していたことを示唆するくだりでは、たまたま史実——碑文とは関係のない史実を伝えているが、それ以外は、ことに群像の由来や碑文の文字と内容については無責任な流説に終わっていることになる。碑文が作成されて(前五一九)から一世紀半を経たばかりで、碑文の実情はよく知られていたはずである。それも、単なる民話なら、このような荒唐無稽なものができても驚くことはなかろうが、それが宮廷の文書に記されていたとあっては、たしかに一つの驚きである。これを合理的に理解するにはバシリカイ・ディプテライを『王書』とみること、そしてその『王書』を、史実や事実のみを記載した歴史的記録とみずに、娯楽文学の要素をも兼ねたものとみることが必要である。そういえば、『エステル記』にこれを裏書きする、つぎのような記載がある。

その夜、王(アハシュエロス=クシャヤールシャン一世)は眠ることができなかったので、命じて日々の事をしるした記録の書を持ってこさせ、王の前で読ませたが、その中に、モルデカイがかつて王の侍従で、王のへやの戸を守る者のうちのビグタナとテレシのふたりが、アハシュエロス王を殺そうとねらっていることを告げた、としるされているのを見いだした。(六・一―二)

これは、結果としては史実の記載に目をとめたことになるが、王が眠れぬままに読んでもらったという この記録の書は、まさしく、娯楽文学の性格をもそなえていたことがわかる。クテシアスの『バシリカイ・ディプテライ』、『エステル記』の記録の書をもって、ハカーマニシュ朝時代の史実のほかに、それ以前の史的回想や、さらには、それらについての説話文学的取扱いをも含んだものとみて、これをハカーマニシュ朝期の『王書』、筆者のいう『第一王書』とみてさしつかえないであろう。ギリシア語でよべば『バシリカイ・ディプテライ』である。近世の『シャーナーメ』すなわち『第三王書』から中世の『クワダーイナーマグ』すなわち『第二王書』へとさかのぼり、ここに古代の『バシリカイ・ディプテライ』すなわち『第一王書』にたどりつくことになる。『シャーナーメ』においても帝王の功業には一定のパターンがあり、あるいは、英傑はしばしば捨て児として出現する。それと同じように、セミラミスは捨て児であり、王者としては、パターンに従って、都城を建設し水路をつくって水を引いているのである。

ところで、このセミラミスは、いちおう、アッシリアの女王として登場するが、この説話をうけつぎ発展させたものはペルシアである。後世、これに最初に言及したのはアッ・タバリー(八三八—九二三)。かれは生《き》っ粋のペルシア人、タバリスターン(カスピ海の南岸地帯)に生まれたのでアッ・タバリーというが、コーランにも通暁した史家である。かれの著『諸予言者と諸王の歴史』をサーマーン朝アル・マンスール一世（在位 九六一—九七六）の宰相バルアミー（ヴェジール）（九七四年没）が近世ペルシア語で訳出した、いわゆる『アッ・タバリーの歴史の訳』に、つぎのようなことばがあるのが、それである。

パルヴィーズにはシーリーンというういうら若い少女があった。ギリシア人でルーム(ギリシア・ローマ)やトルケスターンに容姿並ぶもののないほどであった。そのかの女が死んだとき、王はその像をつくってトルケスターンやルームの諸方、その他に送ったが、どこでもその美にまさるものはなかった。ファルハードが恋慕したのもこの少女で、パルヴィーズはかれを罰してビーソトゥーンで石を引き出させることにした。かれが引き出すどの石塊もひどく巨大で、今日、百人力でもできないほどである。

セミラミス女王は愛人たちを生き埋めにした。アッ・タバリー＝バルアミーではパルヴィーズ

（一九〇ページ）によってファルハードは謀殺されてはいないが、シーリーンに横恋慕した罰として、ビーソトゥーン掘削の荒仕事をやらされている。そこにはセミラミス譚に出てくるこの山と、オロンテス山掘削と、この二つのモティーフが一つに綯《な》いあわされていることがわかる。このモティーフをロマンにまで高めたものはアゼルバイジャンのガンジェ（現ケロヴァーバード）に生まれた詩人ネザーミー（一一四一―一二〇九）の作『コスロウとシーリーン』。一一八〇―八一年に成立したこの作品の大筋はつぎのとおりで、セミラミス譚にまつわるいくつかのモティーフ（水路の開設、山岳隧道の掘削、愛人の殺害など）がたくみにつづりあわされている。

コスロウ二世の愛人シーリーンはシャミーラーン（セミラミス）の娘。そのかの女に、若い棟梁のファルハードが恋慕した。シーリーンは羊の乳を新鮮で暖いうちに自分のもとに運ばせるために、王宮と牧場の間に水路をつくるように、ファルハードに命じた。工事ができ上がったとき、王は二人を引きはなす目的で、ビーソトゥーンに手で隧道を掘削するように命じる。ところが、ファルハードが恋の情熱で超人的な力を揮い、これも完成しようとしたので王は一計を案じ、シーリーン死亡の虚報を伝えさせる。さすがのファルハードもこれには耐えられず、ビーソトゥーンの山からまっさかさまに顚落死亡する。

シャミーラーンはシャミーラーなどの形で出てくるが、セミラミスにさかのぼる。それがここでは、北方の強大な女王とされ、フマーイ（二一七ページ）とまでよばれているのは興味がある。

作者ネザーミーは最初、婢アーファークと結婚したが数年にして死別した。遺児モハンマドに父性愛を傾けたが及ばず、ついにこの児のために再婚する。しかしこの妻とも死別、さらに再々婚したがこれも同じ運命をたどった。この作品でネザーミーが謳っている若い女の幸福と悲劇は、アーファークのそれをシーリーンに托したものであろうか。その栄耀栄華をもって多くのエピソードを残して、このフスラウ(近世ペルシア語コスロウ)二世も、優柔不断さのために叛乱がおこり、没落するが、王の哀歓を盛ったこの作品には上下千五百年の風雪に耐えたペルシア文学のモティーフ、その伝統がつよく感じられるのである。

四　霊感の文学

「霊感の文学」探索の旅は、もう一度ビーソトゥーン碑文に立ちかえってから改めて出直すことにしよう。説話の文学もそうであったが、こんどの旅は、同碑文に記されている内容そのものからはじまる。それはビーソトゥーン碑文第四欄八八―九二行の部分である。ここには欠損があって復原に苦心の払われていることは、すでに述べた(四五ページ)。しかしそれはそれとして、この部分やそのエラム語版(一〇八ページ)は、碑文の写しが諸方に送付されたことを明記している。これを裏書きするように、バビロニアでは、楔形文字によるアッカド語訳(ビーソトゥーン碑文の)の断簡が発見されている。そうしたもののうちで、最大最良のものは、これも残簡ではあるが、エレパンティネで発見されたビーソトゥーン碑文のアラム語訳である(一二、五六ページ)。この地とハカーマニシュ(アケメネス)朝との関係の密接さはこの史料によっても明らかであるが、そのほかにも、エレパンティネ・パピルス中には、この関係を肯定する多くの文書が見いだされる。そういう関連において、ここから発見された『アヒカル物語』の断簡(五六ページ)は、きわめて意義がふかい。その行数は延べ二二三行、そのうち、この物語りを構成する筋の運びにあたる部分はわずかにはじめの一―七八行で、残りはアヒカルの箴言格語である。ここでは、まず、はじめの一―七八行を訳出しよう。訳文中……はパピルスの復原不能な欠損を示し、段落末尾の( )内の数字は原文の行を示す。

エレパンティネのアヒカル物語

これは賢知で明敏な書記官アヒカルというもののことばであるが、そのかれは……おのが子を教育した、というのは、かれは「かれ(子)はたしかにわたしの子とせねばならぬ」と言ったからである。(一―二)

アヒカルは、こう言うよりも前にすでに高官となり、アッシリア全土の顧問であり、アッシリアの王サンハリブ(センナヘリブ)の印章保持者であった。(二―三)

かれはこう言った

「じつのところ、わたしには子どもがない。しかも、わたしの助言とわたしのことばに、アッシリアの王サンハリブは(従って)こられた。そののち、アッシリアの王サンハリブは逝去して、その子でアサルハドンという方《かた》が立って、その父サンハリブに代って、アッシリアに王となられた。(三—五)

そのときわたしは言った『わしは老齢となった。だれがわしのあとに……わしの子となるだろうか、そしてわしがアッシリアの王サンハリブにたいしたと同じように、だれが王アサルハドンにたいして書記官にして印章保持者となるだろうか』と。(五—八)

そこで、余アヒカルはわたしの妹の子でナダンというものを引きとって、かれを育て上げ、かれを教育し善意《め》をかけてやった。そして宮中にて、わたしといっしょに、王の廷臣の間に伍して王の前にかれを立たせた。(八—一〇)

わたしはかれをアッシリアの王アサルハドンの前につれていった。そのときかれは王に、かれが王に願っていることがらを言上した。(一〇—一一)

すると、アッシリアの王アサルハドンはかれを愛して言われた『賢知の書記官、アッシリア全土の顧問アヒカルに長き寿《よわい》あれかし、かれは自身に子がないので、自身の妹の子を自身の子として立てたのだな』と。このようにアッシリアの王が仰せられたとき、余アヒカルはアッシリ

アの王の前に叩頭して恭敬した。(一一―一三)

そして他日、余アヒカルは、アッシリアの王アサルハドンのお顔がうるわしいのを見たとき、奉答して王の前に申しあげた『わたくしは、御身の前に王でおわした、御身の御父なる王サンハリブにお仕えしました……そしていまや、ごらんください、わたくしは老齢となり、宮中で働いて御身にわたくしの勤めをお勤めすることができません。ごらんください、ナダンというわたくしの子が成人いたしました。どうか、かれが書記官およびアッシリア全土の顧問として、わたくしのあとをつぎますように、そしてかれが御身にたいして印章保持者となりますように。わたくしの知慧も、そしてわたくしの助言も、わたくしはかれに教えました』と。アッシリアの王アサルハドンは答えてわたしに仰せられた『まこと、そのようにするがよい。そなたの子が、そなたに代って、わしにたいし書記官にして印章保持者となるがよい。かれが、そなたの勤めを、わしにたいして勤めるがよい』と。(一四―二一)

そこで、余アヒカルは、与えられたそのことばを聞くと、わたしの家に帰ってわたしの家でくつろいだ。そしてわたしは(独語して)言ったものである『わたしが育て上げて宮中にて王の廷臣の間に伍してアッシリアの王アサルハドンの前に立たせた、このわたしの子――かれは、わたしがかれにしてやったお返えしに、わたしのためによいことを求めてくれるだろう』と。(二一―二四)

ところが、わたしが育て上げた、わたしの妹の子は、わたしにたいして悪いことを考えて、その心のなかで（こう）言ったものである『そうだ、このようなことばをわたしは言うことができるぞ〝御身の父君《ぎみ》なる王サンハリブにたいし印章保持者でありましたこの老アヒカル――かれは、御身にたいし奉り（その王）国を破壊いたしました、と申しますのは、かれは顧問にして賢知の書記官でありまして、かれの助言とかれのことばにアッシリア全土は（従って）いたからであります〟と。そうすれば、アサルハドンは、わたしがかれに言上するこのようなことばを聞かれてひじょうに心さわぎ、アヒカルを殺害されるであろう』と。（二四―二九）

そののち、わが子でないわが子は、わたしにたいして虚偽（？）をたくらむと………（二九―三二）

すると、アッシリアの王アサルハドンは怒りにみちて仰せられた『わが父の高官中のひとりで、わが父のパンを食《は》んだナブスミスクンを余のもとに来させよ』と。王は（かれに）仰せられた『そなたが見つけるところでアヒカルをさがして、かれを殺せよ。たといこの老アヒカルが全アッシリアの賢知の書記官にして顧問であるにしても、どうしてかれはわれらにたいし国を破壊してよいであろうか』と。（三二―三六）

かくて、アッシリアの王はこのように仰せられると、どのように実行されるかを見届けるために、かれ（ナブスミスクン）といっしょに他のふたりを任命された。（三六―三八）

この高官ナブスミスクンは自身の一頭の駿馬にのって出かけたが、かれと共なるかの人たちも(同行した)。(三八―三九)

それからのち三日にして、まこと、かれは、かれと共なる他の人たちとともに、わたしを見つけたが、それはわたしが葡萄畑の中を歩いているところであった。して、この高官ナブスミスクンはわたしを見つけるや、そのときかれはおのが着物を裂き、なげいて言った『あなたは、公正なる人にしてまた、その助言とそのことばにアッシリア全土が(従って)いる、あの賢知の(?)書記官にしてよき助言の主におわすかたですか。そなたをきずつけた(?)は、そなたが育て上げ、そなたが宮中に立たせたあの子。かれはそなたを破壊した。悪いお返しです、それは』と。(三九―四五)

そこで(余)アヒカルは、ほんとうのところ、恐れた。わたしは答えて高官のナブスミスクンに言った『わたしは、以前に罪なきものを殺すことからそなたを救うた、あのアヒカルではないのでしょうか。王なるこのアサルハドンの父君《ぎみ》サンハリブが、そなたを殺害しようとされたとき、そのとき、わたしはそなたをわたしの家につれてきた。そこでわたしは、人が自分のきょうだいを(そう)するように、そなたを扶《たす》けたのですし、かれ(サンハリブ王)からそなたをかくまったのです。(こうしておいて)〝わたくし(アヒカル)はかれを殺しました〟と(サンハリブに)奏上していたのでして、のちの時、そして多くの日数が経《た》ってから、王サンハリブの前にわたしはそなたをつれていってかれの前に、そなたにたいする(王の)怒りを解き、かれはそなたにたいし、なんの危害も加えられなかったのでした。(それのみか)また、王サンハリブは、わたしがそなたを生かしておいてわたしがそなたを殺さなかったことにたいして、わたしを嘉《よみ》せられたのです。いま、そなたは、わたしがそなたになしたごとく、そのとおりに、さあ、わたしにしてください。わたしを殺さないでください。わたしを、他日まで、そなたの家につれていってください。王アサルハドンは(この)事を嘉せられるでしょう。のちに、かれはわたしを思い出して、わたしの助言を求められるでしょう。そのとき、そなたはわたしをかれのもとにつれていってください。また、かれもわたしを生かしておかれるでしょう』と。(四五―五四)

すると、高官ナブスミスクンは答えてわたしに言った『恐れ給うな。そなたは、その助言に王サンハリブとアッシリア全土の軍が(従って)いた、アッシリア全土の父アヒカル。まこと、生きておわさねばならぬ』と。(五四―五六)

そこで高官ナブスミスクンは、おのが同僚でかれと共なるかのふたりの人に言った『まこと、そなたたちは聞いてくれ、そしてわたしに耳を傾けてくれ。して、わたしはそなたたちに、わたしの助言を話そう、それはよい助言だ、ひじょうに』と。すると、そのふたりの人は答えてかれに言った『高官ナブスミスクンよ、御身の言おうとされることを、まこと、御身はわたく

しどもに話してください、また、わたくしどもは御身に聞きましょう』と。(五六―五九)
そこで高官ナブスミスクンは答えてかれらに言った『わたしに傾聴してくれよ、まこと、このアヒカルは偉人で王アサルハドンの印章保持者であった、そしてかれの助言とかれのことばにアッシリア全土の軍が(従って)いた。われらは無辜なるものとしてのかれを殺してはならぬ。わたしの去勢した奴隷をひとり、わたしはそなたたちに与えよう。かれを、この二山の間で、アヒカルの代りに殺せよ。そして(このことが)耳にはいると、王は、このアヒカルの(遺)体を見届けるために、別の人たちをわれらのあとから派遣されるだろう。そこで、かれらは、わたしの去勢したこの奴隷の(遺)体を見届けることになるが、ついに、のちになって、王アサルハドンはアヒカルを思い出し、かれの助言を求め、かれのことで悲しまれるであろう。そして王アサルハドンの心はわたしに立ちかえって、かれの高官たちやかれの廷臣たちに仰せられるであろう〃もし汝らがアヒカルを見つけるなら、富をわたしは汝らに砂の数ほど与えよう〃と。』(五九―六六)
して、この助言は、かれの同僚たるふたりの人には、よいものに見えた。かれらは答えて高官ナブスミスクンに言った『御身が考えられるとおりにしてください。わたくしどもはかれを殺しますまい。して、御身は去勢したあの奴隷を、このアヒカルの代りに、わたくしどもにください。かれをこの二山の間で殺しましょう』と。(六六―六九)

その時にあたって、アッシリアの国に、王アサルハドンの書記官アヒカルが殺された、という風評がたった。そこで、かの高官ナブスミスクンはわたしをかれの家に連れていってわたしをかくまい、そしてかれは、人が自分のきょうだいを(そう)するように、わたしをそこで扶《たす》けてくれた。そしてかれはわたしに言った『……………パンと水をわたしの主人(アヒカルたるあなた)の前に持ってこさせましょう』と。…………かれは手厚く扶けてくれ、また多くのものをわたしにくれた。(七〇―七四)

そののち、高官たるこのナブスミスクンは王アサルハドンのもとにいって、かれに言上した『御身がわたくしに仰せられたごとく、そのとおりにわたくしは実行いたしました。わたくしは行ってかのアヒカルを見つけてかれを殺しました』と。(七四―七六)

して、これを王アサルハドンが聞くと、かれは、ナブスミスクンといっしょに任命したかのふたりの人に問うた。そこでかれらは申し上げた『かれが言上したとおりでありました』と。(七六―七八)

ついで王アサルハドンが…………まで……(七八―)

通算七八行目はここで切れている。そして七九行目からはアヒカルの知慧の語が最後までつづいている。その一端を示すために、七九行目から少し訳しつづけてみよう。

圧搾器に注がれる葡萄酒より強いものはなにか。しつけされ教育されて足に枷《かせ》のおかれている子は栄えるであろう。(七九―八〇)

汝の子を鞭から遠ざけてはならぬ、たとい汝がかれを悪から救うことができないにしても。(八一)

もしわたしがお前を打てば、わが子よ、お前は死ぬまい。がしかし、もしわたしが(お前を)お前の心のままに放置すれば、お前は生きてはゆくまい。(八二)

ふしだらな召使い、盗みをする女召使いを買う人は、自分の家に恐れを持ちこみ、そして自分の父と自分の子孫の名を自分の醜名ではずかしめる。(八三―八五)

ライオンは鹿を叢林の待伏場で待ち伏せているだろう。そしてかれはそれに跳びかかってその血を流しその肉を食うだろう。人々の出会いもこのようなものである。(八八―八九)

ライオンを恐れて驢馬は自分の荷をすてて、それを運ぼうとしないだろう。そして、かれは自分の仲間から足蹴をうけて自分のものでない重荷をうけることになり、駱駝の荷を担《にな》うことになろう。(八九―九一)

神にとってもそれ(知慧)は大切。永遠に王国はそれに属している。天国にそれがおかれているというのも、聖なるものの保持者がそれを持ち上げ給うたからである。(九五)

わが子よ、到るところにかれらの目とかれらの耳があるから、お前の心にやってくることばをことごとくお前が見せるまでしゃべりすぎずに、お前の口について、お前は自分自身に気をつけよ。それがお前の破滅となってはならぬ。どんな用心よりもお前の口を用心せよ、そしてお前が耳にすることに(お前の)心を堅くせよ、というのは、ことばは鳥(のよう)だからで、それ(ことば)を送り出せば人は(それを二度と)捕える(?)ことはないのである。お前の口の秘密を考えよ(?)。あとから汝の兄弟に、かれを助けるために、(助言を)与えてやれよ、というのは、口の伏兵は戦さの伏兵よりも強いからである。(九六—九九)

王のことばは遮《さえ》ぎるな、(むしろ、それをもって)お前は癒されてあれ……(一〇〇)。王のものの言いかたはものやわらか、(しかし)それは両刃《もろば》のナイフよりも鋭利でつよい。お前の前にむずかしい事物を見よ、王の御前《ごぜん》には遅滞するな、かれの怒りは稲妻よりもはやい。お前は自分に気をつけよ。(一〇〇—一〇一)

パピルスの最終行(二二三行目)は「所有者から……まで……」というような形で終わっているから、現存のものが完全な形で残ったものでないことがわかる。

アヒカル物語は、これまですでにシリア、アルメニア、アラブ、ギリシアなどの諸語で伝えられていて、事新しく取りあげるほどのものではない。その大筋はつぎのごときものである。

(1)アッシリア王サンハリブ(センナヘリブ)に仕えたアヒカルは大王の没後、その子アサルハドンにも仕えたが老齢のため甥《おい》ナダンを養子とした。(2)かれはナダンを自分の後継者として大王に奉仕させる目的で、諸種の箴言格語をもってかれを教育した。(3)大王にナダンを推挙して許されたが、ナダンに裏切られて死刑を宣告される。しかし高官にかくまわれて難はまぬがれる。アヒカル刑死の虚報を信じてエジプトから難題が提出され、もし解くことができねばアッシリアはエジプトに三年間入貢すること、もし解くことができたらエジプトが入貢するというのである。このときアヒカル生存の事実が奏上され、かれはかくれがから王の前につれ出されて王を喜ばせ、みずからエジプトに赴いて、空中楼閣建立のため鷲に搭乗して飛翔し、空中からエジプト人に呼びかけて建築材料を運び上げるように要求してエジプト側を逆に敗北させる。(4)こうして、ナダンは刑罰をうけることになる。

従来の形態にくらべると、エレパンティネのアヒカル物語は筋のはこびもはるかに簡潔であり、箴言格語の位置も在来のものとは相違する。それに、エジプトからの難題提起やエジプトでのアヒカルの行動について、このパピルスが語っていたかどうかも明らかではない。しかし、このパピルスがアヒカルの語録を主としたものであったとしても、敵国からの難題提起とアヒカルによるその解明とは、知慧の典型たるかれの物語りには不可欠の構成要素であるから、このエピソードは当然知られていたと考えなければならない。そして、そのように考えてみると、この物語りは霊感の文学とでも呼んでさしつかえないように思われる。このパピルスは西紀前四三〇年頃の筆録とみられ、『アヒカル物語』の最古のテキストとしてきわめて興味のある資料となった。

ところで、問題は、アッシリアが舞台となっているからアッシリアがこの物語りの発祥地かどうかというところにある。アッシリア発祥説を支持する要素を指摘する向きもあるが、この種の文学はアッシリア本来の文学には見いだされない。実際、霊感によって難問を解き味方に大利をもたらすというモティーフは、ペルシア文学にこそ愛好されながく人気を博したものである。このエレパンティネの『アヒカル物語』では、「その名を某々というもの」(x šᵉm-eẖ)(筆者の訳文では「某々という方《かた》、某々というもの、某々という」と訳してある。一、五、八、一八行参照)という語法がみえるが、これは古代ペルシア語碑文にみえる「名を某々というもの」(x nāma)(筆者の訳文では「某々という、某々というもの、某々という方《かた》」と訳されている。二四、二五、二七ページほか多数)と一致する。また『アヒカル物語』において、文節はきわめてしばしば 'aḥar「のちに、そこで」ではじまるが、同じように古代ペルシア語碑文においても文節はきわめてしばしば pasāva「そののちに、そこで」ではじまる。このような相似点からペルシア起源を主張することもできるが、やはり大局的にはこの物語りの筋の運びがアッシリアの原文学にはなくて、ペルシア側では引きつづきながく愛好されていたという事実のほうが重要であり、ペルシア起源を主張するにも有利なように思われる。

サーサーン朝時代からそれ以後になると、アヒカルに代ってワズルグミフル(近世ペルシア語ブーズルジュミフル）が登場する。かれについては「教訓の文学」の項ですでに触れた（二〇七ページ）。舞台はやはり国際的である。アヒカルの場合はアッシリアを舞台としてエジプトとの間に展開したが、こんどはペルシアを舞台としてインドやローマとの間に展開する。時代はサーサーン朝の英主フスラウ一世アノーシャグ・ルワーン（近世ペルシア語コスロウ・ノーシーラヴァーン）の治世（一九九ページ）。すでに述べたように、この期にインドから将棋がペルシアに将来されたが、これをめぐるインドとペルシアのやりとりは中世ペルシア語書『将棋《チャトラング》の解き明かしとネーウ・アルダクシールの案出』に興味ふかく取扱われている（二〇二ページ）。チャトラング čatrang「将棋」は近世ペルシア語ではシャトランジュ šaṭranǰ となるが、もとはサンスクリットのチャトゥル・アンガ catur-aṅga- に由来する。チャトゥルとは「四」、アンガとは「四肢」で、この二語から合成されたチャトゥル・アンガとは歩兵象兵騎兵車兵の四軍から構成された軍隊の意味。名称からして戦争と関係がふかいし、この間のいきさつはもっとあとで述べよう。またネーウ・アルダクシールとは「英雄アルダクシール」の意味——そのアルダクシールとはサーサーン朝の開祖をさす。近世ペルシア語ではネーウ・アルダクシールが縮約してナルド Nard となった。この遊戯は一種のスゴロクで、サイコロをふって出てくる目の数でコマを動かす仕組みである。つぎにこの書を全訳しよう。行のはじめに付した(一)、(二)などの数字は節を示す。

将棋《チャトラング》の解き明かしとネーウ・アルダクシールの案出

(一)このように言いつたえている。フスラウ(一世)アノーシャグ・ルワーンの治世に、偉大な総督(šahryār)にしてインド王なるサチダルムから、イラン国人の知慧と知識をためし、かつは自国の利をもはかるために、将棋《チャトラング》一組み——エメラルドの十五駒とルビーの十五駒でできていた——が送られてきた。(二)その将棋とともに、金・銀・宝石・真珠・器物を積んだ駱駝千二百頭、ならびに象九十頭と珍重される(?)ものが同時に送られ、またインドで選抜されたタートリトゥスも同時に派遣されてきた。(三)書簡には、こう書かれてあった「御身が諸王の王の名をもってわれら全部の上に君臨する諸王の王にましますがごとく、御身の賢者らまた、われらのものより、さらに博識でなければなりませぬ。もしこの将棋の意味を解き明かされざるにおいては、御身は税と貢をご送付あるべきでありります」と。(四)諸王の王は三日の猶予を求めた。しかし、イラン国の賢者たちのなかには、その将棋の意味を解き明かすことのできるものは、だれもいなかった。(五)三日めに、ボークタグの子ワズルグミフルが立ち上がった。(六)そして、かれは言った「寿命長久にましませ。わたくしがこの将棋の意味を今日まで解き明かさなかったのは、イランにおわす御身やすべての人たちに、わたくしがもっとも博識な人であることを知ってもらうためでした。(七)わたくしはこの将棋の意味をやすやすと解き明かして税と貢を、サチダルムから取りましょう。そして解き明かせない別のものを案出してサチダルムに送り、かれから二倍の税をわたくしは取立てましょう。ですから、御身が諸王の王たるの資格に値いし給い、またわれらの賢者たちがサチダルムのものより、さらに博識であることを、疑い給わぬように」と。(八)諸王の王は「寿命長久たれ、われらのタートリトゥス＝ワズルグミフルよ」と三度言って、一万二千ドラフムをワズルグミフルに与えるように命じた。(九)翌日、ワズルグミフルはタートリトゥスを前に呼んで言った「サチダルムはこの将棋を、意味において、戦さになぞらえた。(一〇)それになぞらえて、かれは二人《ふたり》の主君(sar-xwadāy)をつくった。かれは王(šāh)を総帥(mādayān)になぞらえ、車(rox, rah)を左と右になぞらえ、帷《い》幄《あく》(parzēn)を軍将(artēštārān sālār)になぞらえ、象を親衛隊長になぞらえ、馬を騎馬隊長になぞらえ、歩(payādag)を同じ歩(兵)(payādag)になぞらえた」と。

(一一)そののち、タートリトゥスは将棋をならべワズルグミフルとさした。ワズルグミフルはタートリトゥスに三勝を博し、これによって全土に大きな歓喜がおこった。

(一二)そこでタートリトゥスは立ち上がった。(一三)そしてかれは言った「寿命長久にましませ。神はこの奇蹟と光輪と力と勝利を御身に授け給うた。御身はイランと非イランの主にてましませ。

(一四)いく人ものインドの賢者たちがこの一組みの将棋をひじょうに努力苦心して案出し、この地にもたらし披露しましたが、だれも解き明かすことができませなんだ。(一五)御身のワズルグミフルは、その根本智をもって、かくもやすやす、かつかるがると解き明かしました。(一六)そしてかれはあれだけの財宝を諸王の王の宝庫に送りこみました」と。
(一七)諸王の王は翌日、ワズルグミフルを前に召した。(一八)そしてかれはワズルグミフルに言った「われらのワズルグミフルよ。『わたくしがつくってサチダルムに送りましょう』と余に言ったあのものは、どのようなものぞ」と。
(一九)ワズルグミフルは言った「この千年紀の国王のうちで、アルダクシール(一世)はもっとも行動的かつもっとも博識でましました。そこで、アルダクシールの御名に因んでネーウ・アルダクシールの一組みとわたくしは名づけましょう。(二〇)ネーウ・アルダクシールの盤(taxtag)を大地スパンダルマド(Spandarmad——大地の女神なるも大地と同一視さる)にわたくしはなぞらえましょう。(二一)三十のコマ(muhrag)をわたくしは三十日夜になぞらえ、白の十五を昼になぞらえ、また黒の十五を夜になぞらえましょう。(二二)サイコロ(gardānāg)の一《ひと》ふりを星辰の運行と穹窿の廻転にわたくしはなぞらえましょう。(二三)サイコロの上の一(の目)を、オフルマズド(アフラマズダー)が唯一者にしてすべての善きものを創成し給うたことになぞらえましょう。(二四)二をメーノーグ界(mēnōg——不可見界)とゲーティーグ界(gētig——可見界)のあることになぞらえましょう。　(二五)三を善思と善語と善行と、心と語と行とあるのになぞらえましょう。　(二六)四を人間を構成する元素(āmēzišn——ヒポクラテスによれば、血液、粘液、胆汁、黒胆汁)と世界の四方位、東と西、南と北になぞらえましょう。　(二七)五を五つの光り、すなわち、太陽と月と星と火と天より来たる光りになぞらえましょう。　(二八)六を六ガーハーンバール(gāhānbār——ガーハーンバールは事実上、季節の折り目。六ガーハーンバールとは一年間ということ)に庶類創成の行われたことになぞらえましょう。　(二九)盤上にネーウ・アルダクシール(のコマ)をおくことを、主オフルマズドが庶類をゲーティーグ界に創出し給うたときになぞらえましょう。　(三〇)サイコロ(の一ふり)によるコマの迂折(wardišn)や転進(gardišn)を、ゲーティーグ界の人間が紐帯でメーノーグ界の神々にむすばれ七(星)と十二(宮)によってみな迂折したり前進したりするのに(なぞらえ)、また時には打ち合い取りあげてしまうのを、ゲーティーグ界の人間が打ち合うのに(なぞらえましょう)。　(三一)また、サイコロの一ふりによって(コマを)全部取りあげてしまうのを、人間がゲーティーグ界から逝世してしまうのに(なぞらえ)、そしてふたたび(盤上に)おくのを、人間が死者の起生にさいしてみな生きがえるのに(なぞらえましょう)」と。

(三二)諸王の王はそのことばを聞いてよろこび、同じ毛色のアラブ馬一万二千頭と、金と真珠をちりばめた馬勒、それにイラン国で選《よ》りぬきの若者一万二千人、七重の鎧一万二千領、およびインド装飾の鋼《はがね》の剣一万二千振、七目の帯一万二千本ならびに人馬一万二千に必要なすべてのもの——すべてを、はなばなしく調《ととの》えてやるように命じた。(三三)ボークタグの子ワズルグミフルをかれらの統率として吉日に、吉兆と神助とともに、インドに派遣した。

(三四)偉大な総督にしてインド王なるサチダルムはこのさまを見て、ボークタグの子ワズルグミフルに四十日の猶予を乞うた。(三五)インドの賢者たちのうちで、かのネーウ・アルダクシールの意味を知るものはだれもいなかった。(三六)ワズルグミフルはまたもや、その税と貢と同じだけのものをサチダルムから取って、吉兆と大光輪とともにイラン国に帰着した。

(三七)将棋《チャトラング》の意味の解き明かしとはこういうことである。すなわち、いかなるものかは法力《りき》によ(って解き明かされ)る(čē'īh pat nērang)ということで、賢者たちもつぎのように言っているからである「勝利(pērōz)——それは、武装せず、知慧で本質を知ることにより、知慧をもって汝らがもたらすべきである(pat xrad barēd)」と。

(三八)将棋をさすとはこういうことである、すなわち、自己の武力を見守りつつ観察し努力すること、相手の武力をどうすれば奪取することができるかと、いっそう努力すること、そして相手の武力を奪うことができるとの望みをいだいて悪手をささないこと、またつねに一つの武力を働かせて他は温存しておくこと、そして周到な心をもって観察すること、およびその他、『作法の書』(Ēwēn-Nāmag)に書かれてあったごときもの、である。

この書には解きにくい謎が多い。ペルシアの宗主権を認めてインド王を名乗る人物もサチダルム(Sačidarm)のほかに、デーヴァシャルム(Dēvašarm)などともよめるし、インド使節もタートリトゥス(Tātritus)のほかタートリトース(Tātritōs)、タトラガトース(Tatragatōs)その他種々の読みかたが可能である。またテキストが完全な形で伝存しているかもうたがわしい。筆者はそのような点はすべて見送り、原文のままを直訳体で伝えることだけを試みた。このチャトラングの駒とチェスの駒との対応関係はつぎのようになる。

チャトラング	チェス
王(šāh)	King
車(rox, rah)	Rook (Castle)
帷幄(parzēn)	Queen
象(pīl)	Bishop
馬(asp)	Knight
歩(payādag)	Pawn

「車」(rox, rah)を独立の語とみず、その前の語「総帥」(mādayān)と結びつけて(写本ではそうなっている)一語とみなし、そこに「執事」(mādayār)を読みとり、これをRook, Castleの原型とみる

人もあるが、筆者は従わなかった。名称の変遷は、近世ペルシア・アラブ語形 rox, rux が古イタリア語 rocco となり、ついで rook, castle となったもの。「帷幄」(parzēn) は mašk-abarzēn「王の幕営」の訛略とみたもので「参謀」と訳してもよい。もっとも、これも「護衛」(frazēn) とよみうる。Queen との関係は、近世ペルシア・アラブ語形 farzīn が中世ラテン語 virgo、フランス語 vièrge となり、ついで queen となったもの。その他、なお一、二指摘すれば、第三十七節にチャトラングやペーローズの通俗語源説が示されているが、チャトラングは、すでに述べた(二五六ページ)ように、サンスクリットから来ているのに、「いかなるものか(čē'īh)は法力《ほうりき》(nērang)による(pat)」という意味の čē'īh pat nērang が縮約されて čatrang になった、といっている。ペーローズ「勝利」という語も「知慧をもって汝らがもたらすべきである」という意味の pat xrad barēd と、無理に、結びつけようとされている。

しかし、このような諸問題は、当面、それほど重要なことではない。もっとも重要なことは、ワズルグミフルが霊感霊智をもって相手の難問を解き自国の大利を博した点にある。第十五節にワズルグミフルが「根本智」(āsn-xrad)をもって難問を解いたことを謳っている。第三十七節にみえる「知慧《クラド》」(xrad)もこの根本智と同じものであろう。āsn-xrad は「生まれながらの知慧、生得の知慧」の意味で、gōšōsrūd-xrad「耳で聞かれたる知慧」すなわち「見聞覚知による知慧」「後得智」と対立する「根本智」である。知慧をこのようにわけて取扱うのはイラン古来の風である。この

『将棋書』には、『アヒカル物語』とまったく同じモティーフがある。しかもこの将棋譚は、ほとんどそのまま、フェルドウシーの『シャーナーメ』や、かれと同じ伝承系統に属するアッ・サアーリビー(九六一―一〇三八。ネイシャープールの産)の『ペルシアの諸王とその業績に関する報告集』にも見いだされる。いま、フェルドウシーによって将棋譚の前後をあわせて紹介すると、つぎのようである。

「ノーシーラヴァーンが夢を見ること、およびブーズルジュミフルがそれを解き明かすこと」の題下に、つぎのようなエピソードが記されている。

サーサーン朝王コスロウ一世ノーシーラヴァーン(中世ペルシア語フスラウ一世アノーシャグ・ルワーン)は自分の杯のなかに豚が鼻を入れていっしょに飲むという悪夢をみる。ブーズルジュミフル(中世ペルシア語ワズルグミフル)は学童としてマルヴの学校で『ゼンド(訳註)とアヴェスター』を勉強していたが、大王の夢を解くものをさがし歩いていた使節の目にとまって大王の宮廷につれてこられた。かれは夢を解いて言うには、大王のハーレムに女装の若者がひとりいる、と。かれは裸体検査で若者を見つけて大王の恩賞にあずかり、以後、大王の腹心の顧問となった。

こうしたあと、しばらくおいて、例の将棋譚が「シャトランジュ(中世ペルシア語チャトラング――二五六ページ)をインドのラージャ(王)がノーシーラヴァーンに送付するはなし」なる題下に組み込まれている。もっとも、ここではインド王もその使節も名を示されていないし、ペルシア側は七日の猶予を求めるも失敗し、八日目にブーズルジュミフルの登場となっているが、その他の点は中世ペルシア語本と大筋において一致する。これにつづいて、ナルドの案出とインドへの挑戦が、「ブーズルジュミフルがナルドを工夫すること、およびノーシーラヴァーンがそれを、書簡とともに、インドのラージャのもとに送ること」の題下に取扱われている。ラージャは七日の猶予を求めるが失敗におわる。九日目にブーズルジュミフルが登場してナルドの仕方を披露してみせる。『シャーナーメ』ではこの遊戯も戦さになぞらえたとされている。シャトランジュ＝チャトラングのインド起源を示すものとして、このあとに見える「インド王ジャムフールとその子とその弟ガヴとタルハンドのはなし、ならびにシャトランジュ出現のはなし」は興味がある。要するに王位を争った兄弟の凄惨な戦いを母后が偲んで盤上に再現したものがシャトランジュだというのである。直接当面の問題に関係はないが、このあとにある「霊薬を将来するためにノーシーラヴァーンが医師バルゾーイをインドに派遣するのこと、およびバルゾーイがカリーレとダムネの書を持ち帰るのこと」は、さきに述べた医師ブルゾーイと梵本『パンチャタントラ』の将来と訳出（『カリーラグとダムナグ』なる書名にて）に関連するものである（二〇二、二〇六ページ）。

さて、こうしたブーズルジュミフルであったが、ある日、コスロウ（中世ペルシア語フスラウ）一世は狩りに出かけ、獲物が四散したあと沃地でブーズルジュミフルの膝を枕に仮睡した。そのとき鳥が飛来して、王の腕環が折れて落ちているのを見つけ、玉をつなぐ糸を食い切り、玉を全部呑み込んで飛び去った。ブーズルジュミフルはおどろくが、天象からおのが非運を予知する。目ざめた王は、果たして、かれが呑み込んだといって罵倒し強く面打して投獄させ、かれはために失明する。そしてここからまた、例のモティーフが登場する。「カイサルの使節が密封した箱をたずさえてノーシーラヴァーンのもとに来到するのこと、および、その秘密を言いあてるためにブーズルジュミフルが釈放されるのこと」がそれである。ローマの皇帝《カイサル》が封印した箱とともに使節をコスロウ一世のもとに送り中味を言いあてること、もし不可能ならローマに入貢せよと要求する。他の賢者たちがみな失敗したあとをうけて、ブーズルジュミフルは牢から引き出されて王宮に向かうが、その途中、三婦人に出会う。かの女らに問うたところ、はじめの婦人は有夫で一子があり、二人めは有夫なるも子なく、三人めは未婚で他人に顔を見られたくないと答える。これに霊感を得て、かれは箱の中味が三個の真珠で、うち一個は孔が全通し、一個は半開の孔を有し、一個は無孔の旨言いあてて王の寵を回復し、カイサルはペルシアに入貢することになる。

われわれは、西紀前五世紀の『アヒカル物語』から中世ペルシア語書『将棋《チャトラング》の解き明かしとネーウ・アルダクシールの案出』を経て、十一世紀初頭のフェルドウシーやアッ・サアーリビーにおよぶ上下、約千五百年にわたって、同一のモティーフが文学を育くみつづけたことを見てきた。織りなす人物は異なり繰りひろげられる舞台はちがっても、モティーフはつねに同一であった。それとともに、その人物や舞台は、ハカーマニシュ(アケメネス)朝ペルシアとかサーサーン朝ペルシアという、イラン民族が経験した世界帝国の歴史的一断面をつねに反映するものであった。

五　英雄の文学

これは叙事文学といってもよい。帝王にかぎるわけではないが、古代ペルシアの英雄文学といえば、それを構成する要素がもっとも多く集中しているのが帝王であるから、ここでは、しぜん、帝王を中心とした英雄文学を語ることになる。そういう要素や齣《こま》が帝王を中心につらなり合い連珠文のように英雄文学を色どるのである。ハカーマニシュ(アケメネス)王朝時代に英雄文学が行われていた事実はストラボンによって明らかで、かれはオネシクリトスを典拠として、ペルシア人子弟の教師は神々や偉人たちの行蹟を主要テーマにした神話を詠唱して有益な教訓をうえつける風があったことを伝えている(『地誌』一五・七三〇——一九七ページ)。これは明らかに英雄文学の類である。

さて、帝王を引き合いに出すとすれば大王クル(キュロス)二世におよぶものはない。かれにはいくつかの英雄譚的行伝(伝記)があったこと、そのどれもがかれをして帝王にふさわしい遺体取扱いかたを指令させていたに相違ないこと、それをクセノポンは改変してソクラテス的賢者としての遺体取扱いかたを大王に指令させていること、などはすでに述べた(二二四ページ)。そのクル＝キュロス伝であるが、ヘロドトス(『歴史』一・九五)によると、四つのたがいに異なる系統があったとのことである。ヘロドトスは合理主義的立場から、そのなかの、メディア系統のものを蓋然性があるとして選んだ。他の三系統については詳記がないので、ここではヘロドトスのとったメディア系キュロス伝をたどってみよう。まず、一・一〇七―一・一三〇にみえる大王の生い立ちからみていこう。

メディア最後の王アステュアゲス(八ページ)が王位についたとき、娘マンダネが放尿して町中はおろか、アジア全土に氾濫する夢をみた。マゴスの夢占いをきいて将来をおそれたアステュアゲスは娘を、あまり有力でないペルシア(パールサ)人カンビュセス(カンブジヤ一世)に娶《めあ》わせた(一〇七)。ところが、ふたりが結婚した最初の年に、アステュアゲスは第二の夢をみる。マンダネの陰部から葡萄の木が一本はえて、やがてアジア全土を蔽うた。マゴスの夢占いによると、マンダネの生む子がアステュアゲスに代わって王となるはず、とあった。そこで王は、いそいでマンダネをペルシアから呼びもどし、妊娠中のかの女を厳重に監視させ、生まれてくる子を殺すことにした。いよいよ子が生まれた。これが、のちの大王キュロス二世である。アステュアゲスは縁族で腹心のハルパゴスを呼び、この子を自宅につれていって殺すこと、殺したあとは思いどおりに葬ってよいと命じた(一〇八)。しかしハルパゴスは自分で手をくだすことはやめて、アステュアゲスの家来にこの役目をおしつけることにし(一〇九)、アステュアゲスの牛飼いミトラダテスを呼んでこの役目を引受けさせることにした。アステュアゲスの命令だといってこの赤ん坊を野獣の頻出する山奥に捨てるようにと言いつける(一一〇)。ミトラダテスは帰宅して妻のスパコに一部始終をはなし、赤ん坊はハルパゴスの召使いの打明け話しから、マンダネとカンビュセスの子であることがわかった、という(一一一)。子をみてスパコは夫を説得翻意させ、たまたま生まれたばかりのわが子が死産だったのを幸い、すりかえて死児にキュロスの衣裳を着せて捨て、ハルパゴスの近習に首実検させ、キュロスは自分たち牛飼い夫婦の子として育てることにする、もっとも名前はキュロスとはつけなかった(一一二—一一三)。キュロスが十歳になった年のある日、近所の子供らといっしょに遊ぶうちに、かれは王様にえらばれた。かれは子供らの職責分担をきめた(家を建てるもの、王を護衛するもの、「王の目」〔六九ページ〕となるもの、王に通報をするもの)が、メディアの名士アルテムバレスの子がキュロスの「王」命に従わなかったので捕えて笞打した。アルテムバレスは子供をつれてきてその両肩をアステュアゲス王に見せ、王の隷下の牛飼いの伜《せがれ》がこの狼藉におよんだと報告した(一一四)。呼びつけられたミトラダテスとキュロスを前に詰問する王に、キュロスは答えて自己の正しいことを抗弁する(一一五)。アステュアゲスはキュロスの容貌に見覚えがあり、自分に似ているような気もするうえに、だいいち、抗弁する態度が堂々としていること、それに年齢からみても捨て児にした亡児と一致すること、などから、アルテムバレスとその伜を帰宅させ、ミトラダテスに真相を告白するように迫った。おそれをなしたかれは、一部始終を白状して王に許しを乞う(一一六)。王はハルパゴスをよんで事情をきくが、ハルパゴスはミトラダテスがその場に居合わすのをみて、もはやこれまでと観念し、事の次第をありのままに言上した、すなわち、子をミトラダテスに渡して山にすてさせ最後まで見張っておれと命じたこと、落命後はおのが近習をして検屍させ葬ったことを奏上した(一一七)。王はミトラダテスの報告をハルパゴスに話してきかせ、死児(?)の生還をよろこび、つけ加えて言うには「お前(ハルパゴス)の伜をこの子(キュロス)のもとに来させてくれ。また、神様に命助けのお礼の祭りもしたいから、食事をしに来てくれ」と(一一八)。ハルパゴスは王にお礼を言上、上機嫌で帰宅すると、一人息子《ひとりむすこ》(十三歳くらい)を「王命にはなんでも従うのだぞ」と言い含めて王宮に送り出し、妻にも有頂天になって事の次第をはなしてきかせた。一方、アステュアゲスはハルパゴスの子供を殺して手足をバラバラに切断し、肉を焼いたり煮たりして料理をととのえさせた。宴がはじまるとハルパゴスにだけこの料理を供し、他の陪食者には羊の肉を出した。それとも知らず満腹したハルパゴスのもとに、頃合いを見計らって、蔽いをかけて別置してあったかれの子供の頭と手足をそのまま持参させ、蔽いをとってお好きなだけ召上がれ、と言わせる。はじめて事の次第を知ったが、従容としてハルパゴスは、王の措置にはなに一つ逆らう気持のないことを言上し、残ったわが子の肉をまとめて帰宅した(一一九)。アステュアゲスは夢解きをしたマゴスたちをふたたび呼んで、キュロスにたいする措置を諮問した。かれらは「故意に取計らったのでなければ、キュロスはすでに王となり王道を見事に踏んだので、このうえさらに王となる懸念はいらぬ、云々」と言上したが、それでも、メディア王家の安泰、それと表裏一体にあるマゴスたちの安泰のために、王の目のとどかぬところ、ペルシア(パールサ)の両親のもとにキュロスをかえすようにと、マゴスは進言する(一二〇)。アステュアゲスはよろこんでこれに従い(一二一)、キュロスをペルシアに送り出す。帰ってきた子をみて、死んだはずの子が生きていたことを両親は大いによろこぶ。一方、道々供のものから自分の生い立ちの秘密を聞知したキュロスは、それを両親に告げる間でも、ミトラダテスの妻スパコ(Spakō)の功を激賞してやまなかった。カンビュセスとマンダネは「犬」を意味するこの名前から思いついて、神の摂理がこの子の上に働いたことをペルシア人に銘記させるために、かれは捨て児にされたが牝犬に育てられた、という噂さをひろめさせた(一二二)。

一・一二三から一三〇は、このキュロスが成人して有為の人物たることが明らかになると、ハルパゴスがキュロスと結んでアステュアゲスに報復することを取扱っている(もっとも、キュロスはアステュアゲスを害せず、終生自分のもとにとどめていた)。キュロス伝のもっともはなばなしい場面は、一・二〇四―一二四にみえるマッサゲタイ討伐である(この討伐にヒュスタスペスも参加したが途中からペルシアに引き返したことについては一四五ページ、またマッサゲタイについては、「まえがき」viページを、それぞれ、参照のこと）。

クロイソス（一〇ページ）の進言を容れてマッサゲタイに攻入るべくアラクセス河をわたった（二〇八）キュロスは、その夜、夢をみる。アケメネス（ハカーマニシュ）家のアルサメス（アルシャーマ）の子ヒュスタスペス（ウィシュタースパ）の長子ダレイオス（ダーラヤワウ）が両肩に羽根をつけてあらわれ、一方の羽根はアジア、他方のはヨーロッパを蔽うた。キュロスはこの夢を誤解し、ダレイオス（当時二十歳、出陣の年齢でなかったのでペルシア＝パールサに残っていた）に叛意ありと考え、ヒュスタスペスを呼んで「この遠征を終えて帰国したら糾明するから、むすこを差出せ」と命じた（二〇九）。しかし、この夢はキュロスがこの地で陣歿し、その王位がダレイオスに移ることを示唆するものであった。ヒュスタスペスはキュロスに奉答し「ペルシアに生を享けるもの、だれか王に異心を抱くものがありましょうか。もし然らば、伜といえども存分にご処置あって然るべし」といい、ダレイオス監視のためにペルシアへ引きかえす（二一〇）。キュロスはクロイソスの献策を容れてマッサゲタイを計略にかけて大勝を博した。すなわち、大王はアラクセス河をこえて一日行程のところにペルシア側の非戦闘部隊を残し、戦闘部隊は河をこえて引きあげた。マッサゲタイはこの非戦闘部隊におそいかかりこれを殺したあと、用意された酒食を、それとも知らずに、たらふく平らげて眠ってしまったところへ、キュロスの軍が引きかえして襲いかかったのである。多数のマッサゲタイが倒され、捕虜はさらにそれを上廻ったが、その中にはマッサゲタイの女王トミュリスの子で、マッサゲタイ軍を指揮していたスパルガピセスもまじっていた(二一一)。トミュリス女王はキュロスに「そなたは酒食にたぶらかして奇勝を博したが、スパルガピセスを返して立ち去らねば、血に飽くことなきそなたを血に飽かして進ぜよう」と口頭で伝達させた(二一二)。捕縛された身の上を酔からさめて知ったスパルガピセスはキュロスに乞うて縄目をといてもらうと即座に自決して果てた(二一三)。

トミュリス女王の警告を無視するキュロスとマッサゲタイとの間に激戦が展開される。その凄絶な戦況をヘロドトスはつぎのように伝えている(松平千秋氏訳)が、キュロス伝の大団円を画するものである。

まず両軍は距離をおいて互いに弓矢で応酬していたが、やがて矢を射尽すと、槍と短剣をもって激突し混戦となった。長時間にわたって戦い互いに相譲らず、双方とも退こうとしなかったという。しかし遂にマッサゲタイ軍が勝を制し、ペルシア軍の大部分はここで撃滅され、キュロス自身も戦死を遂げた。在位は通算二十九年であった。

トミュリスは人血を満たした革袋をもち、ペルシアの戦死者たちの間にキュロスの遺骸を求めていたが、それが見付かると首を切って革袋の中へ投げ込んだ。かく遺骸を恥しめながら女王はいったという。

「私は生き永らえ戦いにはそなたに勝ったが、所詮はわが子を謀略にかけて捕えたそなたの勝であった。さあ約束通りそなたを血に飽かせてやろう。」

キュロスの死については、さまざまに語り伝えられているが、右に述べたところは、その中で最も信を置けるものであると思う。

英雄文学としての性格を遺憾なく発揮しているように思われるこのキュロス伝をこまかく分析してみると、この文学を構成するいくつかの要素が浮彫りにされ、その各要素がキュロス以外のイランの英雄文学にもくりかえして登場していることがわかる。その要素、モティーフというのは(1)王朝交替を予告する夢、(2)新生児殺害命令の不履行、(3)捨て児、(4)羊飼いなどの庶民に伍しての成長、(5)動物による哺育、(6)幼童の遊戯や所作の間にひらめく王者としての素質、などが主要なものである。

王朝交替予告の夢とか、羊飼いなどの庶民に伍しての成長、新生児殺害命令の不履行や幼童の所作にひらめく王者の素質などについては、七世紀の成立とみられる中世ペルシア語書『バーバグの子アルダクシールの行伝』(Kārnāmag i Ardaxšīr i Bābagān)にその好例が見いだされる。一種の歴史小説でもある本書には、史実といっても時代錯誤を犯して後代の史実を溯って記載するなどの点もみえ、また史実でなく竜退治のような神話的插話も組込まれていて批判的に取扱う必要のあることはいうまでもないが、いまはそのような関連において取りあげようとするのではないから、必要なくだりのみをつぎに訳出してキュロス伝と対比することにしたい。本書にはいくつかの版があり、編者によって章・節のわけかたもちがい、また、章を設けず、全巻を節にわける版もある。ここでは筆者はいくつかの段落にわけ、段落ごとに(三―一〇＝一・六―一三)などと表示することにした。三―一〇は全巻を節にわけるノシルワーン本により、また一・六―一三は第一章第六節から同第十三節までの意味でサンジャナ本に従ったものである(いずれも本書の終りに付した参考文献を参照ねがいたい)。

バーバグの子アルダクシールの行伝

『バーバグの子アルダクシールの行伝』にこう書かれていた。

フロームのアレクサンダル(マケドニアのアレクサンドロス大王)の没後、イラン国には二百四十の領主がいた。スパーハーン(エスファハーン州)、パールス(ファールス、ペルシス)およびそれに隣接した諸地方は大王アルダワーン(アルシャク朝王アルタバノス五世)の手中にあった。バーバグ(パーパク)はパールスのマルズバーン(国境知事)兼シャフルヤール(総督、知事、サトラプ)にして、アルダワーンの封侯中のひとりであった。アルダワーンはスタクル(エスタクル、ペルセポリスの近く)に住していた。バーバグには名跡をつぐ子孫がひとりもいなかった。
(一—二=一・一—五)

注　フローム Hrōm はひろくギリシア・ローマ世界をさす。h はギリシア語 Ῥώμη の粗気音を写すペルシア語音。パルティア語ではこれを f で写して Frum とよんだ。このパルティア語形がソグド人商人によって中国に伝えられ Fulin(拂菻、伏盧尼、普嵐など)となった。
領主は kadag-xwadāy の訳。アルダワーン五世の宗主権を認めて「大王」(sālār)と仰ぐ小王のこと。
封侯(gumārdag)は「封拝されたるもの」の謂。
スタクルとペルセポリスは厳密には一致しないが近接する。

ところで、サーサーンはバーバグの牧夫でいつも羊群とともにいたが、ダーラーイ・イ・ダーラーヤーン(ダーラヤワウ三世)一門の出であった。アレクサンダルの暴政中、(かれの)祖先は逃亡潜伏してクルド族の牧夫たちと行を共にしていた。バーバグは、サーサーンがダーラーイ・イ・ダーラーヤーン一門の生まれであることを知らなかった。(三—四=一・六—八)

注　ダーラーイ・イ・ダーラーヤーン Dārāy i Dārāyān とは「ダーラヤワウの裔ダーラヤワウ」ということで、ふつうはダーラヤワウ三世をさす。

バーバグは一夜、夢で、あたかも太陽がサーサーンの頭から照り全土に光りを放っているかのように見た。別の夜、かれは、あたかもサーサーンが飾りたてた一白象に乗り世界の人びとがみなサーサーンのまわりに立ってかれに頂礼をささげ讃嘆と祝福をしているかのように見た。第三夜にも同じように、かれは、あたかもファローバーグとグシュナスプおよびブルゼーン・ミフルの(三聖)火がサーサーンの家で燃えつづけ全土に光りを投げかけているかのように見た。(バーバグ)は不思議に思い、賢者や夢占いを引見してかの三夜全部の夢を、見たとおりに、かれらの前にはなした。夢占いたちの言うには「御身がこの夢を見られたその人か、その人の子孫のうちのだれかひとりが世界を支配するようになりましょう。と申しますのは、太陽と飾りたてた白象は勇気と有為と勝利であり、またファローバーグ火は聖職すなわちモウ師のデーンに関する造詣、またグシュナスプ火は戦士と軍将(を代表するもの)であり、ブルゼーン・ミフル火は世界の農耕者でありますから、この支配権がことごとくその人か、その人の子孫のもとに移りましょう」と。(五—一〇＝一・九—一三)

注　三聖火はFarrōbāg、Gušnasp、Burzēn-mihrで社会の三階級を代表する火とされている。モウ師はmow-mard「モウびと」の訳。モウは古代ペルシア語マグmagu-の中世語形。もとはメディアの部族、世襲の職業祭官として古くから政権と結びついた(二五、二九〇ページ)。デーンに関する造詣(dēn-dānāgīh)とはザラスシュトラ教に関する知識。

バーバグはこのことばを聞くと、人を派遣しサーサーンを引見して問うた「そなたはどういう家門の出であるか。そなたの父祖や祖先のうちで、だれか帝王や大王の権を揮ったひとがいた

のか」と。(一一=一・一四)

サーサーンは「わたくしに禍害や危害を加えられませぬように」といってバーバグに庇護と保護を求めた。バーバグが承諾したのでサーサーンは身の秘密を、ありのまま、バーバグの前にはなした。バーバグはうれしくなって命じ(て言っ)た「加餐するがよい」と。バーバグはまた「王者の衣裳たる光輪の服を一領サーサーンのもとに持参し『着るがよい』といってかれに与えよ」とも命じたので、サーサーンはそれに従った。そしてバーバグはサーサーンのために数日間、飲食《おんじき》と接待をもって手厚くふさわしく饗応することを命じたが、その後、おのが娘をかれに娶わせたところ、(それが)起こらねばならぬという摂理のゆえに少女はすぐさまみごもり、アルダクシール(一世)がかの女から生まれた。(一二―一五=一・一五―二〇)

バーバグはアルダクシールのからだつきと俊敏さを見たとき、うなずい(て言っ)た「わたしが見たあの夢はほんとうであった」と。かれはアルダクシールを養子とし、たいせつにして育てた。かれは、教育をうける年齢になると、文筆や馬術ならびにその他の諸芸にひじょうに上達したので、パールスに評判となった。(一六―一七=一・二一―二三)

アルダクシールが十五歳の年齢《とし》になったとき、バーバグには学芸や馬術に上達した立派な子がひとりいるとの知らせが、アルダワーンのもとにとどいた。そこでかれはバーバグに手紙をしたため(て言っ)た「そなたには立派な、学芸と馬術にひじょうに上達したむすこがひとりいると、こうわたしどもは聞いている。そこで、そなたがかれをわたしどもの宮廷によこし、かれがわたしどものそばに来て子らや廷臣どもとともにくらすことを、わたしどもは望むもの。そうすれば、なにか利のあるかれの学芸にたいして、わたしどもは報酬をあてがおう」と。(一八—一九=一・二四—二五)

バーバグは、アルダワーンがはるかに強権だったので、さからってその命令を無視することはできなかった。そこで、かれはすぐさま、アルダクシールを十人の家来と多くのめずらしい物でふさわしく飾り立てて、アルダワーンの前に送った。(二〇=一・二六—二七)

アルダワーンはアルダクシールを見てよろこび大事にして、「毎日、わしの子どもや廷臣どもと狩りやポロにゆくがよい」と命じたので、アルダクシールはそれに従った。神助によってポロや馬術、それに将棋《チャトラング》やネーウ・アルダクシールおよびその他の諸芸において、かれはかれらのだれよりも、勇敢かつ練達であった。(二一—二二=一・二八—三〇)

注 ポロは周知のようにイラン起源のスポーツであるが、中世ペルシア語ではčawgānといっていた。チャウガーンとは本来は打球杖であるが、転じてこのスポーツをも意味した。ビザンツやアラブの手を経て西方に伝わり、ヨーロッパ中世、ことにフランク王国で愛好された。ポロの名で行われている現在のものはイギリスから西欧に再輸入されたもの。

将棋やネーウ・アルダクシールについては二五六ページ以下を参照ねがいたい。

ある日、アルダワーンは騎者やアルダクシールといっしょに狩りにいった。ゴール(野生驢馬)が一匹、野をよぎった。アルダクシールとアルダワーンの長子がそのゴールのあとから走った。そしてアルダクシールは追いついて一矢をゴールに射たところ、矢は羽根まで腹中にはいって向こうがわに抜け、ゴールはたちどころに死んだ。アルダワーンと騎者らはすすんでそこにやってきた。そしてそのような射術をみると、不思議に思って「この射術はだれがやったのか」と問うた。アルダクシールは「わたくしがやりました」と言ったが、アルダワーンの子は「そうじゃない、僕がやったのだから」と言った。アルダクシールはおこってアルダワーンの子に言った「(他人の)美技と勇猛ぶりを、乱暴と不穏といつわりの不法でもって、わがものとすることはできない。この野はあつらえむきで、ゴールもここにはたくさんいる。僕と君と、ここでもう一度試合をして優秀さ、勇敢さ、俊敏さをお目にかけようではないか」と。アルダワーンはこれに不快を感じて、以後、アルダクシールに馬に乗ることを許さなかった。かれはアルダクシールを厩《うまや》においやって命令した「よいか、日夜、馬のそば(をはなれて、そこ)から狩りやポロや学校に行くでないぞ」と。(二三―二六＝一・三一―三九)

アルダクシールは、アルダワーンが嫉視と悪意からものを言っていることがわかったので、すぐさま、事態について、ありのままバーバグに手紙を書いた。バーバグは手紙をみて悲しくなった。そこでかれは、アルダクシールあての返事に、こう書きあげた「お前に危害の来るはずもないことで目上の人といさかいをおこし、荒っぽいことばでかれらにものを言うとは、お前も知慧のないやりかたをしたものだ。即刻、謝罪のことばを懺悔文で申しあげよ。よいか、賢者たちも言っているでないか『(どんな)敵でも、愚かものが自分のやりかたから自分でうけるようなことを、相手に加えることはできない』とな。また『その人なしにはやってゆけない人を攻撃してはならぬ』ともいわれている。アルダワーンがわしやお前や世の多くの人びとの上にあって身命財の強力な支配者であることは、お前も知っていよう。だから、この今、お前へのわしの訓戒は断乎としてこうだ、忠誠と臣従を披瀝せよ。お前自身の栄誉を破滅におとしいれてはならぬぞ。」(二七—三〇＝一・四〇—四六)

アルダワーンには立派な腰元がひとりいて、他の腰元たちよりも尊敬されたいせつにされて、アルダワーンの用はなんでもかの女がつとめていた。ある日のこと、アルダクシールが厩《うまや》に腰をおろしてタンブールを奏《かな》で歌をうたってたのしんでいると、かの女はそのアルダクシールを見そめてかれに迷う身となり、以後、アルダクシールと愛情と友情と恋情をむすんだ。幸運去ったアルダワーンが夜になって眠ると、いつも、その腰元はひそかにアルダクシールのそばにいって明けがた近くまでアルダクシールと同衾してのち、アルダワーンの前にもどってくるのであった。(三一—三二＝二・一—三)

ある日、アルダワーンは、宮廷の賢者や星占いたちを引見して問うた「七星と十二宮、星辰の位置と運行のこと、現下諸国の支配者ならびに世界の人類のこと、さてはわが子孫やわれらが民のことについて所見はどうか」と。星占いの長《おさ》が答えていうには「山羊座(?)が沈んで木星がふたたび最強位に達し火星と金星の側方にあり、北斗七星と獅子座は接して木星に助力をさしのべています。この理によりまして、新しい一支配者一大王が出現して多くの反王を倒し世界をふたたび一王のもとに統一することを(占星図は)示しているのであります」と。つぎに鳥占いの長が御前《ごぜん》に伺候して言うには「本日より三日のあいだに主人のもとから逃げる家来はだれでも、顕位と権勢を得、自分の主人を制して勝利者となろうと、こういうことが明らかとなっております」と。(三三―三五=二・四―六)

注 鳥占いとは鳥の動作・鳴き声などで吉凶を占うもの。単なる「占い師」とみてもよい。

腰元は、夜になってアルダクシールのそばに来ると、このことばを、アルダワーンに言上されたとおりに、アルダクシールの前に復唱した。アルダクシールはそのことばを聞くと、そこから逃げ出そうと決心した。かれは腰元に言った「もしそなたの心がわたしと共同一致するなら、賢者や鳥占いたちが『主人のもとから逃げ出すものはだれでも、顕位と権勢を得るだろう』といっている、このえらばれた三日のあいだに、わたしたちは、世界を掌握するために、ここから出ていこう。もしイラン国の神の光輪がわれらを助けにくるなら、われらは救出され幸いと栄えが得られるでしょう。わたしは、そなた以上の幸福ものは世界にだれもないようにしよう」と。腰元は同意して言った「わたくしは(これを)繁栄(の印《しるし》)と思い、あなたの命令されることはなんでもいたしましょう」と。(三六―三八=二・七―一二)

注 光輪については一六ページ参照。

腰元は明けがた近くなると、アルダワーンのそばの自室に帰っていった。夜、アルダワーンが眠ってしまうと、アルダワーンの宝庫からインドの剣一振り、黄金の鎧と羊頭付の帯、黄金の王冠と宝石をちりばめた黄金杯、ならびに多くの金銀貨、飾りつきのおびただしい鎧と鞍具、また、そのほかにも多くのものを奪《と》ってアルダクシールのもとに運んできた。アルダクシールはアルダワーンの乗馬のなかから、一日に七十フラサングを行く馬二頭に鞍をつけた。一頭には自分が乗り、もう一頭には腰元が乗って道をパールスにとり拍車をかけて走りつづけた。(三九―四〇=二・一二―一五)

注 七十フラサング frasang は四五〇キロメートル。

言い伝えによると、夜なかに、かれはすすんで一村にやってきた。アルダクシールは、村人が見つけて知り捕えるやもしれぬとおそれた。かれは、村の中でなく、村の片隅をよぎった。かれはやってきて女がふたり腰をおろしているのを見たが、その女は叫んだ「おそれることはありません。バーバグの御子、カイ・アルダクシールよ、あなたはサーサーン一門の出でダーラーイ(ダーラヤワウ)王から出ておわすかた。と申しますのは、どんな悪人もあなたを捕えることはできませんし、あなたは多年の間イラン国を支配なさるべき方《かた》ですから。海のところまで(馬を)急がせなされ。そして海を目にされたら、もう警戒されることはありません、と申しますのは、あなたの目が海におちたとき、あなたは敵から安全になられるのですから」と。アルダクシールはうれしくなって、そこから拍車をかけて走っていった。(四一―四三＝二・一六―一九)

注 カイ kay はプリンス、王などをも意味するが、ここでは「カイ王朝の」の意味にとって、あえて訳さなかった。アルダクシールをカイ王朝(二一六ページ)と関連させるのである。

夜が明けてアルダワーンは腰元をよんだが、腰元は自室にいなかった。馬丁がきてアルダワーンに言うには「アルダクシールはあなたさまの二馬もろとも、その場におりませぬ」。アルダワーンは(事態を)さと(って言)った「わしの腰元はアルダクシールもろとも逃げおった」と。そして宝庫からのしらせを聞いてかれは長嘆した。かれは星占いの長をよんで言った「手早くして見てみよ、あのわるものがあの不貞な淫婦もろともいず地へいったか、そしていつわれらは捕えることができるのか」と。星占いの長は時を測り、答えてアルダワーンに言上した「羊座は土星と火星からはなれ、木星および水星と結びつき、天央の主は太陽の光芒の下に位置しております。されればアルダクシールが逃亡し、光輝がパールスの方角にあることが明らかであります。もし三日のあいだに捕えることができなければ、それからのちは捕えることができま

せぬ」と。(四四―四八=三・一―六)
アルダワーンはすぐさま兵四千をととのえ、アルダクシールを追うて道をパールスにとった。正午になって、パールスへの道が通っている地点についた。かれは問うた「この方角に来たあの二騎はなんじごろ通過したか」と。人びとが言うには「明けがた、朝日がのぼるとアルダー風《かぜ》のように通過しましたが、それより美しいものはとてもないような、ひどく屈強な小羊が一頭、ふたりのあとから走っておりました。今ごろまでには多くの里程《フラサング》を走っていてあなたがたに捕えることのできないことが、わたしどもにはわかっております」と。(四九―五〇=三・七―一〇)

注 アルダー ardā 風《かぜ》とは正《せい》の風《かぜ》、すなわち追風とおもわれる。

アルダワーンは寸時も立ち止まらずに馬を急がせた。別のところに来て人びとに問うた「あの二騎はなんじごろ通過したか」と。かれらが言うには「正午にアルダー風《かぜ》のように走っていきましたが、小羊が一頭、ならんで走っておりました」と。アルダワーンは奇異に思って言った「よいか、ふたりづれの乗り手のことはわかっておるが、あの小羊はいったいなにものなのか」と。かれは議官に問うた。議官の言うには「かの王者の光輪はまだかれにとどいてはおりません。わたしども、走る必要があります。あの光輪がかれにとどかぬうちに捕えうる可能性があります」と。(五一―五四=三・一一―一五)

注　議官は dastwar の訳語。この語は聖俗いずれにおいても権威をもっているものの意味で用いられる。教師や宰相を意味するのもそのため。

アルダワーンは、騎者らとともに、ひじょうに馬を急がせ、二日めは七十フラサング走った。すると、一隊のカーラワーンがかれと出くわした。アルダワーンは「あの二騎はどこで出会ったか」とかれらに問うた。かれらの言うには「あなたがたとかれらのあいだには二十一フラサング(一三五キロメートル)の距離があり、また、騎者のひとりとは、ひじょうに大きくて俊敏な小羊が一頭、馬に同乗していたように、わたくしどもには見えました」と。アルダワーンは議官に問うた「馬に同乗のあの小羊はなにを意味するものか」と。議官は言上した「寿命長久にましませ。アルダクシール――カイ王朝の光輪はかれにとどきました。どんな手段でも、かれを捕えることはできませせぬ。もう、ご自身や騎者に苦労はおかけくださるな、そして馬を苦しめず、困憊させられませせぬよう。アルダクシールへの策は別の方面からお求めください」と。アルダワーンはそう聞くと引きかえしておのが居所に帰った。そののちかれは軍兵をととのえ、アルダクシールを捕えるために、おのが子とともに、パールスに派遣した。(五五―五九＝三・一六―二一)

注　カーラワーン kārawān は、いわゆるキャラバンであるが軍勢の隊伍をも意味する。ただし、ここはふつうのキャラバンである。

二十一フラサングにみえる「二十一」という端数にはふかい意味がある。これはザラスシュトラ教徒のもっとも重要な祈禱文「ヤサー・アフー・ワルョー」(Yaθā ahū vairyō)が二十一語から成立していることと関連がある。したがって、それはザラスシュトラ教徒か異教徒か、正か邪かをわかつ境界である。ザラスシュトラ教徒として描かれるアルダクシールは二十一フラサングの前方において正統王者のシンボルたる光輪とむすばれ、こなたにはそれを失ったアルダワーンが取りのこされているのである。

………中略(六〇―一二三=四・一―八・一九。ただし、この部分は三〇六ページ以下に訳出されている)………

アルダクシールは、かの竜を退治してのち、ジョーバールに帰った。そしてかれの軍兵は、バーリーザーン族と戦うために、キルマーン地方に赴いた。(一二四=九・一―二)

注 バーリーザーン Bārīzān はキルマーンやムクラーン地方の非イラン系民族。

かれ(アルダクシール)は、アルダワーンの子らのうち、ふたりは自分のもとに抑留していたが、(他の)ふたりは逃亡してカーブル王のもとに奔っていた。かれらはアルダクシールの妻となっていた自分の妹に手紙を書き、メッセージを送った「自族の死――それは神の敵なるこのわるものが自分ら一門のものを殺害したときのことだが、それをお前は忘れ、そして、亡命して痛苦と苦難、恐怖と畏怖と非情の中にあり辺境に囚われの身であるお前の受難のきょうだい、またこの約束破り（アルダクシールのこと）に牢獄の縄をもって罰を加えられ死を恩恵として願い求めているお前の不運な二きょうだいへの愛情と慈愛――それをお前は一切合切忘れ去ってその約束破りと心を合わせ、かれらにたいする悲しみや思いやりなどお前にはひとかけらもないとあっては、お前ら女どもについて言われていることはほんとうなのだ。きょうからのち、世のどんな女にでも心をゆるし疑いをもたぬようなやつは打ち殺されてしまったもの、とな。さて、こうだぞ、もしお前にわしらへの愛情がすこしでもあるなら、わしらへの策を求め、父の仇と自族一門のものとを忘れてはならぬ、そしてわしらがわしらの腹心といっしょにそなたのもとに送るこの毒を受けとれよ。この者から取って、そなたにできるとき、飲食の前に、そのわるものの約束破りに与えなさい、そうすればかれはすぐさま死に、そしてお前の縛されているきょうだいは、ふたりとも、自由となり、われらもまた自分の国と土地と在所にもどり、そしてお前の霊は天国行き、永遠の名声が自分のものとなって世のほかの女たちも、お前の善行のために、もっと評判になり、もっとたいせつにされるだろう」と。（一二五―一三〇＝九・三―八）

注　「約束破り」とは主従の約を破った叛逆者の意味。

アルダワーンの娘は、送られた毒といっしょにそのような手紙をみたとき、それに従いあの不運な四人の兄を縲目から解放しなければならないと考えた。ある日、アルダクシールは狩りから空腹口渇で家にはいりワーズ（食前の祈り）をすませていた。腰元はかの毒を穀粉や牛乳とまぜ「ほかの飲食《もの》よりさきに召上がりませ、暑気と疲れにはよろしうございますから」とこういってアルダクシールの手にわたした。言い伝えによると、勝利の神火ファローバーグが一羽の赤い鷲となって飛び込み翼《はね》を穀粉にあてたので、その杯は穀粉もろとも地におちた。アルダクシールと女の子はそのありさまを見て、ふたりとも仰天した。家にいた猫と犬がそのたべものをたべてその場で斃死した。（一三一―一三五＝九・九―一三）

注　鷲(āluh)にたいし一本には雄鶏(xrōs)ともある。
ワーズ wāz とは本来は「ことば」の意味であるが、転じて「食前の祈り」。

アルダクシールは「それが毒であって、わしを殺すために盛られていた」と知った。すぐ大モウベッドを引見して問うた「御坊《ごぼう》、主人のいのちが狙われるということを、そなたはどう考え、またそれにどう対処すべきか」と。（大）モウベッドは言上した「寿命長久にましませ。思いのままにあらせ給え。主人のいのちを狙うものはマルグ・アルザーン罪、処刑さるべきであります」と。アルダクシールは命じた「巫蠱《ふこ》不義のこの淫婦は打ちのめして子供は墓場につれてゆけ、そして殺すように命じよ」と。大モウベッドはこの女の子の手をとってそとにつれ出した。女の子は言った「きょうでわたしは妊娠七か月です。アルダクシールに知らせてください。わたしがマルグ・アルザーン罪としましても、胎《はら》に宿しているこの子をマルグ・アルザーン罪とみなすべきでありましょうか」と。大モウベッドは、そのことばを聞くと、くびすをかえしてアルダクシールの前にもどった。そして言うには「寿命長久にましませ。この女はみごもっております。お産までの間、しばらく殺害することはよくありませぬ」と。アルダクシールは怒って言った「一刻も猶予せずにかの女《おんな》を殺せ」と。大モウベッドは、アルダクシールは怒りがひどいがそのために後悔するだろうことを知り、その女を殺さずに自分の家につれていってかくまい、自分の妻に言った「この女をたいせつにせよ。ひとにはなにも言うでないぞ」と。お産の時がきて、たいへん立派な息子《むすこ》が生まれた。かれはシャーブフルと名づけて七歳の年齢《とし》になるまで、ずっと養育した。(一三六―一四三＝九・一四―二五)

注　大モウベッドは mowbedān mowbed「諸モウベッドのモウベッド」の訳語。これは šāhān šāh「諸王の王」にならってつくられた称号であるが、アルダクシールの時代にはまだできていなかった。ここにも時代錯誤がみえる。モウベッドとはザラスシュトラ教の聖職者。この『行伝』ではモウ師と同義に解してよい(二七七ページ)。
御坊《ごぼう》は hērbed「師僧」(ザラスシュトラ教の)であるが、「御坊」と訳したのは呼びかけに使ったため。
マルグ・アルザーン marg-arzān とは「死(marg)に値いするもの、死罪相当者」であるが、「マルグ・アルザーン罪」と訳した。
シャーブフル Šābuhr(<šāh-puhr)とは「王の子」の意味。

アルダクシールは、ある日、狩りにいって馬を雌のゴール（野生驢馬）に走らせた。雄のゴールがアルダクシールの矢面《やおもて》に来て雌のゴールを救い、自身を死の犠牲とした。アルダクシールは、そのゴールはすてて、馬を仔にとばした。雌のゴールは、騎者が馬を仔にとばしているのを見て、やってきて仔を救い、自身を死の犠牲とした。アルダクシールは、そのありさまを見ると、馬をとめた。かれは心が燃え、馬を回《かえ》して考えた「人間はなさけなや。もの言わぬこのけものの無知と無言をもってして、なおかつその相互愛は、自分のいのちを妻子のためにすてるほど全《まった》いものだとは」と。かの妻と胎《はら》にかかえていた子と、すべてが思い出され、かれは馬の背にまたがったまま、大声で泣いた。（一四四―一四五＝一〇・一―五）

軍将と高官、貴族と廷臣らはそのさまを見るとおどろいて立ちどまり、一同大モウベッドの前に行って言った「これは、いったい、どうしたことですか、アルダクシールに、はげしく、このように嘆きと苦しみと悲しみがやってきて、あのように泣かれるとは」と。大モウベッド、大軍将、親衛隊長、宰相、侍従や廷臣らがアルダクシールの前に行き面拝作礼して言った「寿命長久にましませ。どうか、このようにご自身を悲しませ苦しみと嘆きをみ心になげかけ給わぬように。人間のわざで策を講じることができるような、そういうことが起きたのでありますれば、わたくしども、自分の身命財と妻子をさし出しますから、どうか、このわたくしどもにお知らせくださりませ。が、もしそれが策を講じることのできないような禍《わざわ》いでありますれば、ご自身やわたくしども国の民を嘆かせ苦しめることはなさらないでいただきたい」と。アルダクシールが答えて言うには「いま、わたしに起ったことはほかでもないが、じつは、きょう、野でわたし自身こんなふうに見た、もの言わぬ無言で無知のけもののことから、あの妻とその母胎《はら》にいた罪のないあの子が、またわたしに思い出された。そしてわたしは、かれらを殺すことを思いつき決定した者であるから、重い罪が霊に加わるやもしれぬ」と。(一四六―一四八‖一〇・六―八)

注 大軍将は Ērān-spāhbed「イランの軍将」の訳語。イランの軍事最高指揮官である。「薩宝」は周知のように spāhbed の音訳。
宰相は dibīrān-mahist「書記官の長」の訳語。これについては二三四ページ参照。
侍従は dar-handarzbed「宮廷の助言者」の訳。

大モウベッドは、アルダクシールがあのことで後悔しているのを見てとり、面拝して言った「寿命長久にましませ。マルグ・アルザーン罪の犯罪者で主命を無視したやからへの罰をわたくしに課するように命じてください」と。アルダクシールは言った「なにゆえ、そのようなことを申すぞ。どのような罪が汝《そち》にあったというのか」。大モウベッドは言った「御身が『殺せ』と命じられたあの女とあの子どもを、わたくしどもは殺しませんでした。そして新しく生れた王子らのだれよりも美しくて立派な子どもがひとり生まれました」と。アルダクシールは言った「なにを申すぞ。」大モウベッドは言った「寿命長久にましませ。わたくしの申しあげたとおりであります」と。アルダクシールは大モウベッドの口を紅玉、王者の真珠と宝石で満たすように命じた。（一四九―一五二前半＝一〇・九―一四）

と同時に人が来てシャーブフルをそこへつれてきた。アルダクシールはわが子シャーブフルを見ると面拝して主オフルマズドとアマフラスパンド諸神、カイ王朝の光輪、勝利を博する諸火の王にいくども感謝をささげて言った「わたくしにおこったことはソーシュヤンス千年紀の死者起生と後身よりも前に出現するどの王者国王にもおこったことのないもの、このわたくしには死者のなかから、こんなに美しい子が（生きて）還《かえ》りましたから」と。そしてかれはその地にワラクシュ・シャーブフルとよぶ都城を建設することを命じ、十座のワフラーム火をそこに安置した。また多くの物や財を諸火の王の祀堂に進納するとともに、正行《しょうぎょう》と助行をつとめるように命じた。（一五二後半―一五四＝一〇・一五―一八）

注　アマフラスパンド Amahraspand はアヴェスター語アムシャ・スプンタ Aməša- Spənta-「不死なる(aməša-)恩寵者、恩寵ある不死者」の中世ペルシア語形。アフラマズダー＝オフルマズドをとりまく六柱の陪神。

諸火の王(Ādurān Šāh)、諸火の王の祀堂(Dar i Ādurān Šāh)はそれぞれパールスに安置されていた特別な聖火とその殿堂。

ソーシュヤンス千年紀云々について——ザラスシュトラ教後期の伝承によると、ザラスシュトラの千年紀(二一七ページ)ののちに三つの千年紀がつづき、その各千年紀にひとりずつ、かれの子がサオシュヤント(Saošyant-)として出現する。サオシュヤントとは「(庶類を)利益《りやく》するもの、利生者《りしよう》」の謂。かれらにはそれぞれ名前がついているが、最後のサオシュヤントは死者をふたたび起ちあがらせ(死者起生)、祓浄火の洗礼をうけさせて罪者は清め、万人は第二の身《しん》を得て(後身)永生不死の世界を顕現させる。このように重要な役割りを演じるため、中世ペルシア語書ではこの第三サオシュヤントはその本名アストワト・ルタ(Astvaṭ.ərəta-「天則の権化、法身者」)を廃して、サオシュヤントという語(厳密にいえばその単数主格形saošyąsのくずれた形)をその名としてソーシュヤンス(Sōšyans)とよばれている。したがって、この最後の千年紀はソーシュヤンス(の)千年紀とされる。三二七ページ以下をも参照のこと。

ワラクシュ・シャーブフル(Walaxš Šābuhr)がどこか、筆者には考定できない。

ワフラーム Wahrām 火とは主要な聖火の一。

正行(kār)とは責務としてのつとめ(聖火殿における)。助行(kirbag)とは本来は「功徳行《くどくぎよう》」の意味、責務として課せられてはいない余行《よぎよう》、そのようなお勤め。


このシャーブフルはサーサーン朝第二代のシャーブフル一世であるが、この『行伝』は、そのかれが長じて狩りに行き、そこで膂《りよ》力衆にすぐれた村娘をみつけ、同夜枕を交《か》わすまでの顛末をくわしく伝えているが、この娘、じつは、アルダクシールには敵方にあたるマフローグの一女であった。かの女がシャーブフルに身の上をうちあけるくだりから訳出すると、つぎのようである。

むすめは言った「わたくしはマフローグ・イ・アノーシャグザーダーンの娘でして、アルダクシールをおそれてこの地につれて来られました。マフローグの七子のうち、わたくしを除いては、ひとりも生きのこってはおりません」と。シャーブフルは百姓を呼び出して娘を妻にもらいうけ、その夜同衾した。(それが)起こらねばならぬという理運のゆえに、その夜、シャーブフルの子オフルマズド(一世)をみごもった。シャーブフルはむすめをいつくしみたいせつにしたが、シャーブフルの子オフルマズドがかの女から生まれた。(一八一—一八三前半＝一三・二一—二四)

注　マフローグ・イ・アノーシャグザーダーン Mahrōg i Anōšag-zādān「アノーシャグザードの子マフローグ」。マフローグは一般にミフラグ Mihrag とよまれているが、筆者は『アヴェスター』にみえる人名 Mąθravāka- と語音の上から同定した。

シャーブフルは、オフルマズドが七歳の年齢になるまで、かれを父(アルダクシール)から隠していた。ある日、年端《としは》のゆかない子供やアルダクシールの廷臣らといっしょに、オフルマズドは馬場にいってポロをした。アルダクシールは大モウベッド、大将軍、多くの貴族および高官たちとそこに腰をおろし、かれらに目をやっていた。オフルマズドは、かれら童児のなかで、馬術には(もっとも)勇敢かつ練達であった。(それが)起こらねばならぬために、かれらのうちのひとりが打球杖をボールにあて、ボールはアルダクシールのかたわらにおちた。アルダクシールはなんの素振りもみせず、童児らもまた黙したままで、アルダクシールの威光のために、だれもあえて進み出ることができなかった。オフルマズドは堂々とすすんでボールをとり、そして堂々と打って叫び声をあげた。アルダクシールは「この子《こ》はだれか」とかれら(陪観者)に問うたが、かれらは言上した「寿命長久にましませ。わたくしどもはこの子を存じませぬ」と。アルダクシールは人を出して子を引見して言った「お前はだれの子であるか」と。オフルマズドは言った「僕はシャーブフルの子です」と。かれはすぐ人を出してシャーブフルを呼びよせて言った「これはだれの子なのか」と。シャーブフルは保護を求めた。アルダクシールは笑って保護を与えた。シャーブフルの言うには「寿命長久にましませ。これはわたくしの子でありまして、この数年間、わたくしはあなたから隠しておりました」と。アルダクシールは「この怠慢者《なまけもの》めが。この七年、こんな美しい子をわしから隠していたとはどういうわけか」といってオフルマズドをたいせつにし、多くの贈りものと衣裳をかれに与え、神々に感謝をささげた。かれは言った「インドの法師が言ったことはこのことだ」と。(一八三後半—一九六＝一三・一—一八)

注　大将軍は artēštārān sālār「戦士の長」の訳語。これは、おそらく、大軍将(Ērān-spāhbed)と同じものであろう(二九二ページ)。

法師は kēd「うらない者、呪術者、占星術者」の訳語。

インドの法師うんぬんとは、アルダクシールによる国家統一の業が進捗しないためインドの法師のもとに使節を送って、かれの見通しをきかせたくだりと関係がある。つぎのような一節である。

アルダクシールの(使)者がインドの法師の前に到着すると、法師はその若者を見るなり、若者が一語も発せぬ前に、若者に言った「お前さんはパールス(ペルシア)の王が『イラン国統一の権をわが手に収めよう』ということのために派遣したのだな。さあ、帰っていって、このわしの返答をかれに申しあげるがよい『この権は二家――一つは御身の一門、それと、もう一つはマフローグ・イ・アノーシャグザーダーンの一族、これ以外に帰属させることはできない』と。」(一五八―一五九=一一・六―七)

この予言にもとづいてアルダクシールはマフローグを倒し、その七子のうち六人も殺したが、ただひとり、娘がアルダクシールの追手をのがれて百姓家にかくまわれていたわけで、『行伝』はこの娘とシャーブフルとのあいだにできたオフルマズド(一世)の幼時の大器ぶりを右のように伝えたのち、かれが長じて王位につき全イラン国を平定統一して諸方の小王を藩属させ、フロームやインドより貢と税を収め、イラン国をさらに美しく、さらに殷賑《いんしん》、さらに高名ならしめ、カーブルの総督、インドの王、トルコの可汗およびその他、諸方の小王らが甘美な賀詞をもってその王宮に伺候した(一九七―一九八＝一三・一九―二一)旨をのべて篇を結んでいる。

王朝交替予告の夢はバーバグがサーサーンについてみており、また同じ予告はアルダクシールについて星占いや鳥占いがアルダワーンに言上したことばにもうかがわれる。庶民に伍しての成長はセミラミス女王の場合にもみえるが(二三一ページ)、サーサーンがクルド人の羊飼いと生活したり、百姓娘として成長したシャーブフルの愛人の場合にもみえるモティーフである。新生児殺害命令の不履行は、大モウベッドがシャーブフルをアルダクシールの命令に反してかくまったくだりにうかがわれ、幼童の所作にひらめく王者の素質はオフルマズドのポロ戯における大胆な行動に遺憾なく示されている。キュロス伝を織りなすモティーフは、このように、『アルダクシールの行伝』にそのまま再現されている。では、捨て児や動物による哺育のモティーフはどうであろうか。

捨て児のモティーフはオリエントに古くから、諸方に指摘される。セミラミス女王も捨て児だったのを拾われているし、モーセも葦の舟にのって流されていた捨て児であるが、イランのモティーフとしてはカイ・カワードの場合を取りあげることができる(二一五ページ参照)。かれはカイ王朝の開祖とされる人物であるが、箱に入れてユウフラテス川に流されていたのをウザウが見つけて拾い養子としてカワード(アヴェスター語カワータ)と命名したという。これはきわめて簡単なはなしであるが、中世ペルシア語書『ブンダヒシュン』(原初の創造)に見いだされる。本書は九世紀の成立で古いものではないが、サーサーン王朝時代に存していた『アヴェスター』(現存のものはその三分の一ないし四分の一といわれている)――といっても、それの中世ペルシア語訳であるが――を参照して作成されたものであり、しかも、散文で書かれている本書のなかで、このカワードの捨て児物語の部分は詩文で書かれているので、古い典拠に依っていることをもの語るものとして注目される。いずれにせよ、このモティーフはカワードといい、キュロスといい、王朝の開祖やそれに準じる人物には好んで用いられた発想であり、ダーラーイ(ダーラヤワウ一世)にもそれがうかがわれる(二一七ページ)。ヘロドトスではキュロスは捨て児にされたが牝犬に育てられたといううわさをキュロスの両親がつくりあげてひろめたようになっているが、このうわさのほうがキュロス伝本来のありかたであった。しかし、ヘロドトスは合理主義者であるから、かれ独自の解釈を加えたのである。古い共通イラン語形では「犬」は *span- であるが、これに接尾辞 -ka を付した *spaka- もまた想定できる。これを特別に女性形にすれば *spakā-。ヘロドトスは、キュロスが「牝犬」(*spakā-)に育てられたというのを改めて、牛飼い女スパカーに育てられたとしたもので、かれの「スパコ Spakō」はスパカーである。ヘロドトスはメディア系のキュロス伝を合理的なものとして取りあげたといっているが、この *spakā-=Spakō もメディア語で、古代ペルシア語なら sp は s となる(一七四ページ)から *sakā-=*Sakō となるはずで、中世ペルシア語や近世ペルシア語の sag

「犬」は古代ペルシア語 *saka- をうけたものである。

ところで、その動物による哺育のモティーフであるが、これもひろく分布していたものの一つで、ローマのロムルス、レムスが狼の乳で育ったはなしはあまりにも有名。ペルシアでは『シャーナーメ』に動物による哺育のモティーフがいくつか見いだされる。例えばフィレードゥーン(中世ペルシア語フレードーン)の場合がそれである。イラン伝説史上の帝王としてのかれの地位は、すでに述べたところによって明らかで、かれは暴君ズッハーク(中世ペルシア語ダハーグ)を倒す使命をもって生まれてきたともいいうるのである(二一四ページ)。もっとも、かれはこの暴君をドゥンバーワンド(デマヴェンド)山に繋ぎとめたにとどまり、息の根をとめることはできなかった。ザラスシュトラ教系の中世ペルシア語書は、この最後の仕事をカルシャースプにゆだねている。カルシャースプは『アヴェスター』ではクルサースパといい、本来は東イランの伝説圏に属する英雄であるが、中世紀にはルスタムがかれに代って活躍するようになった。

クルシャースパにせよルスタムにせよ、いわば、イランのヘラクレスである。このカルシャースプは世界の終末に登場する第三サオシュヤント(中世ペルシア語ソーシュヤンス――二九四ページ)によって長い眠りから呼びさまされ、棍棒をもってダハーグを打ち殺すことになる。このような終末論的役割を担《にな》っている人々は死んでも死なず、「不死者」といって長い眠りに就いて時の到来を待つことになっている。カルシャースプはフレードーンの仕事の終末論的完成者である。フレードーン＝フィレードゥーンの仕事は、この意味においても、イラン民族にとっては重要なものであった。そのかれの誕生前後の状況を『シャーナーメ』にさぐってみると、つぎのようである。

ズッハークには致命的なフィレードゥーンが生まれた。かれはジャム（ジャムシードともいう。二一四ページ）とならぶ燦たる栄光につつまれていた。そして、これも並《なみ》はずれて美しいビルマーイェという霊牛が住んでいた。ズッハークは、ついに、フィレードゥーンの父を見つけて殺し、いまやその子フィレードゥーンを血眼になってさがしていた。身の危険を感じて母はフィレードゥーンをつれてこの霊牛のもとにゆき、かれをかくまい乳で育ててくれるようにたのんだ。ビルマーイェはこれを引きうけ三年間哺育したが、霊牛の名があちこちに知れわたるとズッハークの追跡の手がのび、母がフィレードゥーンをつれてアルブルズ山中に逃避したあと、霊牛はズッハークのためにいのちをおとすのである。

このような動物による哺育のモティーフはダスターン＝ザールにも見いだされる。かれは先述したクルサースパ＝カルシャースプ（近世ペルシア語ガルシャースプ）の後裔であるから、これも東イランの伝説圏に属するものである。『アヴェスター』では、このクルサースパは竜退治などにかがやかしい手柄を立てた勇者として登場する。サーマ家の出であるかれにはナレー・マナフ Nairē-manah-「勇敢な心の持ち主、雄心者」という形容詞がついている。それが中世ペルシア語書になると、カルシャースプ、ナレマン、サームという、一家三代にわたる人物となって展開した。そして、このサームの子が、ほかならぬザールともよばれるダスターンであり、このダスターン＝ザールとカーブル王の娘とのあいだにできた子がルスタムである。この伝説圏の立役者はダスターン、ルスタム父子で、かれらの活躍した時期はカイ王朝(二一六ページ)の全期にわたっている。

このようなダスターンは生まれながらの白髪。父サームは悪魔がついているとみて、この児をアルブルズ山にすてさせた。そこは霊鳥シームルグの棲むところとされ、人煙を遠くはなれ太陽の行道に近いところにあった。仔の餌をさがしにきたシームルグの目にとまったのがこのダスターン。さっそくさらって仔らの待つ山上の巣に持ちかえったが神の摂理がはたらき、シームルグに憐憫の情がわいた。柔い餌をはこび、乳のかわりに血をしぼってのませた。こうして長いあいだ人目をさけて育てられたが、ある日、キャラバンの目にとまり、神々しい子供のうわさがひろがった。こうしたとき、父サームは、インドから貴人がアラブ馬を駆ってきて子の吉報をもたらすという夢をみる。例のモティーフであり、モティーフどおりに夢占いが登場し、その夢解きに従ってダスターンはアルブルズに行き、天国にもとどくこの高峯のいただきに立派な青年を見つける。これがダスターンであった。巣を去りがてのダスターンをはげましてシームルグは自分の羽根を一本かれに与え「いざというときにはこの羽根をもやせよ、そうすればわたしがかけつける。そなたをわたしはこの羽根の下で育《はぐく》み、わが仔に伍して育てたから」といい、雲表にそびえる高所からダスターンを父サームのところへつれてゆく。

この羽根がその後に果たした役割りについては、ここでは触れまい。筆者がいま取りあげているモティーフからすれば、ダスターン＝ザールのはなしはこれで事足るとおもわれるからである。シームルグとは中世ペルシア語セーン・ムルウ、アヴェスター語ムルガ・サエーナ「サエーナ鳥」で、サエーナはサンスクリットのシュイェーナ「鷲、鷹」に相当する。中世以後はいっそう霊鳥化され、中世ペルシア語書では鳥類のなかで蝙蝠《こうもり》とセーン・ムルウは乳房を有して仔を哺育するとされている。ダスターンのエピソードがもし中世ペルシア語書に伝えられていたならば、セーン・ムルウは、血でなくて、乳でかれを育てたことであろう。この鳥は、本来は、帝王と関係のふかい鷲であることは確実。『アルダクシールの行伝』にもファローバーグ火が鷲となって飛来しアルダクシールの危難を救う一こまがある（二八九ページ）。鳥獣による哺育の例としては烏孫王昆莫にも似たようなケースがみえる。『史記大宛列伝』に

> 烏孫王は昆莫と号す。昆莫の父は匈奴の西辺の小国なり。匈奴攻めてその父を殺す。而して昆莫生まれて野に棄てらる。烏肉を嗛《ふく》みてその上に蜚《と》び狼往きてこれに乳す。単于《ぜんう》怪みてもって神となし収めてこれを長ず。壮なるに及びて兵に将たらしむ。しばしば功あり。単于復たその父の民をもって昆莫に予《あた》えて長く西城を守らしむ。云々

とあるのがそれである。

このようにみてくると、キュロス(ヘロドトスの『歴史』)、サーサーン、アルダクシール一世、オフルマズド一世(『アルダクシールの行伝』)、カイ・カワード(『ブンダヒシュン』)、フィレードゥーン、ダーラーイ(ダーラヤワウ)一世、ダスターン＝ザール(『シャーナーメ』)らをめぐってあらわれる諸モティーフは、英雄文学を構成する要素であることがわかる。そこには一定のパターンがあって、それに従っていろいろな人物がそのなかの役割を演じる仕組みになっている。かれらが偶然にも同一の運命を事実において経験したのではない。

これまでは帝王またはそれに準じる人物をおもな対象としてきたが、英雄文学はかれらによってのみ独占されていたわけではない。例えばヘロドトス(『歴史』三・一五〇—一六〇)の伝えているゾピュロスの凄絶な行動もその一つ。ゾピュロスは僭主ガウマータを倒した七人衆の一人メガビュクソス(古代ペルシア語バガブクシャ——四四ページ)の子で名門の出である。さて、バビロンはダレイオス(ダーラヤワウ一世)がサモス島の攻略に従事している時期をねらって籠城の準備を完了し、公然と反旗をひるがえした。大王はこれを攻囲したが二十か月も間近かになってなお攻略することができなかった(一五〇—一五二)。時にゾピュロスは、王がバビロン攻略を重視しそれを大切とみなしていることをたしかめ、功をたてておのが地位を重からしめようと考えた。かれは自分の耳と鼻をきりおとし髪をみにくく剃りおとし、みずから鞭打って醜悪な姿にかえて大王を訪れた(一五三―一五四)。何者ぞ、かかる暴行を加えたるは、と驚き怒る王を抑えてゾピュロスの言うには「かかる事をあえてなしうるは大王のみ。わたくしは脱走者のごとく見せかけて敵城内に入りこみ、大王がこのような目にあわせたと訴えてかれらを油断させよう。順々と手順をふんで最後には城門を中から開いてペルシア軍を引き入れましょう」と。かれは事こまかに手順を打ち合わせる(一五五)。これを成功させるためにはペルシア側もわざわざ、捨て玉のように、兵を殲滅されるが、その都度、それがゾピュロスの手柄となって、かれにたいするバビロン城内の信任をふかめ、ついには城壁防備の司令官となった(一五六―一五七)。こうして、かねて打ち合わせずみの最後の段階が到来し、ペルシア軍はバビロン城に四方から攻撃をかける。頃合いを見はからってゾピュロスは西南と東側の門をあけてペルシア軍を誘いいれた。謀略がバビロン側にわかったときは、時すでにおそかった(一五八)。ダレイオスはキュロス(クル二世)以後比肩するものもないこの大功を嘉《よみ》してゾピュロスを厚く遇した(一五九―一六〇)、とある。以上が大要である。

これを古代ペルシアのひとつの「英雄の文学」として取りあげようとしたのはそれ自体がその要素をそなえているからであるが、それとともに、さきにあげた『アルダクシールの行伝』にも同じ要素が見いだされるからでもある。その個所というのは二八七ページに「……中略……」として省略した部分にあたる。全文を訳出する必要もないが、この『行伝』が宗教史的にも興味のある点を考えてつぎにその部分の全訳をかかげることとしよう。

アルダクシールは海岸への道をとった。こうして進んで行ったところ、アルダワーンに謀叛した数人のパールスの人びとが財と自身をアルダクシールの前にささげ忠誠と臣従を表明した。ラーミシュン・アルダクシールとよぶ地にきたときのこと、アルダワーンの手から逃《の》がれてきてそこに居を構えていた、スパーハーン出身で心の大きいバナーグという人が、六子と多くの軍兵もろとも、アルダクシールのもとにやってきた。アルダクシールは、わたしを捕えてアルダワーンに引き渡すやもしれぬとて、バナーグをおそれた。そこで、バナーグはアルダクシールの前にすすんで誓約をし確約を与えた「わたくしども生きてあるかぎり、子らともども、みずからあなたの家来となります」と。アルダクシールはよろこんでそこにラーミシュン・アルダクシール(「アルダクシールの喜び」)という邑《むら》(ロースターグ)を建設することを命じた。(六〇—六四=四・一—六)

バナーグを騎者ともどもそこに残して、かれみずからは海岸にすすんだ。海がかれの眼にはいったとき、かれは神々に感謝をささげてそこにボークト・アルダクシール(「アルダクシールは救われた」)という邑を置いた。そして十座のワフラーム火を海(辺)に安置することを命じ、そこからバナーグや騎者のもとに帰ってきた。かれは兵をととのえ、恩寵あるファローバーグ火の祀堂に詣《もう》でて恩典を祈願しアルダワーンとの戦いに赴いた。そしてアルダワーンの兵をことごとく殺戮し、その財と馬と幕舎を奪取し、みずからはスタクル（二七六ページ）に居《きょ》し、キルマーン、マクレスターン、パールス（その他の）諸地方の兵を多数糾合してアルダワーンとの戦いに派遣した。（六五―六七＝四・七―一二）

注 マクレスターンはイランの東南部からパーキスターンにつらなる、オマーン湾沿岸地方。

四か月のあいだ、毎日、多くの戦闘と殺戮が行われた。アルダワーンは諸地方から、すなわち、ライ、ドゥンバーワンド（デマヴェンド）、デールマーンおよびパダシュクワールガルから兵と秣《まぐさ》を徴発した。カイ王朝の光輪がアルダクシールに同伴していたのでアルダクシールは勝利を博した。かれはアルダワーンを殺し、その財はことごとくアルダクシールの手に帰し、かれはアルダワーンの娘を妻としてパールスに帰還し、アルダクシール・クワッラフ（「アルダクシールの光輪」）という都城を建設、かの大池を掘り四本の水路をそこから引き、火を池（辺）に安置した。大きな山を掘削し河川を求め多くの村と城市を栄えさせ、多くのワフラーム火をそこに安置するように命じた。（六八―七〇＝四・一三―一九）

注 ライは、ここでは、地域（古名ラガー）の名称であるが中心都市ライにちなむもの。テヘランの南郊レイは古都ライの遺址。
デールマーン「デールム族の地」はサフィード、シャー両河の間に位置する、アルブルズ山脈の南北両斜面一帯。ここを占拠していたデールム人は非イラン系の蛮族。

パダシュクワールガルはカスピ海の東南岸地方、すなわちマーザンダラーンあるいはタバリスターンと同一視されている。

アルダクシール・クワッラフはゴールともいい、今日のフィールーザーバード(フィルザバド)。

そののち、かれはザーワルの多くの軍兵を集めクルド人の王マーイーグとの戦いに赴いた。多くの戦闘流血があってアルダクシールの軍は敗北を喫した。アルダクシールは自分の軍からはぐれ、夜になって水や食物の一つもない一野に来て自身も、騎者や乗馬とともに、空腹と口渇におちいった。かれは遠くから羊飼いたちの火を見つけた。アルダクシールはそこに行って老人をそこで見かけたが、かれは野や山に家畜とともにいたもの。アルダクシールはその夜はそこに行って、翌日人びとに道をたずねた。かれらの言うには「ここから三フラサング(一九・三キロメートル)にたいへん繁昌した一邑がありまして多くの人と多くの糧秣があります」と。アルダクシールはその村に行き人を派して自分の騎者をことごとく王宮に召集した。(七一—七五・一—八)

注 ザーワルは白匈奴の一部族。かれらは西紀後五世紀にいわゆるザーブレスターンを占拠した。ザーブレスターンの首都はガズニ(アフガーニスターン)であった。ここにも『行伝』の時代錯誤がみえる。マーイーグの軍はこう考えた「いまや、アルダクシールのおそれはなくなった、それはほかでもない、かれが敗北してパールスに帰っていったからである」と。(七六＝五・九)

アルダクシールは(兵)四千人をそろえてかれらに焼討ち夜討ちをかけ、クルド人のうち千人を殺し他を傷つけて捕虜とし、クルド王から子ら、きょうだい、児孫とともに、多くの財をもパールスに送致した。(七七＝五・一〇—一一)

その途中で、竜王ハフターンボークトの軍がそれに襲いかかって、その財と幕舎をことごとくアルダクシールの騎者から奪い、竜の住むゴージフルのゴージフラーン城に運びこんだ。アルダクシールは「わたしはアルマン(アルメニア)とアードゥルバーダガーン(アゼルバイジャン)に行こう」と、こういう考えであった、というのは、スヤーラズーリーグのヤズダーンゲルドが大軍兵とともに、スヤーラズーリーグの地方から、約をむすんで、家来としてかれのもとに来ていたからである。しかし、ハフターンボークトの子らがアルダクシールの軍に加えた乱暴狼藉をきいたのでかれは考えた「まずやらねばならぬのは、パールスの事を処理して敵から安全になることで、そのあとにつぎの国をかたづけることだ」と。ところでそのころ、ゴージフラーンのかの偶像はひじょうに勇猛強力で、それぞれ五千人から成る軍をも(ゴージフラーン)以外の各地方、シンド、モクラーン、海(浜)の地に派遣していた。(七八—七九＝六・一—四)

注 「その途中で、竜王ハフターンボークトの軍が」は andar ⟨rāh⟩ spāh ⟨i⟩ Haftān-bōxt i Kirm-xwadāy とよんだもの(⟨ ⟩は補入)。原典は「軍のなかに竜王ハフターンボークトが」とある。ゴージフル、ゴージフラーン——読みかた不詳。ゴーチフル、ゴーチフラーンも提唱されている。テキストにはクラール、クラーラーンとある。つぎに見えるスヤーラズーリーグ(「黒林」)やヤズダーンゲルドを実際の地名や人名に比定する試みも成功していない。

ゴージフラーンのかの偶像とはハフターンボークトのこと。「偶像」(uzdēs)の語は反ザラスシュトラ教的立場にあるリーダーをあらわすのに用いられる。「首魁、梟雄」。

「ところでそのころ、ゴージフラーンのかの偶像は」は nūn pad ān ⟨hangām, ān⟩ ⁺uzdēs i pad ⁺Gōzi-hrān とよんだもの(⁺は改読、⟨ ⟩は補入)。

シンドはインダスの流域。

モクラーンはマクレスターンと同じ(三〇七ページ)。マクラーンともいう。

海(浜)の地はペルシア湾岸であろう。

アルダクシールの軍兵は諸地方からアルダクシールのほうへ帰ってきた。ハフターンボークトは自軍を全部王宮によびもどした。(八〇―八一前半=六・五―六)

アルダクシールは多くの軍を軍将らとともに竜との戦いに送り出した。竜の一味は財と幕舎を全部、要害ゴージフラーン城におき自身は山地の裂け目に身をひそめた。しかし、アルダクシールの騎者は知る由もなく、ゴージフラーン城の脚元にきて城を包囲した。夜になると、竜の軍はかれらにおそいかかって夜討ちをかけアルダクシールの騎者を多数殺し、馬、鎧、鞍具、財と幕舎をかれらから奪い、(残りの騎者を)あざけりののしり、無一物はだかの格好でアルダクシールの前に送りかえした。(八一後半―八四=六・七―一一)

アルダクシールはそのさまを見てひじょうに傷心した。かれは国々方々から軍を王宮によびよせ、みずから、大軍とともに、竜との戦いに赴いた。ゴージフラーン城にきたとき、竜の軍はみな城に陣取っていた。アルダクシール(の軍)は城のまわりに陣取った。(八五=六・一二―一三)

竜王ハフターンボークトには七子があった。かれは各子を(手兵)千人をつけて国々に封じていた。そのとき、一子はアラワースターン(アラビア)にあった。かれはアラビア人とエジプト人より成る大軍をひきいて海路より来到し、アルダクシールと交戦した。城にあった竜軍はことごとく討って出て、アルダクシールの騎者といのちがけではげしく戦い、双方とも多数が殺された。竜軍は城外に出て道路や通路を扼したのでアルダクシール軍はだれもそとに出て自分の兵糧や馬の糧秣を持ちこむことができず、………のために人も馬もみな窮乏と窮迫に陥った。(八六―八八=六・一四―一七)

注　「………」の部分は原典がくずれているので再構は試みなかった。

同じパールス出のマフローグ・イ・アノーシャグザーダーン(アノーシャグザードの子マフローグ)は、アルダクシールが竜の首都にて竜の軍に勝てなかったと聞くと、軍兵をととのえアルダクシールの都城に赴いてアルダクシールの宝庫の財をことごとく持ち去った。かれはマフローグおよびその他のパールスの人々の背信をそのように聞くと、一時、こう考えた「竜との戦いから手をひく必要がある」と。そこでかれはマフローグとの戦いに赴いた。かれは全軍を首都によびもどし、軍将らと相談して自身や軍を救い出すための手段を考え、そののち、食事をとるために腰をおろした。（八九―九二前半＝六・一八―二〇）

すぐさま弩箭が城から飛来（?）して、卓上にあった小羊に羽根までつきささった。矢にはこう書かれてあった「この矢は強い竜王が射たもの。しかし、御身のごとき偉大な人が倒されるということはふさわしいことではない。それで、われらはこの小羊を射た次第」と。（九二後半―九三＝六・二一―二二）

アルダクシールはそれを見ると、軍をそこから撤収して去った。竜の軍はアルダクシールのあとから急いだ。別のところでアルダクシールの軍に襲いかかったのでかれらはふみとどまることができず、アルダクシールは身一つで海岸におちのびた。（九四―九六前半＝六・二三―二五）

言い伝えによると、カイ王朝の光輪は遠くにあったがアルダクシールの前にあらわれ、すこしずつ近づいてきてついにアルダクシールは、通過困難な地を、敵の手から無傷で連れ出されマーンドという村についた。かれは、夜、ひとりはブルザグ、ひとりはブルザードゥルという、ふたりのきょうだいの家にやってきた。かれらに言うには「わたしはアルダクシールの騎者のなかのひとりで、竜との戦いから敗走してきたものです。きょう、どうか宿をかしてください、アルダクシールの軍がどこへおちのびたか、その情報が来るまで」と。かれらはひじょうになげいてアルダクシールに言った「この偶像をかくも強力強大にした不義ガナーグ・メーノーグは呪われてあれ。諸方の人をことごとく、オフルマズドとアマフラスパンド諸神の教えから迷い離れさせ、また、アルダクシールのような偉大な王者やその率《ひき》いる軍をことごとく、かの不義なる怨敵・偶像奉仕者どもの手にかかって、ついに敗北に追いやったとは」と。そして、かれらはアルダクシールの馬をつれて家にはいり厩《うまや》につなぎ、麦と藁《わら》と苜蓿《もくしゅく》をもってねぎらい、アルダクシールは身を置くへやに、ていちょうに案内されて腰をおろした。アルダクシールはひどく悲しみ、終始、もの思いに沈んでいた。かれらは聖餐をささげ、アルダクシールに願い出(て言っ)た「どうかワーズをしてください、そして食事をおとりなさい。悲しんだり心配したりなさるな。オフルマズドとアマフラスパンド諸神はこの事態にたいする対策をたててこの邪魔ものをこのままにしておかれることはないからで、それというのも、ダハーグやツランのフラースヤーグ、それにフロームのアレクサンダルの権勢をもってしても神々はそれに満足し給わず、御自《おんみずか》らの力と光輪をもってかれらを破滅亡失させ給うたこと、世に知られているとおりだからであります」と。アルダクシールはそのことばで気持ちが晴ればれとし、ワーズをして食事をとった。かれらは酒がなくてワシャグを(神)前に供えムヤズドをつくって祝禱をとなえた。(九六後半—一〇二＝七・一—八)

注

偶像については三一〇ページ参照。

ガナーグ・メーノーグはアヴェスター語アンラ・マンユ Aŋra Mainyu「(世を)破壊する霊」の中世ペルシア語訳、これにたいし、同音訳はアフレマン(二一三ページ)。中世ペルシア語書では善神オフルマズドと対立する大魔となっている。

アマフラスパンド諸神については二九三ページ参照。

苜蓿(うまごやし、クローバ)は『史記大宛列伝』に、宛の左右の国ぐにの風を記し「馬、苜蓿を嗜む」ともあるように、馬の飼糧として重視された。「むぎとわらとうまごやし」で馬をいたわるのは最上級の処遇。

聖餐はdrōnの訳語。アヴェスター語 draonah-「罪をつぐなうための金銭など」とちがって中世ペルシア語ドローンは「お供えのパン」。その一部は信者がたべることを許される。

ワーズについては二八九ページ参照。

ダハーグについては二一四ページ参照。

フラースヤーグはフラースヤーブに同じ(二一五ページ)。

フロームについては二七六ページ参照。ダハーグ、フラースヤーブ、アレクサンドロス(中世ペルシア語アレクサンダル)大王の三人はザラスシュトラ教徒の不倶戴天の敵。

ワシャグ wašag またはワシャク wašak はアルコール分のうすいビール。敬虔なザラスシュトラ教徒は日常生活をも宗教儀礼とむすびつけていたもので、食事もワーズではじまり、ドローンと酒もしくはワシャグが必要とされていた。

ムヤズド myazd またはミズド mizd は液体でなく固い聖餐。アヴェスター語 myazda-、サンスクリッ

+myedha-。

アルダクシールは（いまや）かれらが善良にして（ザラスシュトラ）教の友であり、忠誠にして臣服することを確信して、身の秘密をブルザグとブルザードゥルに打ち明けて言った「わたしがほかならぬアルダクシールです。考えてください、このことです、この竜とその騎者を撃滅するために、その対策はどうしたら立てることができるのか」。かれらは答えて言った「わたくしどもは、御身、イラン国の陛下のおんために、身命財妻子をささげる必要がありますにおいては、ささげるでありましょう。しかし、わたくしどもは、こうすれば、このドルズにたいする対策は立てることができると、こう存ずるのであります、すなわち、御身みずからが遠国の人のように扮装され、かれに仕え奉仕するために城の入口に挺身されること、そしてデーンに通じたふたりの弟子をそこにつれていって、かれらの介添えで神々とアマフラスパンド諸神の奉祀と勧請をなされること、そして、かの竜が食事をする時間になったとき、熔銅をとってかの竜の口に注入されることで、こうしてかれは死にましょう。目にみえぬドルズは神々の奉祀と勧請をもって倒すことができ、身形《しんぎょう》をそなえたドルズは熔銅をもって倒すことができるのであります」と。（一〇三―一〇六＝七・九―一一）

注　「わたくしどもは、御身、イラン国の陛下のおんために」は amāh……jādag ⟨i⟩ šmāh +bayān ⟨i⟩ Ērānšahr とよんだもの。+bayān を +xwāhišn とよめば「わたくしどもは、御身がイラン国（の統一）

を求められるおんために」となる。bayān とよんでも xwāhišn とよんでも、テキストを改読（+記号）しなければならない。〈 〉印は補入。

ドルズ druz またはドルジュ druǰ は「魔」。

デーン dēn はザラスシュトラ教。

「神々とアマフラスパンド諸神」の「神々」はむしろ単数「神」とみてオフルマズドと同一視したい。

アルダクシールはそのことばが気にいって、よしとした。そこでブルザクとブルザードゥルに言った「わたしはこの仕事を、そなたたちの助けをかりて、することができよう」と。かれらは言った「あなたがどんなことを命じられても、身命をささげましょう」と。（一〇七―一〇八＝七・一二―一三）

アルダクシールはそこからアルダクシール・クワッラフにもどって、マフローグ・イ・アノーシャグザーダーンと事を構えマフローグを倒し、その領地と居所と財をことごとく、おのが有とした。竜と戦いを交えるために人を派してブルザグとブルザードゥルを引見し、ともに検討して多くのドラフムとデーナールと衣裳をたずさえ、クワラーサーン人の服装に身をやつし、ブルザグとブルザードゥルとともにゴージフラーン城の脚元に来て言うには「わたくしはクワラーサーンのものでございます。これなるおえらがたに、ひとつご好意をおねがいいたします、それはわたくしが御所づとめにあがるということで」と。かの偶像奉仕者らはアルダクシール

を、かのふたりのものといっしょに受けいれ、竜の邸に席をあてがった。（一〇九—一一一＝八・一—三）

注 ドラフムとデーナールは、それぞれ、ここでは銀貨と金貨ほどの意味。クワラーサーンは現ホラーサーン（ホラッサン）。「まえがき」ixページ参照。「これなるおえらがた」は ēn warzāwand xwadāy の訳語。廷臣などが応対に出るとき、それをさしていうことば。

アルダクシールは三日間、あのように（上述したように）竜への奉仕と忠誠をささげ披瀝した、そしてかのドラフムとデーナールと衣裳を奉仕者らに贈って、城中にいただれもが奇特に思って称讃者となるようにしむけた。そうしてのちに、アルダクシールは申し出た「竜に三日間わたくしの手でお食事をさしあげれば、まことに幸甚に存じます」と。奉仕者や御用勤めたちは同意した。（一一二—一一三＝八・四—六）

アルダクシールは人を派して練磨捨身の四千人の軍をその地の外郭の山地の裂け目に潜伏させるように命じ、また「アスマーン日（二十七日）に竜の城から煙（のあがるの）をそなたたちが見たら、武勇と練磨のうでを揮って城の脚元に（馳せ）参ずるように」と命じた。（一一四＝八・七）

かれみずからは、その日は、熔銅をたずさえ、ブルザグとブルザードゥルは神々の奉祀と勧請を執り行なった。食事の時間になると、竜は毎日のしきたりにならって大声を出した。アルダクシールは、それに先きだち、偶像奉仕者や御用勤めらをご馳走で酩酊失神させておいた。かれはみずから、自身の従者とともに、竜の前に参進し、毎日のきまりどおりに、牛と羊の血を竜の前にもってきた。そして、血をのむために竜が口をあけた瞬間、アルダクシールは熔銅を竜の口に流しこんだ。竜は、銅が体内にはいると、二つにさけ大声がかれから出たので、城内の人びとはみなそこに来て混乱が城内にまきおこった。(一一五―一一八＝八・八―一一)

アルダクシールは楯と剣に手をかけその城で大殺戮を演じて命じた「煙が騎者らに見えるように火をもやせよ」と。従者はこれに従った。山にいた騎者は城からの煙をみると、アルダクシールを助けるために城の脚元に馳せ参じた。かれらは城の入口に殺到して大声を出した「勝利あれ、バーバグの子なる諸王の王アルダクシールよ」と。かれらは剣をふるい、戦さの擾乱と討ち合いのさなかに城から落ちのびたものや、その他、保護を求めて臣従帰服したものをのぞき、城の人びとをみなごろしにした。(一一九―一二一＝八・一二―一五)

アルダクシールはその城を破却破壊するように命じ、そこにゴージフラーンという都城を建設した。そしてワフラーム火をその地に安置し、財、金、銀をその城から千頭の駱駝につみジョーバールに送致した。ブルザグとブルザードゥルに大恩賞一封と捨身の行動者がうける礼遇を授け、その地と郷を采地所領としてかれに与えた。(一二二―一二三＝八・一六―一九)

竜王ハフターンボークトを討伐するさい、その難攻不落の城にアルダクシールが変装して堂々と入城をゆるされ、みずからの行動をもって城中の信任を得、やがてハフターンボークトの死命を制する大膳職にも任じられ、ついに竜王を倒すくだりは、難攻不落のバビロン城にゾピュロスが異形《いぎょう》な姿で迎えいれられ、攻寄せてくるペルシア軍をその都度殲滅して城中の信頼を高め、ついには城の死命を制する城壁防備の司令官に任じられ、四方より攻寄せるペルシア軍を前に、内から城門を開いてかれらを引きいれ、ついにバビロン城をダレイオス(ダーラヤワウ一世)の手に引き渡したくだりと、まったく同じ行きかたといえるであろう。

要するに、古代ペルシアの英雄文学はいくつかのモティーフを主要人物が、一定のパターンに従って、演じるような構成をもち、これに史実その他の要素を組みこんだものであった。都城をつくり、王城をきずき、カナルをもって水を引くなどの功業が帝王の事業としてくりかえし述べられているのも、英雄文学に登場する王者の従わねばならぬパターンのひとつとみることができる。「英雄の文学」は古代文学としてはもっとも裾野のひろいもので、それをつくりあげるモティーフは、筆者が「英雄の文学」の項下にあげたいくつかのもののみではない。

教訓の文学や説話の文学も、ひろい意味での英雄の文学を形成するモティーフである。キュロスが訓戒を垂れるとき、そこには英雄としてのキュロスが存在するし、また、英雄の文学として引用訳出した『アルダクシールの行伝』――その『行伝』に登場するアルダクシール一世はまさしく英雄であるが、そのかれにも、すでに述べたように(二〇五ページ)、シャーブフル一世に与えた教訓の書があった。これは「英雄の文学」に編みこまれた教訓の文学とみることができる。このような見かたをすれば、敵と雌雄を争うことを大きな舞台とするアヒカル物語や将棋の解き明かしとネーウ・アルダクシールの案出、あるいはローマ皇帝とフスラウ一世との対決を舞台とした、真珠を納めた封函の解き明かしなど、筆者が霊感の文学として取扱ったものも英雄の文学の一環として取扱うことができる。

英雄の文学はモティーフの種類において、じつに、多彩である。多彩であれば抒情の文学も含まれうる。『アルダクシールの行伝』にあげたアルダクシールとアルダワーンの長子によるゴール狩りのひとこま(二八〇ページ)は、たしかにそのようなジャンルに数えることができるし、これをゴブリュアスが物語る悲劇的な狩猟事件と比較するなら、そこに古代ペルシアの「抒情の文学」を掘りおこすことも可能である。その大筋はつぎのとおりであるが(『キュロスの教育』四・六・二―七)、ゴブリュアスはアッシリアの一領主として登場しているにもかかわらず、かれの名はペルシア名であり(古代ペルシア語ガウバルワ)、かれはペルシア人なのである。かれはキュロス(二世)にこのような意味のことをはなしている。

「陛下、わたくしはアッシリア人で領主、馬も約千頭を有してアッシリア王の御用にあてておこりまして王の莫逆の友でした。その王が御身に倒されて王子があとをつぎましたが、これがわたくしには最悪のかたき。御身の前にひれふしてわたくしはお願いがあります、どうか仇をうっていただきたい。と申しますのは、わたくしには立派な一人《ひとり》むすこがおりました。わたくしを大切にしてくれました。あろうことか、かれを王は……。先王がご在世のおり、王女をかれに娶わすとのお思召しでかれを宮中にお招きくださいましたとき、現王はかれを狩りに招待したのです。これは乗馬もはるかに上手との自負心からですが、わたくしの子は友人として狩りに同道いたしました。熊が出て来ました。その人は投げ槍を投じたがこれは失敗。わたくしの子が投げて——しなければよかったのですが——熊を倒しました。その人は嫉妬を秘して平気を粧うていましたが、こんどはライオンがあらわれ、かれはまた失敗しました。そこまでは無事でしたが、わたくしの子がこんども的《まと》にあててライオンを倒し「僕はつづけて二度投げたことはないし毎回獲物を一つ倒しているんだ」と叫びました。すると、そいつは嫉妬の怒りを抑えきれず、従者の一人からやにわに槍をひったくり、わたくしの子の胸を刺して倒しました。わたくしは、新郎どころか、遺骸を引きとり、この年齢《とし》でわたくしは最愛の子を泣く泣く葬りました。ところがかれは敵を倒したかのように悔いの色一つみせず、またおのが凶行に改心するために地下の子になにか敬意を表することもしてはくれなかったのです。しかし父王はわたくしのために哀悼の意をのべてわたくしの苦しみに同情していることを示されました。父王ご在世なら、わたくしはあなたのもとに来てかれに害をもたらすことはしなかったでしょう。わたくしは多くの愛顧を蒙りまたわたくしも多くの御用をつとめましたから。しかし笏はわが子の殺人者に移りましたので、わたくしはかれに忠誠たりえませぬし、かれもきっとわたくしを友としてはみますまい。わたくしがかれにどんな感じをいだいているか、また、かつては明かったのに、わたくしの余生がいまどんなに暗いかを、かれは知っているからです。と申しますのも、いまわたくしは孤独でありますし、悲しみのなかに老後をおくっているからです。それでもし、あなたがわたくしを受入れてくださり、わたくしが、あなたの援助で、愛児の復讐をなにか報じる望みをいくらかでも見いだせるなら、わたくしはもう一度若返りましょうし、また、わたくしが生きておれば、もはや屈辱の中に生きていることはないだろうと思います。そして、もし死んでも、わたくしは悔いなしに死ぬだろうと思います。」

このように見てくると、つぎの插話を抒情の文学として独立に取扱ってよいのか、しばらく躊躇される。しかし、このエピソードを伝える典拠からは、それがどのような枠の中に位置していたのか、まったく知ることができない。そうした事情から、しばらく、これを「抒情の文学」としてとりあげることにしたのである。

六 抒情の文学

「抒情の文学」という項を設け独立に取扱うことにしたのは、前述のような事情による。ここにとりあげるエピソードはカレスを典拠として、アテナイオスがその著『食卓の論』に引用しているものである。パールサ系ないしメディア系のエピソードであることはそれを分析しても明らかであるが、また、カレスの立場からも(一七八ページ)そのことを疑う余地がない。この書は、当時(西紀後二〇〇年頃)流行の形式にならって、多くの人たちが宴席に集まって食物、酒、花、宴席、芸者など、食事と宴会に関係のある事柄について話しあう形をとっていて、卑近の古代日常生活を知る上にも貴重な資料となっているが、そのなかにつぎのようなエピソードがある(一三・五七五)。

人が単なる情報をきいて知らぬ人と恋におちいることは不思議でない、という書き出しでミュティレネのカレスは、その著『アレクサンドロスの歴史』第十巻にこう言っているとて、かれのはなしを紹介している。それによると「ヒュスタスペスにはザリアドレスという弟があった。その国の人のはなしでは、かれらきょうだいはアプロディテとアドニスの子であった。兄はメディアとその南方を支配し、弟はカスピの門の北方をタナイス川(ドン川)まで支配した。一方、タナイス川の向こうのマラトイの王ホマルテスにはオダティスという王女がいた。歴史の伝えるところによると、この王女とザリアドレスは互いに未見の仲であったが夢の中で会っただけで、互いに恋のとりことなった。ふたりは美女美男のほまれが高かった。ザリアドレスは使いを送って王女に結婚を申入れたが、父王ホマルテスは世継ぎの男子がないので王女を一族中のだれかに娶わせたかった。そののち、王は集会を催した。これは王女の結婚を祝うものであるが、王女の相手がだれかは名指してなかった。

酒宴が酣わなるころ、王は王女をよんで、並みいる人びとに聞こえよがしに王女に言った『きょうは、そなたの結婚祝いだ。並みいる人びとをみて、黄金の杯を手にとり酒を充たし、これぞと思う男性に渡しなさい。そうすれば、その人にそなたを娶わせよう』と。

これよりさき、このことのあるのを、オダティスはザリアドレスに知らせていた。かれは、たまたま、タナイス河畔に軍とともに駐屯していたが、ひそかに抜け出し、夜陰に乗じて車を駆り八百スタディオン(一六〇キロメートル)の距離をとばして宴会開催中の村につき、馭者をのこし、ひとりスキュタイの服に扮して無事宴会場に潜入することに成功した。たまたま、オダティスは不在のザリアドレスを求めて、泣き泣き酒をゆっくり杯についでいるところであった。その傍らに立つや、ザリアドレスはこう言った『オダティスよ、そなたの望みどおり、ここにいるよ、わしだ、ザリアドレスよ。』かの女はこの見知らぬ人に気付き、美男子が夢にみた人とそっくりだったので杯をかれに渡した。

ザリアドレスはオダティスをさらって逃げ、待たせてあった車にのせて連れ帰った。ホマルテス王は召使いの男女にたずねたが、かれのゆくえは杳《よう》としてわからなかった。

このはなしはアジアに住む異邦人たちのあいだではあまねく知られ、人気を博している。かれらはこの物語を寺院や王宮のみか、私人の宅にもえがいている。プリンスたちは、たいてい、自分の娘にオダティスという名をつけている」と。

この物語りの起源をメディアに求めようとする考えかたもあるし、じじつ、地理的状況からみてもメディア起源説は首肯できる。しかし、登場人物からすれば、メディア起源説ですべてが解決されるわけでもない。ヒュスタスペスというのは『アヴェスター』にみえるウィーシュタースパ王のことで(一四五、二一七ページ)、ダレイオス(ダーラヤワウ一世)の父ヒュスタスペス(ウィシュタースパ)のことではない。このウィーシュタースパ王の弟は『アヴェスター』ではザリワリというが、これがここではザリアドレスとして登場している。ザリワリは『アヴェスター』では、アナーヒター女神をまつったとか、義者として名をつらねるなどといった程度の取扱いしかうけていないが、中世ペルシア語書『ザレールの回想』(ザレールについての回想)ではザレールとしてウィシュタースプ(アヴェスター語ウィーシュタースパ)王を助け、ザラスシュトラの教えに改宗した王にたいし、その信仰放棄を迫るヒヨンの王アルジャースプの軍と戦って陣没する宗教戦士となっている。とすれば、ヒュスタスペス＝ウィーシュタースパ、ザリアドレス＝ザリワリの背後にはザラスシュトラ教的伝承が横たわっていることになる。また、ホマルテスの王女オダティスも同じくアヴェスター語に由来し、*huδāta-(実際に在証される語形はhuδāta-)「美しく形づくられたもの」の派生形——もっとも、この形は直接人名をあらわしてはいないが、アヴェスター語に溯るということとそのことに、ひとつの意義がある。これらの事情からすれば、西イランにおけるザリアドレスとオダティスの物語(カレスを典拠とする)には東イランのザラスシュトラ教的伝承圏に属する要素がみられることになる。

そういえば、クテシアスの『ペルシア誌』(一七六ページ)にもスピタマやスペンダダテスの名がみえる。スピタマはザラスシュトラの家名スピターマに由来し、スペンダダテスはアヴェスター語スプントーザータに相当する。スプントーザータは『アヴェスター』ではウィーシュタースパ王の子で義者とされているから、これまた、ザラスシュトラ教伝承上の人物であり、しかもかれは前記『ザレールの回想』ではスパンドヤード(近世ペルシア語はイスファンドヤール)として重要な役割を演じている。西紀前四世紀には東イランの宗教伝承が西イランに浸透していたとみてさしつかえない。

このような見かたをするには、それなりに理由もある。理由というのは、㈠ハカーマニシュ(アケメネス)朝の王名が、ダーラヤワウ一世以降、おおむね、宗教倫理的な意味をもつようになっていること、㈡ダーラヤワウ一世の父ウィシュタースパが東方においてザラスシュトラの教義に接触した可能性を全面的には否定しえないこと、㈢㈡からも当然の帰結として言われうるが、ダーラヤワウ一世の碑文には『アヴェスター』の『ガーサー』にみえるザラスシュトラの教えと同じ信仰が、西イランではじめて打ち出されていること、この三つである。これら三つの理由に補足的説明を加えると、まず、㈠についてであるが、王名としてはクシャヤールシャン（クセルクセス）がクシャヤ・アルシャン（xšaya-aršan-）「壮士、男子を支配するもの」であるほかは、ダーラヤワウ（ダレイオス）（一、二、三世）とアルタクシャサ（アルタクセルクセス）（一、二、三世）の二種のみとみてよい。ダーラヤワウはダーラヤ・ワウ（dāraya-vaū-）「よきものを保持するもの」で、ワウはアヴェスター語 vohu-、サンスクリット vasu- に相当する古代ペルシア語で「善（き）」である。「善き」とはなにか。善思善語善行のすべてを兼ねて総括する表現とみたい。この三徳目は『ガーサー』にザラスシュトラがくりかえし勧奨しているもので、かれによれば、単なるアフラ・マズダーへの信仰のみでは天国にいたることは不可能。すでに述べたように（一四四ページ）、アフラ・マズダーをただ信仰するにとどまる信者は「貧者」とよばれる。かれらが積極的に善思善語善行して主の意にかなうときはじめて「富者、福者」となり、天上の資産（īšti-）を約束される。つまり、この資産を約束されたるがゆえにかれらは「富者、福者」なのである。

「貧者」を助けて「福者」たらしめ、かかる資格を確認保証する——仏教的にいえば記別を授ける——役を演じたものが、おそらく、サオシュヤント saošyant-「利《り》益《やく》者、利《り》生《しょう》者」であったろう。ザラスシュトラは自身をサオシュヤントといい、同じ役割を演じた同時代人をもサオシュヤントといった。かれのいうサオシュヤントとは savah-「利益《りやく》」を施すものという意味で、語構造は savah- が saoš- となり、それに -ya- を付した名詞起源動詞の現在分詞で、動詞 sav-「利益《りやく》する」の未来分詞ではない。サオシュヤントとは「(他を)利益するもの」の意味で、これにたいしサオシュヤントが「自身も利益《りやく》を得ている、みずからも救いにあずかっている」――そういう境地を示すときは sav-/su-「利益する」に -ya-(中動相・受動相的標識)を付した suya- を用いてこれを示す。つまり、サオシュヤントは利他者であるが、また自利者でもあり、二利を双行《そうぎょう》するものである。ザラスシュトラ教の後期にはこのサオシュヤントに終末論的役割が付与されるようになった。そのことは二九四ページにすでに述べたとおりであるが、ザラスシュトラの説くサオシュヤントは、このような未来時出現のそれではなかった。ザラスシュトラのいうサオシュヤントは自利利他円満の、いわば大乗菩薩的存在で、「貧者」を導き、善思善語善行して「福者」たらしめることを目的とする聖職であった。これが西紀前七―六世紀の東イランの宗教事情であり、そこに占める善思善語善行の地位はこのように重要であった。

ダーラヤワウ一世の場合、そのワウをもって世俗の佳宝美財とするのは、そのこと自体、かれの碑文にかおる高い宗教倫理的香気と矛盾する。また、前述したように、ワウは『アヴェスター』のウォフ、サンスクリットのヴァスと同じ語であるから、この語をめぐる諸種の概念はインド・イラン的なものであって、とくにザラスシュトラ的であるとはいえないといって、ダーラヤワウ大王に関連して筆者が述べた立場を否定することもできる。しかし、一個の宗教的人格によって特別にとりあげられず、ただ民族の伝承として受けつがれたものによったとするには、ダーラヤワウ一世の立場はあまりにも個性的でありすぎる。虚偽不正を悪み正義公正を愛し不義者を斥けるかれの立場が、たとい政治上の必要から出たもので、それ以外のなにものでもなかったというふうに極限的に考えてみても、虚偽と正義にたいするかれの立場の背後にはだれか特定の人格があって虚偽と正義が救済にどのようなかかわりあいをもつかをつき詰めて説示したに相違ない、そういう感じを筆者は否定することができないのである(一四七ページ参照)。

ザラスシュトラの述作した『ガーサー』にはアシャ「天則」の語は百五十回以上も用いられている。一四四ページにも述べたように、これは自然現象だけでなく、神や人をも律する理法である。これに従うものはアシャワン(アシャーワン)「天則者、義者」と称され、ドルグワント「虚偽者、不義者」とは対立的な存在である。その「不義者」とはドルグ「虚偽、不義」を有し、あるいはそれに従うもので、ザラスシュトラは人間を「義者」と「不義者」に大別し、「天則」と「不義」を鮮烈に対立させる。『ガーサー』(図版XIX)のヤスナ四十三章八節(四三・八)においてかれはアフラ・マズダーの前に「わたくしにして力ある限り、不義者には真の敵たるも、義者には力強い助力となりたいのです」と告白し、四九・三にも「天則は利益《りやく》するために(存し)、不義は破壊するために(存

(次頁写真説明)コペンハーゲン大学図書館所蔵の写本K5，第151葉裏．右(向かって)から左へよむ．ヤスナ 31_7(正確にいうと，一行目の°。°のつぎから)から同 31_8 の第1行の終わり(ただし，訳註のほうは未完で，次葉に跨っている)までを含む．写真についていうと，31_7 の第1行を書いて °。° をおき，つぎにその訳註(ゼンド——92 ページ参照)を書いて °。° をおく．つぎに第2行をかいて °。° をおき，そのゼンドを書く，という方式をとっている．ここでは 31_7 の第1行(写真の1—2行)とそのゼンド(写真の2—5行)を訳しておく．

『アヴェスター』: かの楽土(天国)を光明でみたそうと原初〔はじめ〕に考え給うたところの(御方〔おんかた〕として)．

『ゼンド』: その光明に安楽が混じるという，原初〔はじめ〕の定めがかれ(オフルマズド)にできた．こ(の句の意味)は，オフルマズドは，ここにかれ(オフルマズド)とともにある佳きことが，かしこにてもかれとともにあるがごとくに，なし給うたということ——すなわち，そのかれ(オフルマズド)のもとにこのことがおこったということ，つまり，ガーサー祭典がかれのもとに回帰してくるということ，である．

『ゼンド』にいっていることはこういうことである．オフルマズドは一年かかって万有の創造を終えたが，そのあいだに通算六回の休日をもった．この年六回の休日をザラスシュトラ教徒はガーハーンバールとよんで祭典を行う．ガーハーンバールとは『ガーサー』を詠唱する祭典の意味だと，一般にはうけとられている．一つのガーハーンバールがすむと，何十日かののちにはつぎのガーハーンバールがまわってくるわけで，このことを『ゼンド』では，ここにある佳きことがかしこにもある，うんぬんといっているのであり，しかもそれがオフルマズドによって原初に定められた定めだというのである．『アヴェスター』と『ゼンド』との，あまりにも大きな食いちがいに読者は不審をいだかれるかもしれないが，筆者のとぼしい知識ではこれ以上の訳解は得られそうにない．「かれは考えた(mantā)」というアヴェスター語が「かれにできた，かれに来た(mat-aš)」と訳されているのが，そもそもの誤解のはじまりである．mantā の意味がわからず，ただそれに語音を似せて mat-aš と訳したにすぎない．なお，訳文中の ( ) は筆者による補筆を示す．

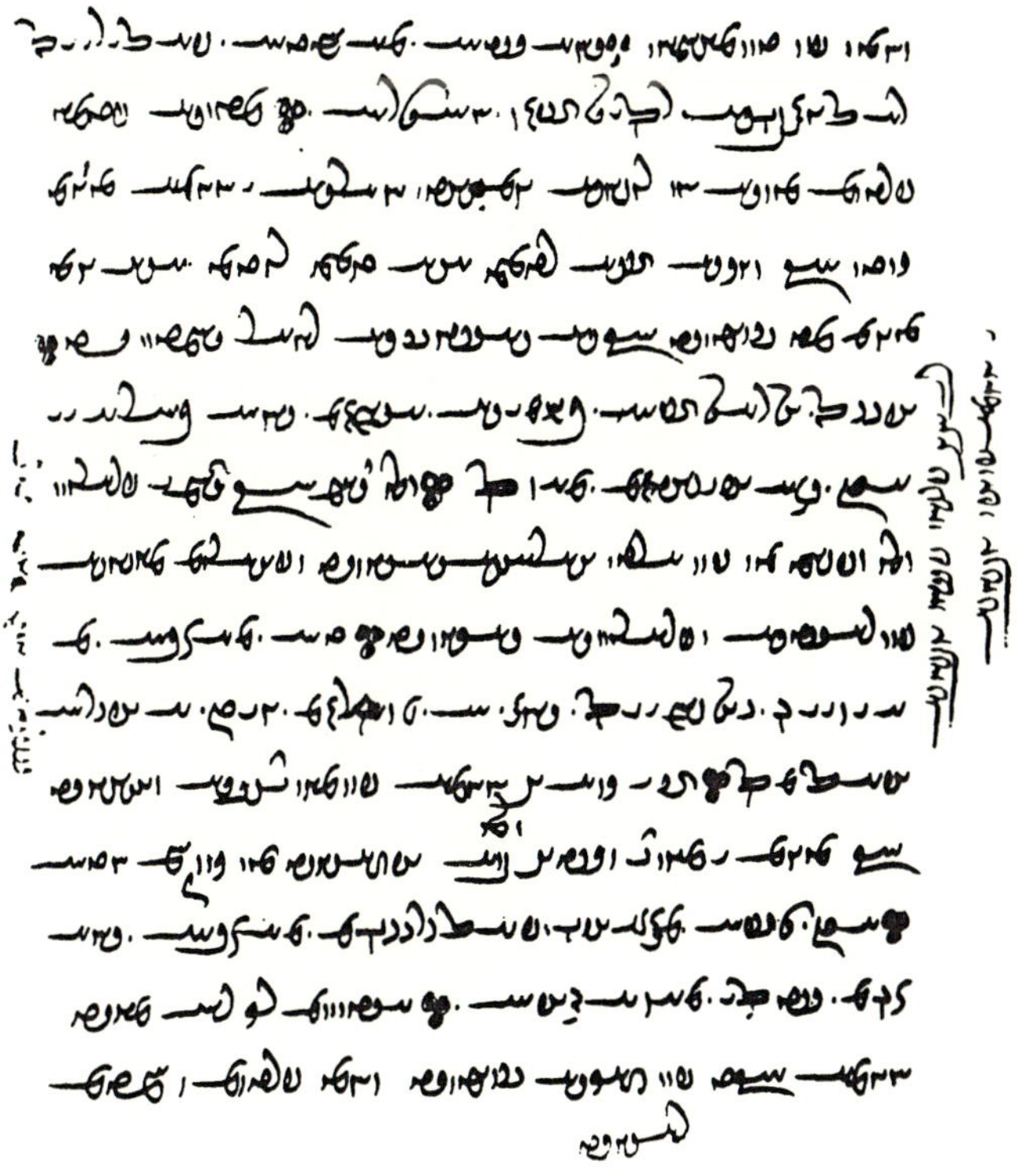

XIX 『ガーサー』の一部

す)」という教条を主の前に披瀝し、これに従って「すべての不義者を教朋(教団)から追放するものです」といっている。天則＝アシャと不義＝ドルグとの対立はこのように酷烈である。そしてその「不義」も時には擬人化されて大魔の意に用いられていることがある。例えば「不義者らはドルグの家のまことの客人である」といい、汚悪な食物で饗応されることを述べたり(四九・一一)、終末時に不法な反ザラスシュトラ者を「ドルグの家におとしいれる宣告」なるものに言及されている場合(五一・一四)などがそれである。

一方、ダーラヤワウ一世のビーソトゥーン碑文をみると、カンブジヤ(カンビュセス)二世が弟バルディヤをひそかに殺してエジプトに進攻していたあいだのパールサ、メディアその他の邦々の情勢がどのようなものであったかを「民は不忠《アリーカ》となった。ついで、虚偽《ドラウガ》が……邦々に多くなった」(一・三三―三五)と述べている。かれが王位についた年の叛乱平定をのべるくだりでは、叛乱した邦々の名をあげ「これらが離反したる邦々。虚偽《ドラウガ》がかれらを離反させたので、かれらは民をいつわった(adurujiyašan)」(四・三三―三五)といい、また、「のちに王たらん汝はだれにせよ、虚偽《ドラウガ》からは堅く身を守れよ。虚偽者《ドラウジャナ》ならんもの――かれを厳しく罰せよ。もし汝が『余の国《ダフユ》が堅固であれ』と、このように思うならば」(四・三七―四〇)といっている。「余は不忠《アリーカ》でなかった、余は虚偽者でなかった、余は行詐者でなかったがゆえに」アウラマズダーや臨在しますその他の神々も佑助を授けてくれた旨をのべ(四・六二―六四)、四・六七―六九にはくりかえして「のちに王たらん汝はだれにせよ、虚偽者ならん者、あるいは、行詐者ならんもの——かれらを愛好するものとなってはならぬ、かれらを厳しく罰するのだ」といっている。

ダーラヤワウ一世の遺詔であるナクシェ・ロスタム碑文bには「余は公正を愛好するものにして余は不正を愛好するものではない。（七―八）……公正の（行なわれる）こと——それが余の欲するところ。虚偽なる人を余は愛好するものでない（一一―一三）」とある。大王の碑文にみえる「虚偽《ドラウガ》」「虚偽者《ドラウジャナ》」は、それぞれ、『ガーサー』における「不義《ドルグ》」「不義者《ドルグワント》」にきわめて近い概念であり、ザラスシュトラが不義、不義者を悪むと同じく、大王も虚偽、虚偽者を悪み、また、ザラスシュトラの「不義《ドルグ》」が時として擬人化されていると同じように、大王の場合も、その「虚偽《ドラウガ》」をわれわれは時として擬人化されたものとして理解することができる。つまり「虚偽《ドラウガ》」といっても、実際には、地上に力を揮う有形の存在として受けとられるからである。

ダーラヤワウという王名のなかにザラスシュトラに由来する宗教倫理的なものを見ようとする筆者の立場からすると、大王の碑文のなかからこのような要素を取り出してザラスシュトラの教えと関係づけることができる。ことば、用語の上には多少の相違があるが根本の精神は同じものと、筆者は言いたいのである。したがって、このような不義、不義者と反対の概念、すなわち、天則、義者がザラスシュトラではそれぞれアシャ、アシャワン（アシャーワン）であるのにたいし、ダーラヤワウ一世ではアシャ「天則」は rāsta-「公正」、arštā-「正道」などでも示され、アシャワン「義者」はこれらの語を形容詞として用いるなどによって表示するなど異なる点はあるにしても、根柢において『ガーサー』の精神と大差があるものではない。古代ペルシア語アルタがザラスシュトラのアシャ「天則」にあたることはすでに述べた（一四四ページ）。ザラスシュトラにとってこの天則はかれの教義のよって立つ柱であった。それと同じように、ダーラヤワウ一世においても天則と同じ概念が、ことばは異なっても、虚偽、虚偽者を排除する拠りどころとなった。それゆえに、アルタクシャサ（一、二、三世）が「天則（arta-）に属する国（xšassa-）の持ち主」を意味するゆえんも、改めて説明する必要もないであろう。

理由の㈡については、すでに一四五ページで述べたので、ここで再説することはさしひかえたい。理由の㈢は㈠の条下でほとんど説明し尽したと考えるが、要するにダーラヤワウ一世以前のハカーマニシュ（アケメネス）王朝の碑文にはザラスシュトラの教えと共通の要素を示すものがない、ということである。

東イランの宗教が西イランに浸透してきたことは、もはや疑うことができない。とすれば、この宗教の発祥地である東イランの伝承――カウィ王朝をめぐる伝承がこれに付随して西漸してきたことも否定できないであろう。クテシアスの『ペルシア誌』にザラスシュトラ教ゆかりの人名がみえても不思議はない。西紀前四世紀から、東イランのカウィ伝承圏の諸要素の西イランへの盛んな浸透がはじまったと考えてよい。そのひとつが、カレスを典拠とするザリアドレスとオダティスの恋物語である。登場する人物は東イランのカウィ伝承圏に属するものである。しかし、それをこのような抒情文学にまで高めたのはだれか、それを明らかにすることができないのは残念である。

中世ペルシア語書『ザレールの回想』は雄渾な「英雄の文学」であるとともに、そのなかに香り高い「抒情の文学」をも含んでいるが、カレスの伝えるこの恋物語をそのなかに見いだすことはできないのである。

（完）

■岩波オンデマンドブックス■

古代ペルシア――碑文と文学

1974年 1月30日　第1刷発行
1979年 9月25日　第2刷発行
2014年12月10日　オンデマンド版発行

著　者　伊藤義教《いとうぎきょう》

発行者　岡本　厚

発行所　株式会社　岩波書店
〒101-8002 東京都千代田区一ツ橋2-5-5
電話案内 03-5210-4000
http://www.iwanami.co.jp/

印刷／製本・法令印刷

ISBN 978-4-00-730155-1　　Printed in Japan

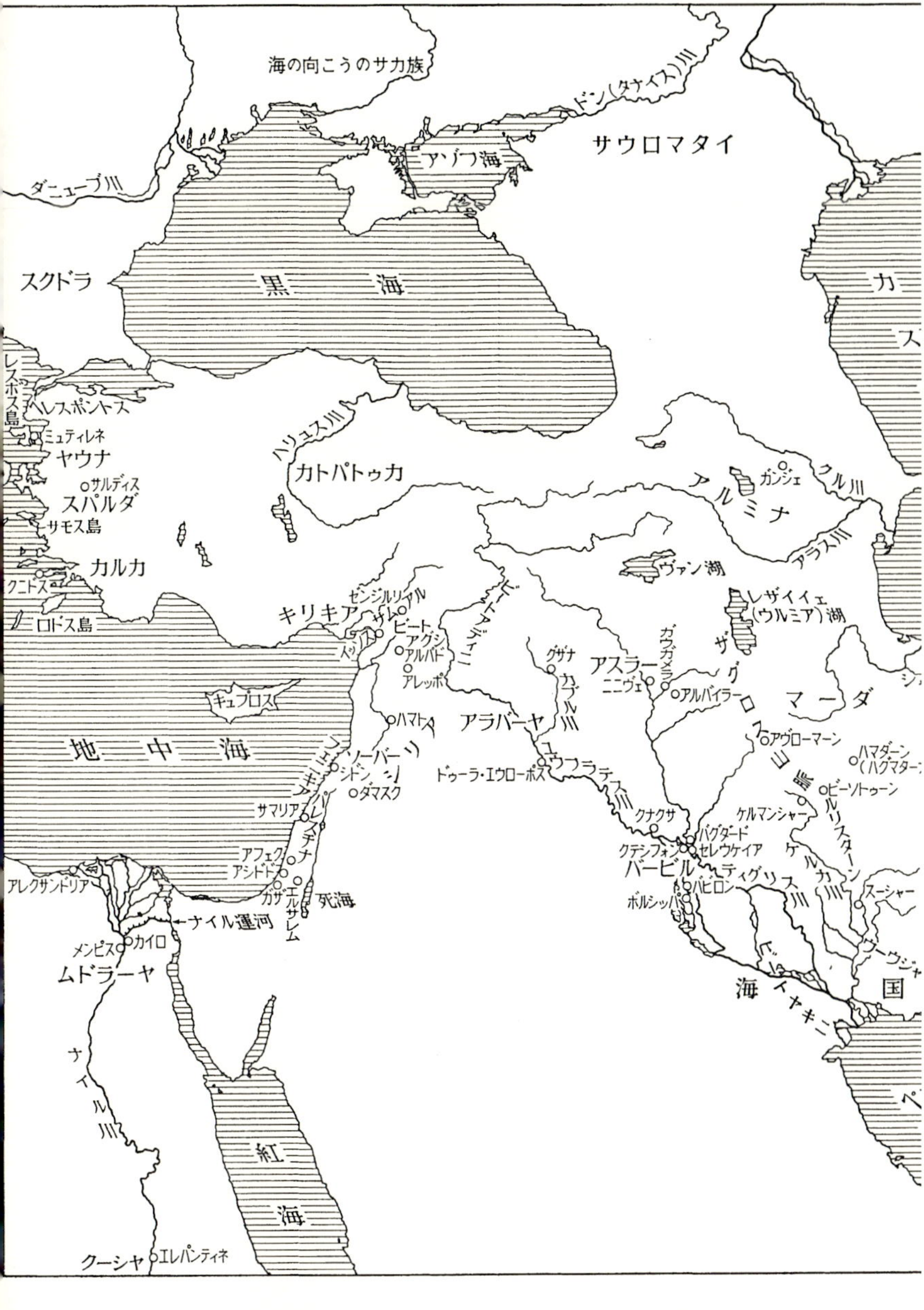

海の向こうのサカ族
ドン(タナイス)川
サウロマタイ
アゾフ海
ダニューブ川
スクドラ
黒海
レスボス島
ヘレスポントス
ミュティレネ
ヤウナ
サルディス
スパルダ
サモス島
カルカ
クニドス
ロドス島
ハリュス川
カトパトゥカ
アルミナ
ガンジェ
クル川
アラス川
ヴァン湖
レザイイェ(ウルミア)湖
キリキア
センジルリ
サム
アル
ビート・アグシ
アルパド
アレッポ
ビート・アディニ
グザナ
カブル川
アスラー
ニニヴェ
ガウガメラ
アルバイラー
ザグロス山脈
マーダ
アヴローマーン
ビーソトゥーン
キュプロス
地中海
ハマト
アラバーヤ
フェニキア
シドン
ダマスク
ドゥーラ・エウローポス
ユウフラテス川
サマリア
パレスチナ
アフェク
アシドド
ガザ
エルサレム
死海
クナクサ
バグダード
セレウケイア
クテシフォン
バービル
ティグリス川
バビロン
ボルシッパ
ケルマンシャー
ルリスターン
ケルカ川
スーシャー
海国
ビート・ヤキン
アレクサンドリア
ナイル運河
カイロ
メンピス
ムドラーヤ
ナイル川
紅海
クーシャ
エレパンティネ

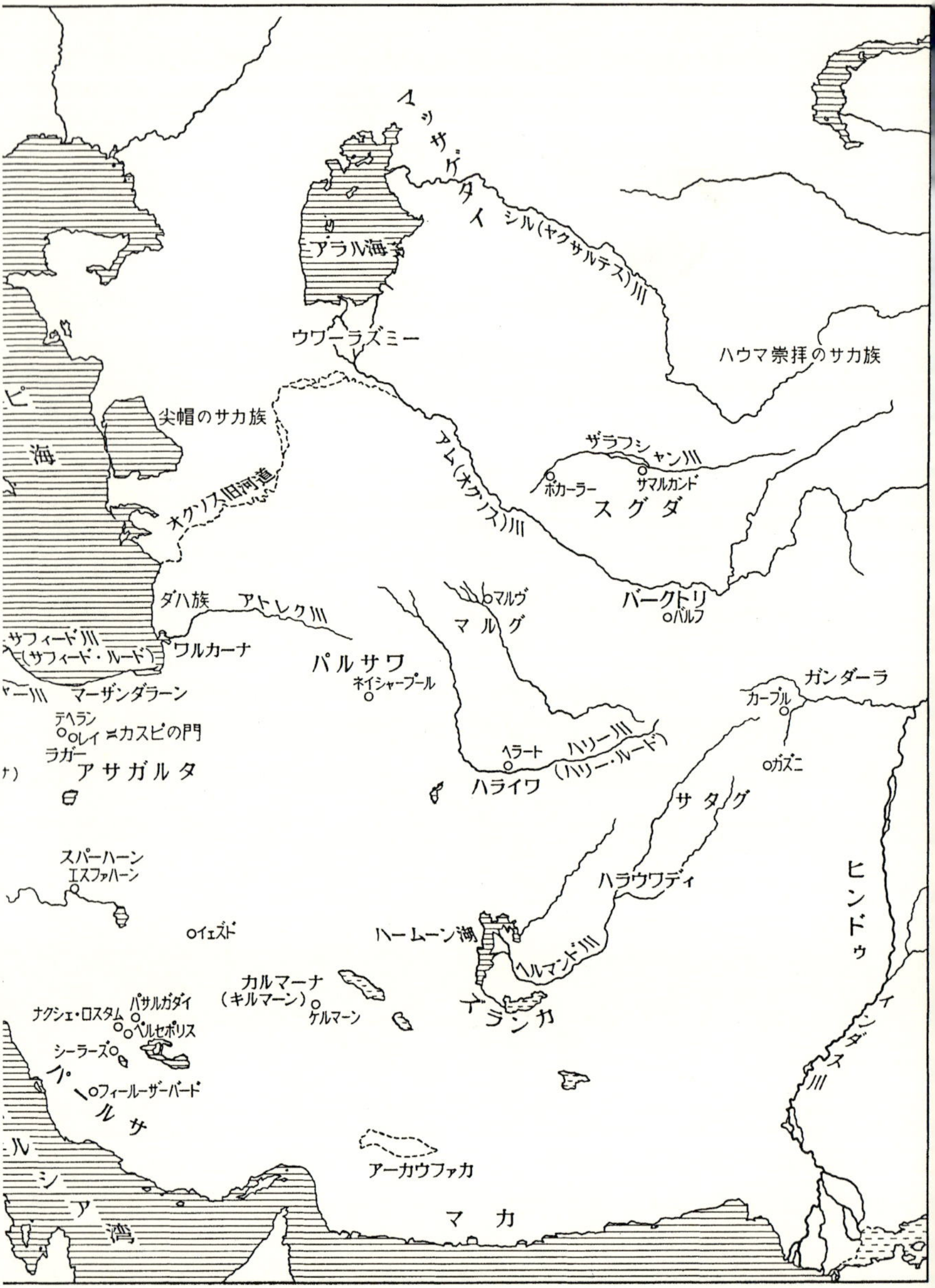

マッサゲタイ
シル(ヤクサルテス)川
アラル海
ウワーラズミー
ハウマ崇拝のサカ族
尖帽のサカ族
ピ
海
オクソス旧河道
アム(オクソス)川
ザラフシャン川
ボカーラー
サマルカンド
スグダ
ダハ族
アトレク川
マルヴ
マルグ
バークトリ
バルフ
サフィード川
(サフィード・ルード)
ワルカーナ
パルサワ
ネイシャープール
ガンダーラ
カーブル
マーザンダラーン
テヘラン
レイ≒カスピの門
ラガー
アサガルタ
ヘラート
ハリー川
(ハリー・ルード)
ガズニ
ハライワ
サタグ
スパーハーン
エスファハーン
ハラウワティ
ヒンドゥ
イェズド
ハームーン湖
ヘルマンド川
カルマーナ
(キルマーン)
ケルマーン
ドランカ
パサルガダイ
ナクシェ・ロスタム
ペルセポリス
シーラーズ
パルサ
フィールーザーバード
インダス川
アーカウファカ
マカ
ルシア湾

ペルシア式楔形文字表

I　音節文字

𐎠	〔a,'〕		a	𐎴	〔n^{a}〕	n,	na, ni
𐎡	〔i〕		i	𐎵	〔n^{u}〕		nu
𐎢	〔u〕		u	𐎱	〔p^{a}〕	p,	pa
𐎣	〔k^{a}〕	k,	ka	𐎳	〔f^{a}〕	f,	fa
𐎤	〔k^{u}〕		ku	𐎲	〔b^{a}〕	b,	ba
𐎧	〔x^{a}〕	x,	xa	𐎶	〔m^{a}〕	m,	ma
𐎥	〔g^{a}〕	g,	ga	𐎷	〔m^{i}〕		mi
𐎦	〔g^{u}〕		gu	𐎸	〔m^{u}〕		mu
𐎨	〔$\check{c}^{a}$〕	č,	ča	𐎹	〔y^{a}〕	y,	ya
𐎩	〔$\check{j}^{a}$〕	ǰ,	ǰa	𐎼	〔r^{a}〕	r,	ra, ri
𐎪	〔$\check{j}^{i}$〕		ǰi	𐎽	〔r^{u}〕		ru
𐎫	〔t^{a}〕	t,	ta, ti	𐎾	〔l^{a}〕	l,	la
𐎬	〔t^{u}〕		tu	𐎺	〔v^{a}〕	v,	va
𐎰	〔θ^{a}〕	θ,	θa	𐎻	〔v^{i}〕		vi
𐏂	〔$s͜s^{a}$〕	s͜s,	s͜sa	𐎿	〔s^{a}〕	s,	sa
𐎭	〔d^{a}〕	d,	da	𐏁	〔$\check{s}^{a}$〕	š,	ša
𐎮	〔d^{i}〕		di	𐏀	〔z^{a}〕	z,	za
𐎯	〔d^{u}〕		du	𐏃	〔h^{a}〕	h,	ha, hi

II　表意語詞

𐏋 〔XŠ〕＝xšāyaθiya

𐏌 〔DH〕, 𐏍 〔DH_2〕 ＝dahyāuš

𐏎 〔BG〕＝baga

𐏏 〔BU〕＝būmiš

𐏈 〔AM〕, 𐏉 〔AM_2〕 Auramazdā

𐏊 〔AM_2-ha〕＝〔AM_2〕の属格

III　語詞間区別符号

𐏐　ビーソトゥーン碑文

⟍　ビーソトゥーン以外の碑文

索　引

ア 行

アイナイラ Ainaira-〔OP〕　27
アヴェスター Avestā〔NP〕(アベスターグ Abestāg〔MP〕), ——語　vii, viii, xviii, 15, 17, 46, 47, 92, 97, 107, 114, 121, 127, 140～144, 182～184, 194, 196, 213～217, 230, 298～301, 314, 325～328, 330
アウティヤーラ Autiyāra-〔OP〕　32
アウラマズダー Auramazdā-〔OP〕〔アフラマズダー Ahuramazdā-〕　18, 20, 22～24, 26～45, 49, 50, 55, 75～80, 82～89, 93, 95～97, 100, 102, 103, 105, 108, 111, 112, 124, 126, 127, 130～132, 137～139, 147～151, 153, 154, 157, 160, 161, 167～171, 179～184, 195, 196, 332
アウラ・マズダー Aura- Mazdā-〔OP〕　126(11)
アヴローマーン Avrōmān〔NP〕　230
アーカウファカ(*Ākaufaka-)人 Ākaufačiya-〔OP〕〔Ākaufačya-〕　138
アクシャダラパンヌ aḫšadarapannu〔A〕　54
アケメネス→ハカーマニシュ
アサガルタ Asagarta-〔OP〕〔アサグルタ Asagrta-〕(サガルティア)　33, 41, 52, 76
アサガルタ(Asagarta-)の者，の人 Asagartiya-〔OP〕〔Asagrtiya-〕　33(11), 41(1)
アジ・ダハーカ Aži- Dahāka-〔Av〕(アズダハーグ Azdahāg〔MP〕, アジュダハー Aždahā〔NP〕)→ダハーグ　214, 221
アーシナ Āṣṣina-〔OP〕　18, 27, 40, 51
アーシヤーディヤ Āṣṣiyādiya-〔OP〕(IX 月＝11～12 月)　28, 35
アシュヴィン Aśvin-　142, 143
アジュダハー→アジ・ダハーカ
アースヴヤ→スリタ・アースヴヤ
アズダハーグ→アジ・ダハーカ
アステュアゲス→イシュティワイグ
アスパチャナフ Aspačanah-〔OP〕　99
アスマーン Asmān〔MP〕　317
アスラー Aθurā-〔OP〕(アッシリア)　22, 29, 32, 76, 87, 88, 95, 138
アスラー(Aθurā-)の，——人 Aθuriya-〔OP〕〔Aθurya-〕　81, (84), 97
アースラワン āθravan-〔Av〕　92
アッ・サアーリビー aṯ-Ṯaʿālibī　264, 266
アッスワン→シエネ
アッ・タバリー aṭ- Ṭabarī　241
アッタマイタ Attamaita-〔OP〕

48
アードゥカニシャ Ādukaniša-〔OP〕(I月=3~4月)　33
アードゥルバーダガーン Ādurbādagān〔MP〕　309
アドン Adon　235
アナク Anak　134, 135
アナーヒター Anāhitā-〔OP, Av〕　167, 169, 170, 181~184, 230, 325
アーナーマカ Ānāmaka-〔OP〕(X月=12~1月)　28, 30, 32, 38
アノーシャグ・ルワーン→フスラウI世
アハシュエロス→クシャヤールシャンI世
アバルウェーズ→フスラウII世
アーハルマン→アフレマン
アヒカル Aḥīqar, ――物語　56, 244~251, 253~256, 264, 266, 320
アビラードゥ Abirādu-〔OP〕　82, (85)
アーファーク Āfāq〔NP〕　243
アープトヤ→トリタ・アープトヤ
アフラ ahura-〔Av〕　184
アフラースヤーブ→フランラスヤン
アフラマズダー Ahuramazdā-〔Av〕／アフラ・マズダー Ahura-Mazdā-〔Av〕 (→オフルマズド(1))　15, 92, 97, 98, 118, 142~144, 147, 148, 184, 196, 206, 213, 217, 293, 327, 329
アフレマン Ahreman〔MP〕(アンラ・マンユ Aŋra- Mainyu-〔Av〕, アーハルマン Āharman〔NP〕)　209, 213, 314
アベスターグ→アヴェスター
アマフラスパンド Amahraspand〔MP〕　293, 313~316
アラカ Araxa-〔OP〕　18, 39, 41, 52
アラカドリ Arakadri-〔OP〕　25
アラコシア→ハラウワティ
アラバーヤ Arabāya-〔OP〕(アラビア)　23, 76, 87, 88, 95, 138
アラワースターン Arawāstān〔MP〕　311
アリアラムネス→アリヤーラムナ
アリヤーラムナ Ariyāramna-〔OP〕〔アルヤーラムナ Aryāramna-〕(アリアラムネス)　6, 7, 22, 50, 110, 111, 173
アルヴァンド→エルヴァンド
アルサメス→アルシャーマ
アルジャースプ Arǰāsp〔MP〕　325
アルシャーダー Aršādā-〔OP〕〔ルシャーダー Ṛšādā-〕　38
アルシャーマ Aršāma-〔OP〕〔ルシャーマ Ṛšāma-〕(アルサメス)(1)(ダーラヤワウI世の祖父)　22, 50, 80, 83, 110~112, 130, 173, 180, 272　(2)(エジプトの知事)　62, 65~68, 227, 235
アルセス Arsēs〔Gr〕　177
アルダー・ウィーラーフ・ナーマグ Ardā Wīrāf Nāmag〔MP〕／アルダー・ウィーラーズ・ナーマグ Ardā Wīrāz Nāmag〔MP〕(アルダー・ウィーラーフの書)　146
アルタクシャサ Artaxšaṣ̌a-〔OP〕〔ルタクシャサ Ṛtaxšaṣ̌a-〕(アル

タクセルクセス)(1)——I世(アルタシャスタ 'Artaḫšaśtā〔Aram〕→アルタクシャスラ) 57, 69, 70, 156～161, 166, 167, 171, 172, 179, 180, 236, 327, 334 (2)——II世 56, 98, 112, 113, 163～173, 175, 176, 180～182, 226, 327, 334 (3)——III世 74, 175, 177, 179, 180, 182, 327, 334 (4)——IV世 179
アルタクシャスラ Artaxšaθra-〔OP〕〔ルタクシャスラ Rtaxšaθra-〕(→アルタクシャサI世) 169, 170
アルダクシール Ardaxšīr〔MP〕(アルダシール Ardašīr〔NP〕)(1) xviii (2)——I世 15, 90, 134, 205, 256, 259, 278～298, 303～313, 315～320
アルダクシール・クワッラフ Ardaxšīr-xwarrah〔MP〕(アルダクシールの光輪)(ゴールGōr〔MP〕, フィールーザーバード Fīrūzābād〔NP〕) 307, 308, 316
アルタクセルクセス→アルタクシャサ
アルタシャスタ→アルタクシャサI世
アルダシール→アルダクシール
アルタワルディヤ Artavardiya-〔OP〕〔ルタワルドヤ Rtavardya-〕 36, 37
アルダワーン Ardawān〔Parth〕(アルタバノス)(1)——V世 275, 276, 278～288, 298, 306, 307, 320 (2)偽——V世 201
アルディマニシュ→アルドゥマニシュ
アルドゥマニシュ Ardumaniš-〔OP〕／アルディマニシュ Ardimaniš- 45, 182
アルバイラー Arbailā-〔OP〕(アルベラ 現Erbīl) 34
アルパド Arpad 233
アルベラ→アルバイラー
アルマン Arman〔MP〕 309
アル・マンスール al-Manṣūr I世 241
アルミナ Armina-〔OP〕(アルメニア) 23, 30, 32, 76, 87, 88, 95, 138
アルミニヤ Arminiya-〔OP〕〔アルミヌヤ Arminya-〕(アルメニア) 31, 32
アルミニヤ(Arminiya-)人 Arminiya-〔OP〕〔Arminya-〕 30, 39, 41
アールヤ・メフル Ārya-mehr〔NP〕 7
アレイア→ハライワ
アレクサンダル→アレクサンドロス
アレクサンドロス(アレクサンダル Aleksandar〔MP〕) 178, 179, 197, 201, 221～224, 275, 276, 313, 314, 323
アンシャン Anšan-〔OP〕 6～8, 10
アン・ナディーム an-Nadīm 205
アンラ・マンユ→アフレマン

イ

イェーブ Yēḇ 12, 59, 62～67

イェーブ・ビールター Yēḇ Bīrtā 13
イエーベウ ʻIēbew 12
イオニア→ヤウナ
イザラー Izalā-〔OP〕 32
イシュティワイグ *Ištivaigu-〔Med〕(アステュアゲス) 8～10, 268～271
イスファンドヤール→スプントーザータ
イマニ Imani-〔OP〕 29, 40, 52
インドラ Indra- (1)(インドの) 17, 142, 143 (2)(アヴェスター語の) 143
ウ
ヴァジュラ vajra- 17
ヴァス vasu- 328
ヴァーユ Vāyu- 142
ヴァルナ Varuṇa- 141～143, 196, 230
ヴァン Van〔NP〕 153
ヴィヴァスヴァント Vivasvant- 213
ウィシュタースパ Vištāspa-〔OP〕(ヒュスタスペス)(ダーラヤワウI世の父) 22, 34, 35, 50, 55, 70, 76, 77, 80, 82, 83, 86, 88, 95, 105, 106, 130, 145, 146, 167～169, 171, 172, 180, 181, 325, 326
ウィーシュタースパ Vīštāspa-〔Av〕(ウィシュタースプ Wištāsp〔MP〕, グシュタースプ Guštāsp〔NP〕, ヒュスタスペス)(――王) 146, 217, 219, 220, 323, 325, 326
ウィシュタースプ→ウィーシュタースパ
ウィシュパウザーティ Višpauzāti-〔OP〕 34
ウィスプラト Wisprat〔MP〕／ウィスプラド Wisprad〔MP〕 viii
ウィスプラド→ウィスプラト
ウィダルナ Vidarna-〔OP〕 30, 44
ウィーデーウダード Wīdēwdād〔MP〕 viii
ウィヤカナ Viyaxana-〔OP〕(XII月＝2～3月) 25, 34, 38
ウィワーナ Vivāna-〔OP〕 37, 38
ウィーワフワント Vīvahvant-〔Av〕 213
ウィーワング(*Wīwang)兄妹 Wīwangān〔MP〕 213
ウィンダファルナフ Vindafarnah-〔OP〕 39, 44
ウーウジャ Ūvǰa-〔OP〕(クワジャ Xvaǰa- か, v を衍字とみてウージャ Ūǰa-〔フージャ Hūǰa-〕と解すべきか決定しにくい. エラム現 Hūzestān) 22, 27, 29, 40, 48, 51, 52, 76, 95
ウーウジャ(Ūvǰa-, エラム)人(1) Ūvǰa-〔OP〕 97 (2)Ūvǰiya- 27, 29, 40, 48, 49
ウェーザグ Wēzag〔MP〕→ゴーザグ(2) 215
ウォフ vohu-〔Av〕 328
ウォフ・マナフ Vohu- Manah-〔Av〕 98
ウザウ Uzaw〔MP〕 215, 216, 298
ウージャ Ūǰa-〔OP〕〔フージャ Hūǰa-〕(エラム現 Hūzestān)→ウーウジャ 82, (85), 86, 88, 138

ウターナ Utāna-〔OP〕(オタネス) 16, 44
ウパダルマ Upadarma-〔OP〕 27
ウフラートゥ Ufrātu-〔OP〕〔フフラートゥ Hufrātu-〕(ユウフラテス川) 28
ウヤワー Uyavā-〔OP〕〔フヤワー Huyavā-〕 31
ヴリトラ Vṛtra- 17
ウワクシュトラ Uvaxštra-〔OP〕〔クワクシュトラ Xvaxštra-〕(1)——I世 5 (2)——II世(キュアクサレス) 5, 8, 29, 33, 40, 41, 52
ウワーダイチャヤ Uvādaičaya-〔OP〕〔クワーダイチャヤ Xvādaičaya-〕 37
ウワーラズミ Uvārazmi-〔OP〕〔クワーラズミ Xvārazmi-〕(コラスミア) 81, (85), 86, 88, 95, 138
ウワーラズミー Uvārazmī-〔OP〕〔クワーラズミー Xvārazmī-〕(コラスミア) 9, 23, 76

エ

エクサトラペス exatrapēs 54
エクバタナ→ハグマターナ
エスタクル→スタクル
エスファハーン Eṣfahān〔NP〕(1)(都市) 90, (2)(州)→スパーハーン
エーラジュ Ēraǰ〔MP, NP〕 215, 218
エルヴァンド Elvand〔NP〕／アルヴァンド Alvand(オロンテス) 104, 105, 107, 153, 232, 242
エルビール→アルバイラー
エレパンティネ Elephantinē〔Gr〕 12, 13, 56～59, 62, 66～68, 160, 194, 235～237, 244, 254, 255

オ

オイバレス Oibarēs〔Gr〕(ワフバラ *Vahubara-〔OP〕) 16
多くの民を擁する paru-zana-〔OP〕は(多種の民衆を擁する) 105, 124, 157, 235
オダティス Odatis〔Gr〕 323～326, 334
オタネス→ウターナ
オフルマズド Ohrmazd〔MP〕(1)(——神)(→アフラマズダー) 118, 204, 206, 213, 217, 293, 313, 314, 316, 330 (2)——I世 295～298, 304
オロンテス→エルヴァンド

カ 行

カイ Kay〔MP〕, ——王朝(→カウィ, カワイ) 216, 217, 283, 284, 286, 293, 298, 302, 307, 312
カイ・ウス Kay Us〔MP〕(→カウィ・ウサン, カウィ・ウサザン) 119～121, 216, 217
カイ・カヨース Kay Kayōs〔MP〕 216
カイ・カワード Kay Kawād〔MP〕(→カウィ・カワータ) 215～217, 298, 299, 304
カイ・コスロウ→カイ・フスラウ
カイ・フスラウ Kay Husraw〔MP〕(カイ・コスロウ Kay Xosrou〔NP〕, →カウィ・ハオスラワフ) 216～218

ガヴ Gav〔NP〕 265
カウィ Kavi-〔Av〕(→カイ) 216, 334, 335
カウィ・アピウォフ Kavi- Apivohu-〔Av〕 216
カウィ・アルシャン Kavi- Aršan-〔Av〕 216
カウィ・ウサザン Kavi- Usaδan-〔Av〕(→カイ・ウス) 216
カウィ・ウサン Kavi- Usan-〔Av〕(→カイ・ウス) 216
カウィ・カワータ Kavi- Kavāta-〔Av〕(→カイ・カワード) 216, 298
カウィ・スヤーワルシャン Kavi-Syāvaršan-〔Av〕 216
カウィ・ハオスラワフ Kavi- Haosravah-〔Av〕(→カイ・フスラウ) 216
カウィ・ピシナフ Kavi- Pisinah-〔Av〕 216
カウィ・ブヤルシャン Kavi-Byaršan-〔Av〕 216
ガウバルワ Gaubaruva- 〔OP〕〔Gaubarva-〕(1) 44, 48, 99 (2)ゴブリュアス Gōbryas 320
ガウマータ Gaumāta-〔OP〕 14, 17, 18, 20, 25〜27, 40, 44, 51, 304
ガーサー Gāθā-〔Av〕, ——の言語 viii, 98, 114, 184, 327, 329〜331, 333, 334
カッパドキア→カトパトゥカ
カトパトゥカ Katpatuka-〔OP〕(カッパドキア) 23, 76, 87, 88, 95, 138
ガナーグ・メーノーグ Ganāg Mēnōg〔MP〕 313, 314
ガーハーンバール Gāhānbār〔MP〕 330
カーピシャカーニ Kāpišakāni-〔OP〕 38
カーブル Kābul〔MP〕 287, 298, 302
ガマセ・アーブ Gamas-e Āb〔NP〕 19
ガヨーマルト Gayōmart〔MP〕 213, 216
カリア→カルカ
カリーラグ Kalīlag〔MP〕(カリーレ Kalīle〔NP〕) 202, 265
カリーラグとダムナグ Kalīlag ud Damnag〔MP〕 202, 265
カリーレ→カリーラグ
カルカ(*Karka-, カリア)人 Karka-〔OP〕 81, (84), 87, 95, 138
カルシャースプ→クルサースパ
ガルシャースプ→クルサースパ
カルデール Kardēr〔MP〕 147, 201
カルマーナ Karmāna-〔OP〕〔クルマーナ Krmāna-〕(カルマニア)(→キルマーン) 81, (84)
ガルマパダ Garmapada-〔OP〕(IV月=6〜7月) 25, 35, 37
カレス Charēs〔Gr〕 178, 323, 326, 334, 335
カローシュティー Kharoṣṭhī- 238
ガロードマーン Garōdmān〔MP〕 204
カワイ Kavay-〔Av〕 216
カワータ→カウィ・カワータ

カワード Kawād〔MP〕(1)→カイ・カワード (2)——I世 199, 202, 204
ガンジェ Ganǰe〔NP〕(現ケロヴァーバード Kerovābād) 242
ガンジュナーメ Ganǰnāme〔NP〕 104, 107
ガンダーラ Gandāra-〔OP〕 23, 76, 81, (84), 87, 88, 95, 128, 138
ガンドゥタワ Gandutava-〔OP〕 38
カンパンダ Kanpanda-/Kampanda-〔OP〕 30
カンビュセス(カムビュセスにかえて)→カンブジヤ
カンブジヤ Kanbuǰiya-/Kambuǰiya-〔OP〕(カンビュセス)(1) xviii (2)——I世 7, 8, 10, 113, 197, 198, 268, 269, 271 (3)——II世 10, 11, 14, 24, 25, 54, 63, 66, 67, 210, 332

キ

キターブ・アル・フィフリスト→キターブ・ル・フィフリスト
キターブ・ル・フィフリスト Kitābu 'l-fihrist／キターブ・アル・フィフリスト Kitāb al-fihrist (索引，目録の書) 205
キャラバン・セライ kāravān serāy〔NP〕 19
キュアクサレス→ウワクシュトラII世
キュロス→クル
キルマーン Kirmān〔MP〕(→カルマーナ) 307

ク

クガナカー Kuganakā-〔OP〕 29
クーシャ Kūša-〔OP〕(エチオピア) 77, 82, (85)
クーシャ(Kūša-, エチオピア)人 Kūšāya-〔OP〕〔Kūšiya-〕 87, 95, 138
クシャサパーワン xšaššapāvan- 35, 37, 46, 54, 68, 69
クシャスラパー xšaθrapā- 54, 68, 69
クシャスリタ Xšaθrita-〔OP〕(1)(メディア王＝フラワルティ *Fravarti-, プラオルテス) 5 (2) 偽—— 29, 40, 52
クシャトラパ kṣatrapa- 54
クシャヤールシャン Xšayāršan-〔OP〕〔クシャヤルシャン Xšayaršan〔OP〕＜ *xšaya-ršan-〕(クセルクセス)(1)——I世(アハシュエロス) xv, 59, 69, 74, 99, 100, 103～106, 115～117, 122～127, 129～131, 133, 135～139, 144, 147～150, 152～154, 156～159, 164, 167, 169, 171, 172, 180, 181, 184, 192, 239, 327 (2)——II世 160
グシュタースプ→ウィーシュタースパ
クセルクセス→クシャヤールシャン
クラーラーン Kulālān〔MP〕 310
クラール Kulāl〔MP〕 310
クル Kuru-〔OP〕(キュロス)(1) xviii (2)——I世 6, 7, 10, 209 (3)——II世(クロス) xv, 3, 8～12, 24, 25, 36, 40, 41, 51, 52, 54, 110, 112, 113,

137, 145, 166, 197, 198, 209, 210, 218～220, 224, 227, 267～275, 298, 299, 304, 305, 319, 320
(4)少——(キュロス・ホ・ネオテロス Kyros ho neōteros) 165
クルサースパ Kərəsāspa-〔Av〕(カルシャースプ Karšāsp〔MP〕, ガルシャースプ Garšāsp〔NP〕) 300, 301
クロス→クルII世
クワダーイナーマグ Xwadāynā-mag〔MP〕 190, 191, 215, 231, 240
クワラーサーン Xwarāsān〔MP〕(ホラーサーン Xvarāsān〔NP〕) ix, xi, 316, 317
クンドゥル Kunduru-〔OP〕 32

ケ

ゲオルギオス・シュンケロス Georgios Synkellos 232
ケスラー→ターケ・ケスラー
ケロヴァーバード→ガンジェ

コ

ゴーザグ Gōzag〔MP〕(1)ホーシュヤングの妹 213 (2)エーラジュの娘→ウェーザグ 215
ゴージフラーン Gōzihrān〔MP〕 309～311, 316, 318
ゴージフル Gōzihr〔MP〕 309
コスロウ→フスラウ
コスロウ Xosrov(アルメニア王) 134, 135
ゴータルズ Gōtarz〔Parth〕 90
ゴーチフラーン Gōčihrān〔MP〕 309
ゴーチフル Gōčihr〔MP〕 309
ゴーバール→ジョーバール
ゴブリュアス→ガウバルワ(2)
コラスミア→ウワーラズミ, ウワーラズミー
ゴール→アルダクシール・クワッラフ
ゴルガーン→ワルカーナ

サ 行

サイグラチ Θaigrači-〔OP〕(III月＝5～6月) 31
サウロマタイ Sauromatai〔Gr〕(→タイ) vi
サエーナ→セーン・ムルウ
サオシュヤント Saošyant-〔Av〕 294, 300, 327, 328
サカ Saka-〔OP〕 v, 23, 29
サカ(Saka-)人(1)Saka-〔OP〕 53 (2)Sakā-〔OP〕 97
サカ(Saka-)族(1)Sakā-〔OP〕 49 (8) (2)Sakā〔OP〕(複数) vi, 49, 76, 77, 87, 95, 138
サガルティア→アサガルタ
ザーザーナ Sāzāna-〔OP〕 28
サーサーン Sāsān〔MP〕 276～278, 283, 298, 304
サタグ Θatagu-〔OP〕(サッタギュディア) 23, 29, 76, 87, 88, 95, 138
サチダルム Sačidarm〔MP〕 257～259, 261, 262
サッタギュディア→サタグ
ザートスプラム Zātspram〔MP〕(シーラカーン Sīrakān のザラスシュトラ教区長) 118
ザートスプラムの撰集 Nibištag-

(wi)zīdagīhā i Zātspram i Gu-šnǰamān〔MP〕　118, 146
サドラパス sadrapas　54
サトラペス satrapēs　54, 68
サフィード Safīd〔NP〕　307
サーブール→シャーブフル
ザーブレスターン Zābrestān〔NP〕　308
サーマ Sāma-〔Av〕　301
サーム Sām〔MP〕　301, 302
サムムラマト Sammuramat〔A〕　232
サラスヴァティー Sarasvatī-　182
ザラスシュトラ Zaraθuštra-〔Av〕(→ザルドゥシュト)(ゾロアスター, ゾロアストラ), ——教(徒)　vii, viii, xviii, 46, 92, 97, 98, 118, 140, 141, 143～148, 184, 190, 196, 201, 215, 217, 222, 277, 287, 290, 294, 300, 314～316, 325～330, 333, 334
ザリアドレス Zariadrēs〔Gr〕(→ザリワリ)　323～326, 334
ザリワリ Zairivairi-〔Av〕　(ザレール Zarēr〔MP〕, →ザリアドレス)　325, 326, 335
ザール Zāl〔MP〕　301～304
サルディス→スパルダ
ザルドゥシュト Zardušt〔MP〕(→ザラスシュトラ)　118, 119, 217
サルム Salm〔MP〕　215
サルワ Saurva-〔Av〕　143
ザレール→ザリワリ
ザレールの回想 Ayādgār i Zarērān〔MP〕　325, 335
サローシュ→スローシュ
ザーワル Zāwal〔MP〕　308
ザンド→ゼンド

シ

シエネ／シュエネ Syēnē〔Gr〕(スウェーン S^{e}wēn〔Aram〕, 現アッスワン)　12, 13, 58, 59, 63, 66
シカヤウワティ Sikayauvati-〔OP〕〔シカヤクワティ Sikayaxvati-〕　26
七郎, ハフトム Haftom〔MP〕(第七)　119
子弟 marīka-〔OP〕(本来は若者の意味)　102
シームルグ→セーン・ムルウ
シャー Šāh〔NP〕　307
シャーナーメ Šāhnāme〔NP〕　xix, 190, 191, 207, 209, 212, 215, 218, 221, 222, 224, 231, 240, 264, 265, 300, 301, 304
シャーブフル Šābuhr〔MP〕(サーブール Sābūr〔Arb〕)I世　90, 205, 229, 290, 293～298, 320
シャフルヤール šahryār〔MP〕　257, 275
ジャマグ J̌amag／ヤマグ Yamag〔MP〕　213, 214
シャミーラー Šamīrā〔NP〕　242
シャミーラーン Šamīrān〔NP〕　242
ジャム→ユィマ
ジャムシェード→ユィマ・クシャエータ
ジャムシード→ユィマ・クシャエータ

ジャムフール J̌amhūr〔NP〕　265
シャルヴァ Śarva-　142, 143
シュイェーナ śyena-　303
ジョーバール J̌ōbār／ゴーバール Gōbār〔MP〕　287
シーリーン Šīrīn〔NP〕　241～243
シンド Sind〔MP〕　309, 310

ス

スグダ Sugda-〔OP〕(ソグディアナ) vi, 9, 23, 76, 77, 81, (84), 86, 88, 95, 138
スクドラ Skudra-〔OP〕(トラキアとマケドニア)　87, 88, 95
スクドラ(Skudra-　トラキア)人 Skudra-〔OP〕　138
スクラ Θuxra-〔OP〕　44
スクンカ Skunxa-〔OP〕　18, 49, 53
スーサ，スサ→スーシャー
ズーザフヤ Zūzahya-〔OP〕　31
スーシャー S̨sūšā-〔OP〕(スーサ，スサ)　xviii, 6, 19, 62, 66, 79～85, 88, 89, 127, 128, 152, 153, 160, 163, 164, 166～168, 170, 172, 178, 181, 195
スース sūs(馬)　5
スタクル Staxr〔MP〕(エスタクル Estaxr〔NP〕)　276, 307
ズッハーク→ダハーグ
スパーハーン Spāhān〔MP〕(エスファハーン Eṣfahān〔NP〕)(州) 275, 306
スパルダ Sparda-〔OP〕(サルディス)　23, 76, 77, 81, (84), 87, 88, 95, 138
スパルダ(Sparda-　サルディス)人 Spardiya-〔OP〕　82, (85)
スパンドヤード→スプントーザータ
スピタマ Spitama〔Gr〕　326
スピターマ Spitāma-〔Av〕　119, 326
スピドユル Spidyur〔MP〕　213, 214
スプントーザータ Spəntōδāta-〔Av〕(スパンドヤード Spandyād〔MP〕，イスファンドヤール Isfandyār〔NP〕，スペンダダテス Sphendadatēs〔Gr〕)　326
スペンダダテス→スプントーザータ
スヤーマグ Syāmag〔MP〕　213
スヤーラズーリーグ Syārazūrīg〔MP〕　309, 310
スラエータオナ Θraētaona-〔Av〕(フレードーン Frēdōn〔MP〕，フィレードゥーン Firēdūn〔NP〕) 214, 215, 217, 218, 300, 301, 304
スーラワーハラ Θūravāhara-〔OP〕(II 月＝4～5 月)　31, 32, 36
ズランカ Zranka-〔OP〕(ドランギアナ)　9, 23, 76, 86, 88, 95, 138
スリタ Θrita-〔Av〕(スリト Srit〔MP〕)　119～121
スリタ・アースヴヤ *Θrita- Āθwya-〔Av〕　121
スリト→スリタ
スローシュ Srōš〔MP〕(サローシュ Sarōš〔NP〕)　218

セ

勢家 āmāta-〔OP〕(一説に貴族) 22, 51
生活手段 abičarīš〔OP〕(一説に牧地，地所)　26

セミラミス Semiramis〔Gr〕 226, 231, 232, 238, 240～242, 298
ゼンジルリ Zenǰīrli 233
ゼンド Zend 〔MP, NP〕／ザンド Zand〔MP〕 92, 264, 330
尖帽のサカ人 Sakā tigraxaudā 〔OP〕(単数として使用) 97
尖帽のサカ族 Sakā tigraxaudā 〔OP〕 (vi, 49), 87, 95, 138
セーン・ムルウ Sēn-murw〔MP〕 (シームルグ Sīmurγ〔NP〕, ムルガ・サエーナ mərəγa- Saēna-〔Av〕) 302, 303

ソ

ソグディアナ→スグダ
ソグディアノス Sogdianos〔Gr〕 160
ソーシュヤンス Sōšyans〔MP〕 293, 294, 300
側近 anušiya-〔anušya-〕〔OP〕, (一説に近衛 anūšiya- 〔anūšya-〕〔OP〕) 26, 34, 37～39, 44
ソーバー Ṣōḇā 233
ゾピュロス Zōphyros〔Gr〕 304, 305, 319
ゾロアスター→ザラスシュトラ
ゾロアストラ→ザラスシュトラ

タ 行

タイ -tai(→サウロマタイ, マッサゲタイ) vi
ダイワ daiva-〔OP〕(→ダエーワ) 138, 139, 141～144, 148
ダイワ殿《でん》 daivadāna-〔OP〕 138
ダエーナー daēnā-〔Av〕(デーン dēn〔MP〕, ディーン dīn〔NP〕) 92, 119, 209, 219, 277, 315, 316
ダエーワ daēva-〔Av〕(→ダイワ) 143
ダキーキー Daqīqī〔NP〕 190
タクマスパーダ Taxmaspāda-〔OP〕 33
タクマースプ Taxmāsp〔MP〕 215
タクモールブ Taxmōrub〔MP〕 213
ターケ・ケスラー Ṭāq-e Kesrā 200
ダスターン Dastān〔MP〕 301～304
ダーダルシ Dādarši-〔OP〕〔ダードルシ Dādrši-〕(1)(アルメニア人) 30, 31 (2)(パールサ人) 35
ダートゥワフヤ Dātuvahya-〔OP〕 44
タトラガトース Tatragatōs〔MP〕 262
タートリトゥス Tātritus〔MP〕 257, 258, 262
タートリトース Tātritōs〔MP〕 262
タナオクサレス Tanaoxarēs〔Gr〕 210
タニュオクサルケス Tanyoxarkēs〔Gr〕 210
ダハーグ Dahāg〔MP〕(ダハーカ Dahāka-〔Av〕, ズッハーク Ẓuḥḥāk〔NP〕)(→アジ・ダハーカ) 214, 216, 300, 301, 313, 314
ダハ族／ダハエ族 Dahā〔OP〕 138

ダベスターン Dabestān〔NP〕 146
ダムナグ Damnag〔MP〕(ダムネ Damne〔NP〕) 202, 265
ダムネ→ダムナグ
ダヤウック Dayaukku 5, 59
ダーヤッカ Dāyakka〔Aram〕 58, 59
ダーラーイ→ダーラヤワウⅠ世
ダーラーイ・イ・ダーラーヤーン→ダーラヤワウⅢ世
ダーラヤワウ Dārayavau-〔OP〕〔ダーラヤワフ Dārayavahu-〕(ダレイオス，ダリウス)(1) xviii (2)——Ⅰ世(ダリヨス，ダーレヨーシュ，ダーラーイ Dārāy〔MP〕) xv, 14, 16～18, 20～46, 48～51, 53～58, 68～80, 82, 83, 85～100, 103～110, 114, 115, 124, 126～128, 130, 131, 135～137, 141, 143～149, 152, 153, 156～159, 167～169, 171, 172, 179～181, 183, 184, 191, 192, 195, 196, 205, 217, 224, 226, 227, 230, 235, 272, 299, 304, 305, 319, 326～329, 332～334 (3)——Ⅱ世(ダーラヤワフシュ，ダーラヤフシュ)62, 64～67, 160, 161, 163, 165～172, 180, 327 (4)——Ⅲ世(ダーラーイ・イ・ダーラーヤーン Dārāy i Dārāyān〔MP〕) 177～179, 276, 283, 327
ターラワー Tāravā-〔OP〕(現ターロム Ṭārom ファールス州東南隅の都市) 36
ダリウス→ダーラヤワウ
ダリヨス→ダーラヤワウⅠ世
タルハンド Ṭalḥand〔NP〕 265
ダレイオス→ダーラヤワウ
ターロム→ターラワー

チ

チサンタクマ Čiṣ̌santaxma-〔OP〕 18, 33, 34, 41, 52
チャイシュピ Čaišpi-〔OP〕(テイスペス) 6, 10, 22, 50, 106, 111
チャトラパ chatrapa- 54
チンチャクリ Činčaxri-〔OP〕 29
チンワド Činwad〔MP〕 203

ツ

鍔広帽のヤウナ人 Yaunā takabarā 88, 95

テ

デイオケス Dēiokēs〔Gr〕 4, 5, 59
ティグラ Tigra-〔OP〕 31
ティグラー Tigrā-〔OP〕(ティグリス川) 27, 28
テイスペス→チャイシュピ
ディーン→ダエーナー
デーヴァシャルム Dēvašarm〔MP〕 262
デベーレ→ドゥバーラ
デマヴェンド→ドゥンバーワンド
デールマーン Dēlumān〔MP〕 307
デーン→ダエーナー
デーンカルド Dēnkard〔MP〕(聖教事典) 118, 121

ト

ドゥバーラ Dubāla-〔OP〕(現デベーレ Debēle ユウフラテス河畔) 39

ドゥンバーワンド　Dunbāwand〔MP〕(デマヴェンド Demavend〔NP〕)(1)——地方　307　(2)——山　214, 300
トーズ Tōz〔MP〕　215
ドランギアナ→ズランカ
トリタ→トリタ・アープトヤ
トリタ・アープトヤ Trita- Āptya-　121
ドルジュ→ドルズ
ドルズ druz〔MP〕／ドルジュ druǰ〔MP〕　204, 315, 316

ナ 行

ナクシェ・ロスタム Naqš-e Rostam〔NP〕 15, 90, 91, 93, 94, 97～100, 145, 148, 152, 192, 195～197, 205, 224, 239, 333
ナーサトヤ Nāsatya-　142, 143
ナシャーグ Našāg〔MP〕　213
ナダン Nadan(<*Nādin 施与者)　245, 246, 254
ナッフンテ Nahhunte　183
ナディンタバイラ Nadintabaira-〔OP〕／ニディトバイラ Niditbaira-〔OP〕　18, 27～29, 40, 51
ナヒティ Nahiti　183
ナブクドラチャラ Nabukudrača-ra-〔OP〕(ネブカドレザル，ネブカドネザル)(1)偽——＝ナディンタバイラ　17, 27, 28, 40, 51　(2)偽——＝アラカ　39, 41, 52
ナブスミスクン Nabusumiskun(<〔A〕*Nabū-šumu-iškun「ナブーは名をつけた」)　247～251
ナブナイタ Nabunaita-〔OP〕(ナボニドス)　9, 27, 39～41, 51, 52
ナボニドス→ナブナイタ
ナレサフ Naresaf〔MP〕　213
ナレマン Nareman〔MP〕　301

ニ

ニサーヤ Nisāya-〔OP〕　26
ニディトバイラ→ナディンタバイラ

ネ

ネザーミー Neẓāmī〔NP〕　242, 243
ネブカドネザル，ネブカドレザル (1)<Nabū-kudurri-uṣur〔A〕 8, 9, 10　(2)→ナブクドラチャラ

ノ

ノーザル→ノーダル
ノーシーラヴァーン→フスラウⅠ世
ノーダル　Nōdar〔MP〕(ノーザル Nōḏar〔NP〕)　215, 216, 218
ノーンハスヤ Nå̊ŋhaiθya-〔Av〕　143

ハ 行

パイシヤーウワーダー Paišiyāuvādā-〔OP〕〔パイシュヤークワーダー Paišyāxvādā-〕　25, 37
ハウマ→ハオマ
ハウマ崇拝のサカ族 Sakā haumavargā(→ハオマ)　vi, 87, 95, 138
ハオシュヤンハ Haošyaŋha-〔Av〕(ホーシュヤング Hōšyang〔MP〕/ホーシャング Hōšang)　213, 216
ハオマ haoma-〔Av〕(ハウマ hauma-〔OP〕)(ある種の植物．また，その汁液．神をまつるに用い，死

を攘《はら》うものといわれ，擬人化されて神ともなる.)　vi, 87, 95, 119, 138
バガ baga-　183, 184
バガスターナ *Bagastāna-〔OP〕(べヒスタン，べヒストゥン，バギスタノン・オロス Bagistanon oros〔Gr〕(バギスタン山)→ビーソトゥーン)　18, 231
バガービグナ Bagābigna-〔OP〕　44
バガブクシャ Bagabuxša-〔OP〕(メガビュクソス Megabyxos〔Gr〕)　44, 304
ハカーマニシュ Haxāmaniš-〔OP〕(アケメネス)　22, 51, 106, 111
ハカーマニシュ(Haxāmaniš-)の裔，——家 Haxāmanišiya-〔Haxāmanišya-〕〔OP〕　22, 50, 51, 55, 70, 76, 77, 80, 83, 86, 88, 95, 105, 112, 113, 124, 130, 152, 153, 157, 158, (159), 161, 167, (168), 169〜171, (172), 180　碑文とむすびつきのないもの——(王)朝，——(王)家，——王国　vi, viii, ix, (xv), xvi, 6〜8, 14, 15, 54, 56, 68, 79, 112, 133, 156, 161, 174, 175, 177, 178, 184, 189〜192, 199, 217, 222, 231, 235, 238, 240, 267, 326, 334
バーガヤーディ Bāgayādi-(VII 月=9〜10 月)　26
バギスタノン・オロス→バガスターナ
バークトリ Bāxtri-〔OP〕(バクトリア)　9, 23, 35, 76, 81, (84), 86, 88, 95, 138
バクトリア→バークトリ
ハグマターナ Hagmatāna-〔OP〕(エクバタナ Ekbatana〔Gr〕，ハマダーン Hamadān〔NP〕)　4, 9, 19, 33, 104, 107, 110, 111, 154, 164, 166, 170, 172, 178, 181, 227, 232
パサルガダイ Pasargadai〔Gr〕(モルガーブ Morgāb〔NP〕)　9, 11, 110, 112, 113, 197, 221
パシュータン→ピシシュヤオスナ
パダシュクワールガル Padašxwārgar〔MP〕　307, 308
パティグラバナー Patigrabanā-〔OP〕　35
パティシュウワラ(*Patišuvara-〔パティシュクワラ *Patišxvara-〕)の人　Pātišuvari-〔Pātišxvari-〕〔OP〕　99
バナーグ Banāg〔MP〕　306
バーバグ Bābag〔MP〕　275〜280, 283, 298, 318
バービル Bābiru-〔OP〕　(1)(バビロン)　27〜29, 32, 39〜41, 51, 52, 81, (84)　(2)(バビロニア)　22, 23, 27, 76, 81, 87, 88, 95, 138
バービル(Bābiru- バビロニア)の，——人(1)Bābiru-〔OP〕　97　(2)Bābiruviya-〔Bābiruvya-〕〔OP〕27(7, 10), 39(2, 5, 10, 13), 40(9), 82, (84, 85)
ハフターンボークト Haftānbōxt〔MP〕　309〜311, 319
バフマン→ワフマン
ハマダーン→ハグマターナ

ハライワ Haraiva-〔OP〕(アレイア) 9, 23, 76, 86, 88, 95, 138
ハラウワティ Harauvati-〔OP〕〔ハラクワティ Haraxvati-〕(アラコシア) 9, 23, 37, 38, 76, 82, (85), 87, 88, 95, 138
パラザータ Paraδāta-〔Av〕(→ペーシュダード) 213
パリーグ parīg〔MP〕(妖女，巫女) 120, 121
バルアミー Bal'amī 241
パルヴィーズ→フスラウII世
パルガ Parga-〔OP〕 37
パールサ Pārsa-〔OP〕(ペルシス，ペルシア)(→パールス) viii, 6～8, 22, 24～26, 29, 36, 37(9, 11), 39～41, 50, 55, 68, 75, 78, 79, 86, 88, 95, 96, 111, 112, 124, 137, 145, 174～176, 183, 189, 190, 271, 272, 323, 332
パールサ(Pārsa-)の，——人 Pārsa-〔OP〕 4, 30, 31, 33～35, 36 (5, 8, 10), 37, 39～41, 44, 45, 48, 55, 76, 86, 95～97, 137, 268
パルサワ Parθava-〔OP〕(パルティア) x, 9, 23, 29, 34, 35, 76, 86, 88, 95, 138
パルサワ(Parθava-パルティア)の，——人 Parθava-〔OP〕 34, 97
バルシュヌーム Baršnūm〔MP〕 203
パールス Pārs〔MP〕(ファールス Fārs〔NP〕)→パールサ viii, ix, 6, 189, 275, 278, 284～286, 293, 297, 306～309, 311
パルスア Parsua- 4, 6, 7
パルスマシュ Parsumaš 6, 7
バルスマン barəsman-〔Av〕 98
バルゾーイ→ブルゾーイ
ハルディタ Haldita-〔OP〕 39
バルディヤ Bardiya-〔OP〕〔ブルドヤ Brdya-〕(1) 14, 24, 25, 332 (2)偽——＝ガウマータ 14, 17, 25, 40, 44, 51 (3)偽——＝ワフヤズダータ 17, 36, 37, 41, 52
バンダカ bandaka-($b^ad^ak^a$)〔OP〕 128
万民を擁する vispa-zana-〔OP〕は「各種の民衆を擁する」 55, 86, 93, 174, 235

ヒ

ピシシュヤオスナ Piši.šyaoθna-〔Av〕(ピショータン Pišiyōtan〔MP〕，バシュータン Bašūtan〔NP〕) 219, 220
ピショータン→ピシシュヤオスナ
ビーソトゥーン Bīsotūn〔NP〕→バガスターナ 14, 17, 19～22, 45, 50, 53, 56, 97, 106～108, 110, 141, 145, 196, 226, 230, 232, 236, 238, 239, 241～244, 332
ビート・アグシ Bīt Aguši 233
ビート・アディニ Bīt Adini 233
ビート・バクヤニ Bīt Baḫyani 233
ビート・ヤキニ Bīt Yakini 233
ヒュスタスペス→ウィシュタースパ，ウィーシュタースパ
ヒュルカニア→ワルカーナ
ピル・アウル Pir-Awur 234
ビルマーイェ Birmāye〔NP〕 301

ヒンドゥ Hindu-〔OP〕 76, 77, 82, 85, 87, 88, 95, 138

フ

ファラクワーン *Farraxwān〔Parth〕 201
ファールス→パールス
ファルハード Farhād〔NP〕 241, 242
フィールーザーバード→アルダクシール・クワッラフ
フィレードゥーン→スラエータオナ
フェルドウシー Ferdousī〔NP〕 190, 191, 212, 264, 266
フスラウ Husraw〔MP〕(コスロウ Xosrou〔NP〕)(1)→カイ・フスラウ (2)——I世 アノーシャグ・ルワーン Anōšag-ruwān〔MP〕(ノーシーラヴァーン Nōšīravān〔NP〕) 199～202, 204～207, 209, 221, 223, 224, 256, 257, 264～266, 320 (3)——II世アバルウェーズ Abarwēz〔MP〕(パルヴィーズ Parvīz〔NP〕) 190, 241～243
ブーズルジュミフル→ワズルグミフル
フーゼスターン→ウーウジャ, ウージャ
プト(*Put-)族 Putāya-〔OP〕(リビア人) 87, 95, 138
フマーイ Humāy〔MP〕→フマーヤー(1) 217 (2) 242
フマーヤー Humāyā-〔Av〕→フマーイ 217
プラオルテス→フラワルティ
フラースヤーグ→フランラスヤン
フラースヤーブ→フランラスヤン
フラーダ Frāda-〔OP〕 18, 41, 53
フラタラカ *frataraka-〔OP〕 63, 66
フラワーギー Frawāgī〔MP〕 213
フラワーグ Frawāg〔MP〕 213
フラワシ fravaši-〔Av〕(守護霊, 祖霊) 119
フラワルティ Fravarti-〔OP〕(プラオルテス Phraortēs〔Gr〕)(1)→クシャスリタ(1) (2)偽—— 29, 30, 32～34, 40, 52
フランラスヤン Fraŋrasyan-〔Av〕(アフラースヤーブ Afrāsyāb, フラースヤーグ Frāsyāg, フラースヤーブ Frāsyāb〔MP〕) 215, 217, 222, 313, 314
ブルザグ Burzag〔MP〕 312, 315～318
ブルザードゥル Burzādur〔MP〕 312, 315～318
ブルゾーイ Burzōy〔MP〕(バルゾーイ Barzōy〔NP〕) 201, 206, 265
フレードーン→スラエータオナ
フローム Hrōm〔MP〕(ルーム Rūm〔NP〕) 241, 275, 276, 297, 313, 314
ブンダヒシュン Bundahišn〔MP〕(原初の創造, 開闢) 146, 299, 304

ヘ

ペーシュダード Pēšdād〔MP〕→パラザータ 213, 216
ベヒスタン→バガスターナ
ベヒストゥン→バガスターナ
ベル・エティル Bēl-etir 234

ペルシス→パールサ
ペルセポリス Persepolis 69～79, 90, 99, 102, 107, 115～117, 122～131, 135, 137, 144, 147～149, 152, 153, 156, 157, 161, 175, 179, 183, 192, 222, 276
ヘールベド hērbed〔MP〕 118, 290

ホ

ボークタグ(Bōxtag)の子 Bōxtagān〔MP〕 205, 209, 257, 261
ボークト・アルダクシール Bōxt-Ardaxšīr〔MP〕 306
ホーシャング→ハオシュヤンハ
ホーシュヤング→ハオシュヤンハ
ホセイン・クー Ḥosein Kūh〔NP〕 90
ホラーサーン→クワラーサーン

マ 行

マーイーグ Māyīg〔MP〕 308
マカ Maka-〔OP〕(マクラーン Makrān, マクレスターン Makrestān, モクラーン Mokrān〔MP, NP〕) 23, 76, 307, 309, 310
マカ (Maka-)人 Mačiya-〔Mačya-〕〔OP〕 87, 95, 97, 138
マグ magu-〔OP〕(モウ mow〔MP〕, マゴス magos〔Gr〕) 25～27, 40, 44, 51, 91, 92, 268, 271, 277, (290)
マクラーン→マカ
マクレスターン→マカ
マゴス→マグ
マーザンダラーン Māzandarān〔MP〕 215, 308
マシュヤグ Mašyag〔MP〕 213
マシュヤーナグ Mašyānag〔MP〕 213
マーダ Māda-〔OP〕(メディア) 9, 23～26, 29～34, 36, 39, 40, 52, 76, 78, 79, 86, 88, 95, 138
マーダ(Māda- メディア)の, ──人 Māda-〔OP〕 4, 29(14, 16), 30(3, 7, 8), 33(13, 14), 36, 40, 82, (85), 97
マタイ Matai〔A〕 4, 5
マッサゲタイ Massagetai〔Gr〕→タイ vi, 10, 145, 272, 273
マーニー Mānī〔MP〕 vii, x
マーヌシュチフル Mānuščihr〔MP〕(マノーチフル Manōčihr〔NP〕) 215, 216, 218
マノーチフル→マーヌシュチフル
マーフ Māh-〔Av〕 184
マフムード Maḥmūd 190
マール Māru-〔OP〕 30
マルヴ Marv〔NP〕 264
マルギアナ→マルグ
マルグ Margu-〔OP〕(マルギアナ) 9, 29, 35, 41, 53
マルグ(Margu- マルギアナ)人, ──の人 Māргava-〔OP〕 35(9, 13), 41(3)
マルズバーン marzbān〔MP〕 275
マルティヤ Martiya-〔OP〕 18, 29, 40, 52
マルディヤグ Mardiyag〔MP〕 213
マルディヤーナグ Mardiyānag〔MP〕 213
マルドゥニヤ Marduniya-〔OP〕〔マ

ルドゥヌヤ Mardunya-]　44
マンダネ Mandanē〔Gr〕　8, 268, 269, 271
マーンド Mānd〔MP〕　312

ミ

ミスラ Miθra-〔OP, Av〕(ミフル Mihr〔MP〕)　17, 98, 143, 167, 180～184, 201, 204, 222
ミスラー・アフラー *Miθrā-Ahurā〔Av〕　98, 143
ミトラ(インド) Mitra-　17, 142, 143
ミトラ Mitra-〔OP〕(ミスラ Miθra-の誤記とみたい)　169, 170, 181
ミトラー・ヴァルナー Mitrā-Varuṇā　98, 143
ミフル→ミスラ

ム

ムドラーヤ Mudrāya-〔OP〕(エジプト)　23, 24, 29, 55, 81, (85), 87, 88, 95, 138
ムドラーヤ(Mudrāya- エジプト)人 Mudrāya-〔OP〕　82, (85)
ムドラーヤー Mudrāyā-〔OP〕(エジプト)　76
ムルガ・サエーナ→セーン・ムルウ

メ

メガビュクソス→バガブクシャ
メディア→マーダ

モ

モウ→マグ
モクラーン→マカ
モルガーブ→パサルガダイ

ヤ　行

ヤウナ Yauna-〔OP〕(イオニア)　23, 81, (85), 88, 95
ヤウナ(Yauna- イオニア)人 Yauna-〔OP〕　76, 81, 82, (84, 85), 87, 88, 95, 138
ヤカー(材) yakā-〔OP〕(インド産シッソの木. まめ科の重要樹木. 街路樹としても用いられる.)　81, (84)
ヤシュト Yašt〔MP〕　viii, 121
ヤズダーンゲルド Yazdāngerd〔MP〕　309, 310
ヤスナ Yasna-〔Av〕　viii, 98, 196
ヤホ Yaho　63～66
ヤマ Yama-　214
ヤマグ→ジャマグ
ヤミー Yamī-　214
ヤム→ユィマ

ユ

ユィマ Yima-〔Av〕(ジャム J̌am／ヤム Yam〔MP〕, ジャム J̌am〔NP〕)　213, 214, 301
ユィマ・クシャエータ Yima- xšaēta-〔Av〕(ジャムシェード J̌amšēd〔MP〕, ジャムシード J̌amšīd〔NP〕)　214, 301
ユティヤー Yutiyā-〔OP〕　36

ラ　行

ライ Ray〔MP〕(1)(地方)→ラガー
(2)(都市)レイ Rey〔NP〕　307
ラカー Raxā〔OP〕　36
ラガー Ragā-〔OP〕(ライ Ray〔MP〕, ラゲス)　8, 33, 34, 307
ラゲス→ラガー
ラシュヌ Rašnu-〔Av〕　204
ラシュン Rašn　229

ラバナーナ Labanāna-〔OP〕(レバノン)　81, (84)
ラーミシュン・アルダクシール Rāmišn-Ardaxšīr〔MP〕　306

リ

リビア人→プト族

ル

ルスタム Rustam〔MP〕(ロスタム Rostam〔NP〕)　90, 300, 302
ルドラ Rudra-　142, 143
ルーム→フローム

レ

レイ→ライ(2)
レバノン→ラバナーナ

ロ

ロスタム→ルスタム
ロートスタフム Rōtstahm〔MP〕　90
ロフラースプ Lohrāsp〔MP, NP〕　217, 218

ワ 行

ワウ vau-〔OP〕〔ワフ vahu-〕　328
ワウミサ Vaumisa-〔OP〕〔ワフミサ Vahumisa-〕　31, 32
ワズラ vazra-〔Av〕　17
ワズルグミフル Wazurgmihr〔MP〕／ウズルグミフル Wuzurgmihr〔MP〕(ブーズルジュミフル Būzurǰmihr〔NP〕)　xix, 205～207, 209, 255, 257～259, 261, 263～266
ワダグ Wadag〔MP〕　119
ワハウカ Vahauka-〔OP〕　44
ワフバラ→オイバレス
ワフマン Wahman〔MP〕(バフマン Bahman〔NP〕)　217, 219, 220
ワフヤズダータ Vahyazdāta-〔OP〕　18, 36～38, 41, 52
ワフヤスパルワ Vahyasparva-〔OP〕(復原は一部不確実)　44
ワラクシュ・シャーブフル Walaxš-Šābuhr〔MP〕　293, 294
ワルカジャナ Varkaǰana-〔OP〕〔ウルカジャナ Vrkaǰana-〕(VIII 月＝10～11 月)　39
ワルカーナ Varkāna-〔OP〕〔ウルカーナ Vrkāna-〕(ゴルガーン Gorgān〔NP〕, ヒュルカニア)　9, 34, 134

註 1)　ここではイラン語, または, それに関連する他国語の語詞で, とくに写音して示す必要があるとおもわれるものを, 主として含む. じっさいには, 片仮名書きの人名地名が大部分を占める. 省略記号はつぎのとおり.

OP　＝古代ペルシア語(ただし, 碑文にあらわれるメディア語, その他を含む)

MP　＝中世ペルシア語

索　　引

NP　＝近世ペルシア語
Av　＝アヴェスター語
Med　＝メディア語
Parth＝パルティア語
A　＝アッカド語
Aram＝アラム語
Arb　＝アラブ語
Gr　＝ギリシア語

→　＝参照
／　＝斜線のつぎに示す語形は併用されるもの，別形として解読されうるもの，などを示す．
*　＝語頭のマークは想定したことをとくに指示する場合に用いる．
-　＝語末のマークはその語形が語詞の幹であることを示す．

引用ページのうち，ページ数を（ ）でかこむものはOPテキストでないものを示す．
引用ページ数のつぎに（ ）内に示す数字は当該ページの行数．

註2)　碑文は巻末付表の音節文字を用いて表記されているが，アラム語やエラム語の表記法が大きく影響して，多くの欠陥がある．語内のnがしばしば表記されないこともその一つ．OP語形のつぎに〔 〕内に示したものは，このような表記法上の欠陥を顧慮してえられる，より正確な――あるいは，そのように考えられる――語形である．

註3)　イラン語音のうち，注意すべきものを近似音で示すと：
å(Av)＝ā の円唇音化．ā を発音する口形で ō を発音すれば近い．
x＝〔x〕．kh で示す向きもある．
γ(Av, NP)＝g の摩擦音．ドイツ語 Tage の g 音に近い．
č＝〔tʃ〕
ǰ＝〔dʒ〕
θ＝〔θ〕
s̱s(OP－ç でも示される)＝Med, Av θr に対応する．MP で〔s〕となるのでサ行音で片仮名書きした．
δ(Av), d̲(NP)＝〔ð〕
ŋ(Av)＝〔ŋ〕

v(OP, Av, Med)=〔w〕
w(Av)=〔v〕
w(MP)=〔w〕
š=〔ʃ〕
ž(Av, NP)=〔ʒ〕
ḥ(NP)=〔h〕
ṣ(NP)=〔s〕
ẓ(NP)=〔z〕
ṭ(NP)=〔t〕

その他の諸語は通例に従う. 図版XVIII (237 ページ)も参照.

碑文一覧

参考文献

第一部

古代ペルシア語そのものの研究を主要課題とする文献を最小限度に示すが，ついで，エレパンティネのアラム語パピルス文書に関する二，三の文献やそれと併読して参考となるものをあげ，最後には「第一部」で言及した中世ペルシア語書(一部近世ペルシア語書)や参考にした現代の著作(著者)を二，三あげる．中世ペルシア語書の，筆者による呼び方は「索引」をも参照されたい．中世ペルシア語書名は，それぞれの研究者によって呼び方も相違するが，つぎに挙げる資料では，それらをそのまま示した．中世ペルシア語はしばしばパフラヴィー Pahlavī 語ともよばれる．

ところで，その中世ペルシア語書のことであるが，「まえがき」x–xi ページでのべたことからも明らかなように，全訳と名のつくものはあっても，完訳とみとめられるものは絶無に近い．したがって，翻訳書をあげれば読者を迷わすおそれが，多分にどころか，確実にあるわけ．さりとて，翻訳抜きの原典だけでは，もっと役にたちそうもない．つぎのような挙示のしかたは，そのような事情による窮余の一策である．翻訳書を示さないのは，翻訳されていないか，されていても挙げないほうがよいと考えたか，あるいは本書には不用とみなしたもの，などである．翻訳書はその原典全体にわたるものをあげ，部分訳に終始するものは避けたほか，その翻訳書もなるべく一，二種にしぼった．この文献挙示の方針は「第二部」にも適用される．文献発行年次のつぎに ( ) や〔 〕内に示す数字は再刊年次．

R. G. Kent

Old Persian. Grammar, Text, Lexicon. Second Edition, revised. New Haven, 1953(1961).

W. Brandenstein und M. Mayrhofer

Handbuch des Altpersischen. Wiesbaden, 1964.

M. Mayrhofer

(1)Das Altpersische seit 1964(W. B. Henning Memorial Volume. London, 1970 所収); (2)Neuere Forschungen zum Altpersischen(Donum Indogermanicum. Festgabe für Anton

Scherer zum 70. Geburtstag. Heidelberg, 1971 所収); (3)Onomastica Persepolitana. Wien, 1973(11 月に発刊されたため参照することができなかった).

W. Hinz

(1)Altiranische Funde und Forschungen. Berlin, 1969;(2)Die Zusätze zur Darius-Inschrift von Behistan(Archaeologische Mitteilungen aus Iran. Neue Folge, Band 5. Berlin, 1972 所収); (3)Neue Wege im Altpersischen. Wiesbaden, 1973.

A. Cowley

Aramaic Papyri of the Fifth Century B. C., edited with translation and notes. Oxford, 1923.

E. G. Kraeling

The Brooklyn Museum Aramaic Papyri. New Documents of the Fifth Century B. C. from the Jewish Colony at Elephantine, edited with a historical introduction. New Haven, 1953.

P. Paul Joüon, S. J.

Notes grammaticales, lexicographiques et philologiques sur les papyrus araméens d'Égypte (Mélanges de l'Université Saint-Joseph, Beyrouth, Tome XVIII. Beyrouth, 1934 所収).

A. Vincent

La religion des judéo-araméens d'Éléphantine. Paris, 1937.

B. Porten

Archives from Elephantine. The Life of an ancient Jewish military colony. Berkeley and Los Angeles, 1968.

G. R. Driver

Aramaic Documents of the Fifth Century B. C., abridged and revised edition, with help from a typescript by E. Mittwoch, W. B. Henning, H. J. Polotsky and F. Rosenthal, Oxford, 1957 (1965).

『ザートスプラムの撰集』

B. T. Anklesaria: Vichitakiha-i Zatsparam with Text and Introduction. Part I. Bombay, 1964.

『デーンカルド』

(1)M. J. Dresden(edited by) : Dēnkart. A Pahlavi Text. Fac-

simile edition of the manuscript B of the K. R. Cama Oriental Institute Bombay. Wiesbaden, 1966; (2)D. M. Madan(under the supervision of): The Complete Text of the Pahlavi Dinkard, 2 vols. Bombay, 1911.

『アルダー・ウィーラーフ・ナーマグ』

(1)G. Gobrecht: Das Artā Vīrāz Nāmak(Zeitschrift der Deutschen Morgenländischen Gesellschaft, Band 117〔1967〕所収. 校訂版); (2)H. Jamaspji Asa(prepared by): The Book of Arda Viraf. Pahlavi Text, with an English translation and Introduction......by M. Haug, assisted by E. W. West. Bombay-London, 1892.

『ブンダヒシュン』

(1)The Bondahesh, being a facsimile edition of the Manuscript TD_1. Formerly belonging to the late B. T. Anklesaria and now prepared by P. K. Anklesaria. Bombay 1969. 本書は上岡弘二講師の寄贈による; (2)The Bûndahishn. Being a Facsimile of the TD Manuscript No. 2. ......edited by T. D. Anklesaria with an Introduction by B. T. Anklesaria. Bombay, 1908; (3)The Codex DH, being a facsimile edition of Bondahesh, ... Prepared by the late P. K. Anklesaria. Bombay 1969; (4)Zand-Ākāsīh. Iranian or Greater Bundahišn. Transliteration and Translation in English by B. T. Anklesaria. Bombay, 1956.

『ダベスターン』

David Shea and Anthony Troyer(by): The Dabistán or School of Manners. Translated from the original Persian, Vol. I. Paris, 1843.

Jean Perrot

Deux nouvelles《chartes de fondation》d'un palais de Darius 1er à SUSE(Bastan Chenasi va Honar-e Iran, No. 6. Téhéran, 1971 所収. 本論文は吉川守助教授の寄贈による).

E. Benveniste

Titres et Noms Propres en iranien ancien. Paris, 1966.

R. T. Hallock

Persepolis fortification tablets. Chicago, 1969.

W. Hinz

Das Reich Elam. Stuttgart, 1964.
Ilya Gershevitch
The Avestan Hymn to Mithra, with an Introduction, Translation and Commentary. Cambridge, 1959.
Gikyo Ito
Gathica VI-X(Orient, vol. 6, 7, 8. Tokyo, 1970, 71, 72 所収).
Marie-Louis Chaumont
Recherches sur l'histoire d'Arménie de l'avènement des Sassanides à la conversion du royaume. Paris, 1969.

第二部

まず，概観書として文献・文学史をあげるが，そのほかは，「第二部」で言及した文献にして中世ペルシア語で現存しているものを主とし(「第一部」下に挙げたものは除く)，これに他の二,三を付加するにとどめた．中世ペルシア語書の挙示については「第一部」でのべた方針を参照されたい．

E. G. Browne
A Literary History of Persia. I : until Firdawsí(London, 1902); II : to Sa'dí(London, 1906); III : Tartar Dominion(1265-1502) (Cambridge, 1920); IV : Modern Times(1500-1924) (Cambridge, 1924) (4 vols. Cambridge, 1969).
A. Pagliaro/A. Bausani
La Letteratura Persiana. Nuova edizione aggiornata. Milano, 1968.
Jan Rypka
History of Iranian Literature. Written in collaboration with Otakar Klíma, ... Edited by Karl Jahn. Dordrecht-Holland, 1968.
Ilya Gershevitch
Old Iranian Literature ;
Mary Boyce
Middle Persian Literature(両者とも Handbuch der Orientalistik. Erste Abteilung, Vierter Band, Zweiter Abschnitt, Liefe-

rung 1. Leiden/Köln, 1968 所収).

『カワードの子フスラウの教訓』

Andarz-î Khûsrû-î Kavâtân(The Pahlavi Texts......, edited by J. Minocheherji Jamasp-Asana, II with an Introduction by B. T. Anklesaria. Bombay, 1913〔2 parts in 1. 1969〕所収).

『キターブ・ル・フィフリスト』

(1)Kitâb al-Fihrist mit Anmerkungen herausgegeben von Gustav Flügel, nach dessen Tode besorgt von Dr. Johannes Roediger und Dr. August Mueller, 2 Bde. Leipzig, 1871–72(2 in 1 Bd. 1964); (2)Bayard Dodge(editor and translator): The Fihrist of al-Nadīm. A Tenth-Century survey of Muslim Culture. vols. I–II. New York and London, 1970.

『ボークタグの子ワズルグミフルの回想』

Aîyayâdgâr î Vazôrg-Mitrô (Pahlavi Aandarz-nâmak...... Transliteration and Translation into English and Gujarati of the original Pahlavi Texts with an Introduction by J. C. Tarapore. Bombay, 1933 所収).

『シャーナーメ』

(1)Ferdowsi's Shahnameh. Revision of Vullers' edition newly collated with mss. with Persian translation of the Latin notes and continuation of Vullers' edition based on Turner Macan and Jules Mohl's editions with critical notes. Edited by Sa'id Nafisi, 10 vols. in 5. Tehran, 1936–37; (2)Le livre des rois par Abou'l-Kasim Firdousi. Traduit et commenté. Publié par Jules Mohl. Tome 1–7. Paris, 1876–78; (3)The Sháhnáma of Firdausí. Done into English by Arthur George Warner and Edmond Warner, vols. 9. London, 1905–1925; (4)Fritz Wolff: Glossar zu Firdosis Schahname. Berlin, 1935(Hildesheim, 1965).

『満足という薬』

Dârûk-î Khûnsandîh(The Pahlavi Texts, II〔上掲〕所収).

『アスールの木』

Draxt i Asurīk by J. M. Unvala(Bulletin of the School of Oriental Studies II〔1923〕所収——原典と英訳).

『アッ・タバリーの歴史の訳』

Chronique d'Abou-Djafar-Mohammed-ben-Djarir-ben-Yezid

Tabari, traduite sur la version persane d'Abou-'Ali Mohammed Bel'ami, d'après les mss. de Paris, de Gotha, de Londres et de Canterburg, par Hermann Zotenberg, Tom. 1–4. Paris, 1867, 69, 71, 74(1958).

『コスロウとシーリーン』

(1)Herbert W. Duda: Ferhād und Schīrīn. Die literarische Geschichte eines persischen Sagenstoffes. Praha, 1933; (2)W. Eilers: Semiramis. Entstehung und Nachhall einer altorientalischen Sage. Wien, 1971.

『将棋の解き明かしとネーウ・アルダクシールの案出』

Vičārišn i Čatrang(H. S. Nyberg: A Manual of Pahlavi. I: Texts, Alphabets, Index, Paradigms, Notes and an Introduction. Wiesbaden, 1964 に全篇収録. II は 1973 年に上梓の予定).

『ペルシアの諸王とその業績に関する報告集』

Histoire des Rois des Perses par Aboû Manṣoûr 'Abd al-Malik ibn Moḥammad ibn Ismâ'îl al-Tha'âlibî. Texte arabe publié et traduit par H. Zotenberg. Paris, 1900(1963).

『バーバグの子アルダクシールの行伝』

(1)Kârnâmak-î Artakhshîr-î Pâpakân. ......The Pehlevi Text transliterated in Roman characters and translated into Gujarati. ......edited......by Kaikobâd Adarbâd Dastur Nosherwân. Bombay, 1896; (2)The Kârnâmê î Artakhshîr î Pâpakân, ... The original Pahlavi Text edited......with a Transliteration in Roman Characters, Translations into the English and Gujarati languages......by Darab Dastur Peshotan Sanjana. Bombay, 1896; (3)Il Libro delle Gesta di Ardashîr Figlio di Pâpak(A. Pagliaro: Epica e Romanzo nel Medioevo Persiano. Due Racconti tradotti per la prima volta dal Pahlavī....... Firenze 1927〔1953〕所収); (4)Geschichte des Artachšîr i Pâpakân, aus dem Pehlewî übersetzt, mit Erläuterungen und einer Einleitung versehen von Th. Nöldeke(Beiträge zur Kunde der Indogermanischen Sprachen, herausgegeben von D^{R}. Adalbert Bezzenberger, vierter Band. Göttingen, 1878 所収. 本書の披見は辻直四郎博士のご厚意によった. とくに記して深謝したい).

参考文献

『ザレールの回想』

(1)Ayyātkār i Zarērān(H. S. Nyberg: A Manual of Pahlavi. I〔上掲〕に全篇収録); (2)La Storia di Zarêr(A. Pagliaro: Epica e Romanzo nel Medioevo Persiano〔上掲〕所収).

A. Christensen

Les gestes des rois dans les traditions de l'Iran antique. Paris, 1936(そのデンマーク語版ともみるべき Heltedigtning og Fortællingslitteratur hos Iranerne i Oldtiden. København, 1935).

A. V. Williams Jackson

Persia Past and Present. A Book of Travel and Research. New York, 1906.

G. Messina

Libro Apocalittico Persiano Ayātkār i Žāmāspīk. Roma, 1939.